戦国武将を推理する

今

JN023458

NHK出版新書
717

はじめに

私が歴史を好きになったのは何時《いつ》からだろうか。小学校五年生の頃、古本屋の軒先に置かれていた『真田太平記』全巻を買って貰い、40日足らずで一気に読破したことは、さまざまなところで語っている。確かに歴史小説に没頭したのはそれが切っ掛けだと思うが、思えばそれより前に歴史は好きだったように思う。

三歳の頃、大河ドラマの「独眼竜政宗」（87年）を食い入るように見ていたらしい。あまりに好きだったらしく、七五三で初めて羽織袴を身に付けたときは、政宗みたいだと大いにはしゃいでいたという。当の私も朧《おぼろ》気《げ》ながら記憶がある。その年齢で筋を理解していたとは思えないが、特に印象に残っているシーンが三つあった。

一つは漆黒の甲冑で身を固めた武士たちがこちらに向かって来るオープニングシーン。鴉《あ》軍《ぐん》などとも呼称された伊達政宗の軍団だ。これが滅法《めっぽう》恰好良く思えたのを覚えている。

二つ目はいかりや長介が演じた鬼庭《おににわ》左月《さげつ》が討ち死にするシーン。人取橋《ひととりばし》の戦いだと今ではわかるが、これも当時は「何か悪者と戦っている」といった程度だったと思う。何故、命を賭《と》してまで戦うのだろうと首を捻った。

最後、三つ目はもっと意外なシーンだと思う。イッセー尾形演じる国分盛重《こくぶんもりしげ》が出奔《しゅっぽん》する場面である。国分盛重は政宗の叔父《おじ》である。それなのに政宗から離反するのだ。子どもの私は「家族なのに何で？」と、妙に腑《ふ》に落ちなかったものだ。

ここまで三歳の記憶を遡《さかのぼ》ってきたが、案外このあたりが私の歴史に興味を抱くようになった原点ではないかと思う。

歴史に触れて疑問を抱く。そして、自分なりに推察する。専門書を読んで知識を得る。歴史小説好きになったのもその一環で、歴史小説家の自分のものとは異なる「推理」に触れている感覚だったのではないか。

歴史上の人物とはいえ、当然感情はある。そのすべてが史料に残る訳ではない。さらにいえば、日記に書き残したとしても、それが本心だったのかさえわからない。自分に置き換えてみればよくわかるのではないか。誰も見ないとしても、果たして我々は本心ばかりを日記に書き残せるだろうかと。

歴史学者の場合はそれでも史料に拠《よ》らねばならないが、作家はそれに比べて気楽なものだ。極論、本能寺の変で信長が死ななかったように描くことすらできてしまう。もっとも、突飛な話にし過ぎては、読者が興醒めしてしまうかもしれない。そのためには対象となる人物や時代を良く知らねば、こうではないかという想像すら思い浮かばないのだ。

仮に物証はなくとも、行動パターン、過去の経歴、身体的特徴などさまざまなものから人物像の輪郭を限りなく明確にしていく。いわば、それは歴史上の人物のプロファイリングである。私は小説を書く過程において意識して、あるいは無意識でも必ずしている。そういった意味では、本書は創作しているときの私の頭の中を、余すところなく語り尽くし、文章に書き起こしたものといえるかもしれない。

私はそう思わないという意見があっても良い。あなただけの人物プロファイルがあって良いのだ。そうしてまた歴史に対する興味を深くしていくものだと思う。

今回、三英傑をはじめとして多くの人が知るところの戦国武将を取り上げたのは、論じがいがあり、推理する要素も多く、いろいろな見方や意見がありうると思うためだ。一つはっきりしているのは、彼らは間違いなく生きていた。我々と同じく、喜び、悲しみ、ときには怒りを持つこともある。そこに想いを馳せることで見えてくるものもあるはずである。

今村翔吾

2024年2月

戦国武将を推理する　目次

第4章　武田信玄——厳しい条件をいかに生きるか……… 147

第5章　上杉謙信――軍神の栄光と心痛

第6章 伊達政宗——成熟への歩み

編集協力　常井宏平
校閲　山湖舎
図版作成・DTP　米山雄基

第1章 織田信長
――合理精神の権化

アメリカ人にとっても信長は一番人気

「戦国武将の名前を一人挙げなさい」といわれたら、多くの人が挙げるのが、織田信長、豊臣秀吉、徳川家康の「三英傑」でしょう。その中でも、信長は文句なしにキング・オブ・戦国武将ともいうべき存在で、さまざまな戦国武将のランキングでも1位に輝いています。

そんな信長ですが、実は北米でも人気が高い。北米ではそもそも他の地域と比べて日本の戦国時代の人気が高く、次々と難敵を倒し、天下統一の一歩手前までいった信長をよく知っている人が多いのでしょう。

ちなみに、海外のまとめサイト「LISTVERSE」で2012年7月4日に掲載された「魅力的なサムライ・トップ10」という記事には、「外国人が選んだ魅力的なサムライ・ランキング」が掲載されています。それによると、秀吉（2位）、武田信玄（3位）などを抑え、信長は堂々の第1位に輝いています。秀吉のほうが、サクセス・ストーリー的な要素があるのでアメリカ人に受け入れられそうなイメージがありますが、好まれているのは信長なのです。

なぜ信長なのかと考えてみると、やはり彼の成し遂げたイノベーション、革新的な事績が好意的に受け入れられているのではないかと思います。昨今は「実は保守的だった」という説も広まり、信長のカリスマ像がやや揺らいでいますが、それでも今も「信長＝革新」のイメージは強くありますし、私もそこに魅力を感じます。

では、信長が成したイノベーションとはどんなものなのでしょうか。

既存のものを発展させる力が抜群に長《た》けていた

歴史研究が進んだことで、今までは信長の独創的な功績のように語られていたことが、「実は独創ではなかった」となるケースが相次いでいます。その最たる例が、戦国大名が支配地の経済を活性化させるために行った「楽市《らくいち》・楽座《らくざ》」です。

中世では、商工業者の同業者組合である「座」が独占的な商売や関銭《せきせん》（通行税）の免除を認めてもらう代わりに、売上の一部を本所《ほんじょ》である寺社や公家などに座公事《ざくじ》（営業税）として納めていました。これに対し、一部の戦国大名は旧来の市の復興や城下町の繁栄をはかるため、座による商売の独占を否定し、誰もが自由に公正に商売ができるよう活性化しました。これは既得権益の破壊であり、参入障壁をなくすことでした。市場が求めているものを察知したり、売り方を工夫したり、才覚次第でいかようにも自らの商売を発展させられる市《いち》（マーケット）は、賑わいをみせるようになります。イエズス会の宣教師ルイス・フロイスは、人・モノ・金・情報が集まる岐阜の賑わいを「バビロンのようである」と記していますが、信長は楽市・楽座でイノベーション＝「流通革命」を果たしたのです。

史料上では、信長は永禄10年（１５６７）10月、美濃国加納《みのかのう》で最初の「楽市」令を布《し》いています。当時は美濃国で続いた戦乱が収まったばかりで、城下町の復興や市場の活性化のため、市場における税の免除を認めました。信長は翌年も美濃国加納で制札《せいさつ》（禁令や法規などを記して立てた札）を出しましたが、そこには「楽市楽座」の文言もありました。

さらに、信長は人々の移動の妨げになる関所の撤廃を推進。また、自領の主要道路を三間幅に広げることで輸送コストと時間を低減させたといいます。こうした施策により、城下町へ商品がスムーズに流れ、経済活動が活発になるといった好循環を生んでいきます。

しかし、史料上で最も早く「楽市」を始めたのは、南近江《おうみ》を治めていた大名・六角定頼《ろっかくさだより》です。天文《てんぶん》18年（１５４９）、居城である観音寺城の城下町に布いたのが、現段階における最初の「楽市」令とされています。六角氏が支配する観音寺城の城下には多くの商人が集まり、商業都市として発展を遂げました。

今川義元の子・氏真《うじざね》も、永禄９年（１５６６）に「富士大宮楽市令《ふじおおみや》」を発布しています。また、信長が攻略する以前から、美濃ですでに「楽市」令が布かれていたという説もあります。いずれにせよ、六角氏が「楽市」令を布いた頃、信長はまだ織田家の家督も継いでいなかったので、最初に「楽市・楽座」を行っていないのは明白です。しかし、この後、信長は勢力を急拡大させたため、「楽市・楽座といえば信長の施策」というイメージが定着したのだと思います。

信長は「楽市・楽座」の生みの親ではありませんが、それを発展させ、広く普及、浸透させたのは、間違いなく彼の功績によるものです。彼は、自分がゼロから何かを生み出すというよりは、既存のものを磨《みが》き、発展させる力が抜群に長けていました。その例の一つとして、鉄砲の活用があります。

信長は鉄砲を大量に使いこなしたイメージがありますが、それを強く印象づけたのが、天正3年（1575）に起きた長篠《ながしの》・設楽原《したらがはら》の戦いです。かつては「鉄砲の三段撃ちで、武田の騎馬部隊を壊滅させた」という定説が信じられてきましたが、一次史料にはそれを物語る詳細な記述がなく、現在「三段撃ち」説はほぼ否定されています。

とはいえ、3000挺《ちょう》ともされる鉄砲を大量購入し、弾薬の量でも圧倒。野戦であるにもかかわらず、土塁や空堀、馬防柵《ばぼうさく》を築いて堅固な守りをつくる野戦築城的な戦術は、当時としては非常に画期的な戦い方でした。これも紀州の雑賀《さいか》衆が小規模ながら実践していましたが、信長はこれを大規模に行い、戦法として発展させたのです。

信長は、ゼロから1を生み出すタイプの天才ではなかったかもしれません。しかし、1を100にも1000にもするという点では、誰よりも長けていたと思います。ゼロからの創造ではないからといって、それで信長の評価が下がることはないでしょう。一般的には「天才」と称される芸術家や起業家も、ある種の〝盗み〟で成長してきています。

スペイン出身の天才芸術家パブロ・ピカソは、「優れた芸術家は模倣し、偉大な芸術家は盗む」という言葉を残しています。また、「発明王」のトーマス・エジソンも、過去に多くのアイデアを盗んできたことを告白しています。

もちろん、作品などの盗用・剽窃《ひょうせつ》は完全にNGです。しかし、「優れた仕事のやり方は見て盗め」といわれるように、優れた創造性には、何かしらの先行するものの影響を受け、それを自分のものとして取り入れて、自らの血肉として新たな価値を生み出した痕跡《こんせき》があるものです。優れている新たな商習慣や流通の形、斬新な戦法を柔軟に受け入れ、さらに磨きをかけて大規模に実践するという能力において、信長は卓越していました。

商業地が経済センス、合理的精神を醸成した

信長は「楽市・楽座」の拡大や関所の撤廃、乱れていた枡《ます》の容量の統一など、さまざまな経済政策を行っています。足利義昭を奉じて上洛した後に大津、草津に代官を置いて支配することを望んだり、商業都市・堺に目をつけたりするなど、経済センスに優れた人物でしたが、その源流は祖父・信定に求められます。

そもそも、信長の出身である織田弾正忠《だんじょうのちゅう》家は、最初から立派な戦国大名の家だったわけではありません。織田氏の発祥の地は越前《えちぜん》国織田荘で、同国の守護を務めていた斯波《しば》氏の重臣という家柄でした。斯波氏は尾張《おわり》国守護も兼任しており、織田常松《じょうしょう》という人物が尾張の守護代に任じられ、越前から尾張に移りました。

斯波氏は応仁・文明の乱を境に没落し、守護代の織田氏も尾張上四郡を治める岩倉城の伊勢守系と、下四郡を治める清須《きよす》（清洲）城の大和守《やまとのかみ》系に分裂しました。織田弾正忠家は、守護代家の片割れである大和守系織田氏の三奉行の一つでした。つまり、守護家の家臣の家臣という存在で、名門出身の武田信玄や今川義元に比べれば、到底及ばない立場でした。

そんな傍流《ぼうりゅう》の家を、守護や守護代をしのぐ勢力に育て上げたのは、信長の祖父である信定、そして父・信秀です。信定は尾張の重要な湊《みなと》である津島を押さえ、同地の貿易による経済力を織田弾正忠家の経済的基盤とします。津島牛頭天王社《ごずてんのうしゃ》（津島神社）は京都の八坂神社と並ぶ牛頭天王信仰の聖地で、全国にネットワークが張り巡らされていました。信定はその情報網も活用し、諸国の情勢を集めていたと思われます。

津島と共に織田弾正忠家の経済を支えた熱田《あつた》湊は、信秀が支配した土地です。近くに古《ふる》渡《わたり》城を築いて本拠地とし、大和守家との主従関係は維持しながらも、美濃の斎藤氏や駿《する》河《が》の今川氏と戦いました。家老クラスでありながら他国の有力大名と戦えたのは、信秀のもとに多額の金銭が入り、軍資金が豊富だったからです。

信長の戦国大名としての人生は、祖父と父が築いた経済的地盤を引き継いだ状態でのスタートでした。当時の尾張は中小企業の連合体といった体《てい》でしたが、その中でも、信長の弾正忠家はたくさん稼いでいる新興企業のような立ち位置でした。そういう点では、信長はじつはかなり恵まれた環境で戦国大名としてのキャリアを始められたといえます。

また、信長が「天下人」への道を歩むことができた背景には、尾張の国力の高さも絡んでいます。太閤《たいこう》検地後の慶長3年（1598）の段階では尾張は57万石で、これは甲斐《かい》（22万石）と駿河（15万石）を足した石高《こくだか》よりも多い数字です。美濃（54万石）や伊勢（56万石）、近江（77万石）など、信長が初期に制した国はいずれも石高が高く、財政的な力という点では抜群の環境でした。

一方で、「尾張や美濃は京に近かったから」ともいわれますが、これはあくまで結果論に過ぎません。やはり国の豊かさというものが、信長躍進の主要な原動力になったと考えられます。

興味深いのは、商業が発達し、商品流通経済が成り立っていた尾張という土地柄、それがその地で生まれ育つ人間の人格に少なからず影響を与えていたということです。室町時代末期に成立したとされる『人国記《じんこくき》』などにも、「播磨《はりま》人はこんな人たちだった」「三河人はこういう性格だった」などと書かれていました。

尾張の場合、「商業都市だったので、兵士が軟弱だった」といわれることがあります。これがどこまで正しいのかは定かでありませんが、日露戦争の旅順《りょじゅん》攻略戦では新潟や鹿児島の兵が勇敢だったのに対し、関西の兵隊は敵の銃弾一発で怯《ひる》んだという逸話も語られています。商業が栄えている地域の人たちは、先を見ることに長けています。しかし、それゆえに「この銃弾で死ぬのは嫌」という未来予測が働き、恐怖につながったのかもしれません。

信長は津島や熱田といった商業地を間近に見ながら育ちましたが、そうした生い立ちから経済センスが磨かれ、合理的な精神が養われていったという見方もできます。それが顕著に表れているのが、元亀《げんき》元年(1570)に起きた「金ケ崎《かねがさき》の退《の》き口」です。

越前の朝倉義景を討つために出陣した信長が、途中で同盟相手だった浅井《あざい》長政の裏切りを知り、挟み撃ちになる前に電光石火のごとく引き返したという出来事で、信長の人生における一大危機です。このときの信長は即座に撤退を決断し、越前国敦賀《つるが》から朽木《くつき》を越えて京都に落ち延びます。帰京の際、信長の供は10人程度だったといわれ、恥も外聞《がいぶん》もない退却劇だったことがうかがえます。自分さえ生き残れば、あとで自身の軍団はいかようにも立て直せるという合理的な考え方があったからこその判断だといえるでしょう。実際にこの窮地を脱した後、同年中に浅井・朝倉連合軍を姉川で破っています。

また、信長は能力本位の人材起用を行いましたが、これも商業地を間近に見てきたことが影響していると思われます。戦国時代、武家社会では基本的に世襲制で、家老の子が家老になるのが普通でした。

一方で、商業の世界では、世襲はあまり重んじられません。信長はそうした世界に触れることが多かったので、羽柴秀吉や明智光秀、滝川一益《かずます》、村井貞勝など、身分や出身地にとらわれない能力優先の人材登用を行いました。松永久秀が敵対しても許されたのは、信長が久秀の才を高く評価していたからといわれています。

能力本位の人材登用は信長の専売特許のように語られがちですが、世襲にとらわれない人材起用を行った大名は他にもたくさんいます。例えば、越前の朝倉孝景が残した『朝倉孝景条々《じょうじょう》』には、「世襲だけではなく、実力主義で家臣を採用すべし」と記されています。他家でも有能な人物を取り立てる流れはありましたが、信長は特に顕著でした。

一般にはあまり知られていませんが、原田（塙《ばん》）直政も急出世した武将の一人です。元々は信長の馬廻《うままわり》でしたが、天正3年（1575）に大和守護となり、統治が難しいとされる大和一国の統治を任されています。翌年の石山本願寺攻めで敗死しましたが、生きていれば秀吉や光秀に匹敵《ひってき》する有力武将として名を残していたかもしれません。

ちなみに、『名将言行録《げんこうろく》』には、豊臣秀吉が家臣の蒲生氏郷《がもううじさと》を評したエピソードが収録されていますが、そこで信長が比較対象として挙げられています。

「氏郷の兵10万と、信長様の兵5000が戦えば、信長様が勝利する。蒲生軍が織田兵4000の首を取っても、信長様は必ず脱出している。しかし、織田側が5人討ち取れば、その中には必ず氏郷の首が含まれているだろう」

これは「信長様は、そのようなことはしなかった」と、大将自ら陣頭に立って戦う蒲生氏郷に対し秀吉が釘を刺し、諭《さと》している場面での会話です。

もちろん、信長もひとかどの武将ですから、臆病一辺倒だったわけではありません。実際、永禄3年（1560）の桶狭間《おけはざま》の戦いではわずかな主従で清須城を出立、自ら槍をふるって今川の本陣を果敢に攻め、勝利を収めています。

父の信秀は「尾張の虎」と呼ばれ戦上手でしたが、手痛い敗北も喫しています。しかし、それでも不屈の精神で立ち向かい、信長が飛躍するための土壌をつくりました。「器用の仁」とも称された信秀は、現代でいえば、池井戸潤さんの小説に出てくるような中小企業のたたき上げの社長というイメージでしょうか。信長には、地道に営業を続けて頑張る親父さんの「諦《あきら》めない姿勢」が、しっかり受け継がれていると思います。

まとめると、尾張という商業が盛んで経済的に発展していた土地柄から、信長の合理的に思考、判断する能力がよりいっそう磨かれました。あわせて、親父さんが持ち続けたファイティング・スピリットをも信長は受け継ぎ、粘り強さも持ち合わせていた。尾張という土地柄と、祖父や父の影響などが複雑に絡み合い、信長という人物が世に送り出されたのだと、私は考えています。

弟との争いが与えたトラウマ

信長は一代で多くの戦国大名を従わせ、近世への足がかりを築きました。一方で、同盟していた浅井長政、家臣の明智光秀や荒木村重、松永久秀などに背《そむ》かれた、「裏切られる男」でもありました。彼の「裏切られ人生」は、父の信秀が死に、家督を相続した頃から始まっています。

信長は弾正忠家の家督を継いだものの、味方は少なく、主筋である清須の大和守家とも対立関係にありました。天文22年（1553）に傅役《もり》（教育係）で宿老の平手政秀が自害する一方で、同母弟の信勝（信行）を弾正忠家の当主に推す家臣も多いという状況でした。

この辺りの歴史は、研究者によって意見が分かれています。大河ドラマの時代考証も務めた柴裕之氏は、「信長と信勝が共同で弾正忠家を運営していた」と述べています。『信《しん》長公記《ちょうこうき》』には、信長が父の葬儀の際に仏前で抹香《まっこう》を投げつける一方で、信勝は「折り目正しい肩衣《かたぎぬ》・袴《はかま》を着用し、礼にかなった作法であった」（現代語訳『信長公記』、新人物往来社）と、二人が対照的に描かれています。本当の兄弟仲がどうだったかは定かでありませんが、確かなのは、二人が争って、信長が勝利して家督を継ぎ、信勝は敗れたということです。

若い頃の信長が「うつけ」と呼ばれていたのは有名ですが、戦国武将の〝色付け〟は、江戸時代の史料や軍記物に拠《よ》るものが多いといえます。今のようにファクトチェックが求められていない時代なので、筆が走って人物像を盛ったところも多かったのでしょう。

しかし、信長の奇行エピソードは、同時代を生きた太田牛一《ぎゅういち》の『信長公記』にも描かれています。

「町中を歩きながら、人目もはばからず、栗や柿はいうまでもなく瓜《うり》までかじり食い、町中で立ったまま餅を食い、人に寄りかかり、いつも人の肩にぶらさがって歩いていた。その頃は世間一般に折り目正しいことが良いとされていた時代だったから、人々は信長を『大馬鹿者』としか言わなかった」（前掲書）

古くから信長に仕えた牛一にここまで描かれるのは、信長が「相当ヤバい奴」だったことを示しています。もちろん、こうした奇矯《ききょう》な振るまいには、裏に信長なりの考えや理屈があったのかもしれませんし、単に思春期特有のものだった可能性もあります。

頭の中では天才的なまでに見事なパズルが組み上がっていたけれど、若い頃の信長には、それを上手く表現して伝える術《すべ》がなかった。それによってフラストレーションがたまり、仏前で抹香を投げつけるような奇行に走ったという見方もできます。

人間は精神的に成長することで表現方法を学び、徐々に自分が発信したいことが伝えられるようになります。信長は後年、別の目論見《もくろみ》もあったにせよ、南蛮《なんばん》文化や宣教師を積極的に受け入れたり、名物の茶器に一国に匹敵する価値を認めたりするなど、新たな文化や価値を広めるトレンドリーダーになりました。

信長と信勝の母・土田《どた》御前は、信長を疎んじて信勝を寵愛《ちょうあい》していたともいわれています。しかし、実際は信長の器量に不安を感じ、弾正忠家の行く末を思って信勝を推したのだと思えます。林秀貞、柴田勝家ら信勝派の家臣も、思いは同じだったはずです。

母や家臣がそのような思いに至ったのは、祖父・信定や父・信秀と信長を比較しての不安もあったのかもしれません。津島湊を掌握して弾正忠家の財力を高めた祖父・信定、熱田湊を押さえて美濃の斎藤道三や駿河《するが》の今川義元と互角に渡り合った父・信秀は、誰もが認める優秀な初代と二代目です。ところが、三代目の信長は若いうえに行動や言動が奇天《きて》烈《れつ》で、しかも弟の信勝はシュッとして聞き分けがよい。「鉄は熱いうちに打て」ではありませんが、傷口が広がる前に、当主をすげ替えようとしたのでしょう。

ところが、稲生《いなう》の戦いで信長は槍を持って信勝側の敵将・林通具《みちとも》を自ら討ち取るなどの活躍を見せます。信勝方の柴田勝家らに勝利し、「信長様って、あんなに強かったんだ」と評価が好転します。信勝方の家臣たちが信勝を強く推す理由もなくなり、母も信勝派の家臣も信長に帰順します。これに納得できないのが信勝で、再び信長に対して謀反《むほん》を企《くわだ》てます。しかし、信長方についた柴田勝家の密告で計画が露見し、信勝は信長に誅殺《ちゅうさつ》されました。兄弟間での殺し合いは痛ましいですが、反信長派や対外勢力が信勝を担ぎ出す可能性もあるので、戦国時代ではこうするしかなかったのでしょう。

ちなみに、母の土田御前は信長および、お市の子ども（土田御前から見れば孫にあたる信忠、信雄《のぶかつ》、信孝、茶々、初、江《ごう》）の面倒を見て、信長の死後も生きて天寿を全うしています。信長は信勝方についた家臣の多くを赦《ゆる》しました。しかし私は、この件について信長は意外と引きずっていたのではないかと思います。というのも、信勝派だった林秀貞は事件から20年以上経ってから、「弟の信勝に味方して私を裏切ったから」という理由で追放されているからです。追放するためのこじつけだったように思えますが、本当に何とも思っていなければ、わざわざこの理由を引っ張ってはこないでしょう。それを踏まえると、弟との争いが信長に与えた心理的ショックは大きく、癒やしがたい心の傷として尾をひいたと考えられます。

戦国最大の「ジャイアントキリング」をなぜ起こせたか

楽市・楽座も、鉄砲による大規模戦術も、やると決めたら一気呵成《かせい》に勢いよくやる決断力や行動力も、信長の武将としての高い能力をよく示しています。その際たる例が、永禄3年（1560）の桶狭間の戦いです。「日本三大奇襲」として毛利元就《もとなり》が陶晴賢《すえはるかた》を破った厳島《いつくしま》の戦い、北条氏康が関東の諸勢力を倒した河越夜戦とともに挙げられますが、信長が今川義元を討ち取った桶狭間の戦いが、間違いなく戦国最大の「ジャイアントキリング」ではないでしょうか。

なぜなら、当時の今川義元は駿河・遠江《とおとうみ》・三河、そして尾張南部にも影響を及ぼす東海地方の覇者で、血筋も足利将軍家の親戚筋と申し分のない人物だったからです。周防《すおう》の大内氏が滅び、畿内《きない》の細川京兆家《けいちょう》（細川氏の宗家、嫡流）が衰退するなど、室町以来の名族が没落していく中で、今川氏は伝統と実力を兼ね備えて君臨し続けていました。

また、義元という人物も、決して凡庸《ぼんよう》な人物ではありません。それどころか、幼少期は京都の建仁寺などで学び、今川氏を継いでからは三河に侵出する一方で、守護使不入《しゅごしふにゅう》地の廃止を宣言して、室町幕府下の守護大名ではなく、自らの力で統治する戦国大名としての地位を確立していきます。「海道一の弓取り」という異名を持つ実力者で、着実に体制を整えていました。永禄元年（1558）には息子の氏真に家督を譲り、尾張侵攻に向けて本腰を入れ始めました。

義元が率いた兵は諸説あり、2万とも2万5000人ともいわれますが、いずれにせよ織田を上回る軍勢であったことは間違いありません。信長は二つの守護代織田氏（大和守系、伊勢守系）を滅ぼし、弟・信勝との争いを制して尾張統治の主導権を得ましたが、そこからまだ日が浅く、義元の大軍と真っ向から対峙する余裕はない状態でした。

義元がどこまで侵攻するつもりだったかは諸説ありますが、尾張の国衆《くにしゅう》（国人）に今川の強さを誇示し、味方につけるデモンストレーション的な狙いもあったと考えられます。実際、尾張南部では今川方につく国衆も多く、織田方の生命線である伊勢湾の制海権も侵略されつつありました。仮に今川の直接攻撃がなくても、信長はいつ、誰に寝首をかかれてもおかしくない状態でした。

こうした状況下で一発逆転を狙うなら、最も手っ取り早いのが大将首を挙げることです。しかし、そんなことは常識中の常識。蒲生氏郷のように大将自らが前線に立つなら別ですが、三カ国の太守である義元はそんなことをしません。戦いは前線の松平元康（のちの家康）や朝比奈泰朝《やすとも》に任せ、義元自身は本隊を率いて進軍していました。

義元が「桶狭間山」という丘で休息をしたのは、永禄3年（1560）5月19日のこと。それから激しいにわか雨が降り、雨が止《や》んでから織田軍の急襲を受けます。義元も三国の太守に相応《ふさわ》しい武勇を見せますが、毛利新介に討ち取られ、今川軍は総崩れになりました。

義元の死によって今川氏は衰退の道を歩み始めただけでなく、義元も「格下の信長に討たれた大名」という不名誉なレッテルを貼られ、つい最近まで、歴史ドラマなどでは「お歯黒《はぐろ》と化粧の公家風メイク」が定番になっていました。

この戦いをもし現代のスポーツでたとえれば、サッカー日本代表がブラジル代表を倒したとか、ラグビー日本代表が南アフリカ代表を破ったとか、そういう番狂わせになるでしょう。桶狭間は大きな衝撃として全国各地に伝わっていったはずです。歴史の表舞台に出るデビュー戦として、信長はこれ以上ないインパクトを与えました。

戦国時代に版図《はんと》を広げるためには、地元の中小企業的な国衆をいかに取り込むかが大事ですが、桶狭間におけるジャイアントキリングは、東海地方の勢力図を大きく塗り替えることになります。最も大きかったのは今川方の有力武将だった松平元康の自立で、彼を味方に引き入れたことによって、信長は隣接する三河からの侵攻を気にせず、美濃攻めに専念できるようになりました。それまで信長を「うつけ」と軽んじていた織田家臣や尾張国衆も、その実力を認め、大人しく従うようになったのです。

近年は、「桶狭間の戦いは迂回《うかい》しての奇襲攻撃ではなく、正面から今川の本陣を攻撃した」というのが歴史の〝新説〟として有力視されています。しかし、正面攻撃説は比較的信憑性《しんぴょうせい》が高いとされる『信長公記』でも語られており、特に新しい話ではありません。にもかかわらず、織田軍が今川軍に気づかれないように迂回し、豪雨に乗じて攻撃を仕掛けたという「迂回攻撃説」が定着したのは、創作が多いとされる小瀬甫庵《おぜほあん》の『信長記』やそれを元に研究した明治時代の陸軍参謀本部の影響もあるでしょうが、そちらの方がありそうな戦術だったからだと思います。

今川の兵力は2万余ともいわれますが、各方面に分散していたので、本陣の兵力はもっと少なかったはず。とはいえ、信長が率いた兵も4000人ほどで、しかも周辺には今川の別働隊もいたわけですから、正面突破は明らかにハイリスクです。だからこそ、歴史学者も「いやいや、『信長公記』の作者・太田牛一が勘違いしていたのでは」と解釈し、いつの間にか「迂回攻撃説」が支持を得ていったのかもしれません。

信長には、本拠である清須城に籠《こ》もって戦うという選択肢もあったはずです。しかし、その選択をしなかったのは、座して待っていても勝ち目がないと読んでいたからです。「籠城《ろうじょう》したら勝つ確率はほぼ0%だけれど、出撃したら勝つ確率は1%あるかもしれない。それならば、1%の方をとる」というのが信長流の考えで、1%の望みにかけて出撃を選択したのだと思います。

この1%の根拠は、信長の情報収集によるたまものです。一説には、簗田《やなだ》政綱という家臣が義元の本陣の場所を信長に伝えたことによって、義元の首を挙げた毛利新介よりも高く評価され褒美《ほうび》を受けたといわれています。これがどこまで真実かはわかりませんが、出陣に際して信長は、何かしらの「勝てる根拠」を握っていたのだと考えられます。

先にも述べたように、信長は商業が盛んな土地で育まれた合理性、先見性を持っており、今川軍の侵攻に対する恐怖も十分感じていたはずです。しかし、このときの信長が抱いていたのは、籠城作戦をとって城が落ち、燃えさかる清須城で腹を切る恐怖だったのかもしれません。「そんな恐怖に怯えるくらいなら、出撃した方が活路が開けるはず」という思考が、信長を出陣へと駆り立てたのだと思います。

義元の視点から見れば、「まさか織田軍が正面から攻めてくるとは思わなかった」となるのでしょうが、それにしても自らが乗る輿《こし》が目印になるなど、油断しすぎていた感は否めません。逆に信長はランナーズハイのような状態で、出陣時は心身ともに冴《さ》え渡っていたと思います。年齢も27歳と体力的にも頭脳的にもエネルギーが満ちあふれており、怖いものなしの心境だったのでしょう。

信長はジョブズに近い存在？

「信長は新しい時代を拓いた革命児ではなく、朝廷や寺社といった伝統的な勢力を保護したり、先例を重んじたりする保守的な人物だった」

近年の信長評として、こうした見方も出てきました。とはいえ、彼がガチガチの保守だったかというと、そうではなかったと思います。実際、信長は室町幕府十五代将軍の足利義昭を京都から追放していますし、一向宗《いっこう》の一大拠点である石山本願寺とも熾烈《しれつ》な争いを繰り広げています。楽市・楽座や関所撤廃、道路の整備などの流通革命、大量の鉄砲購入や兵農分離、能力本位の抜擢《ばってき》人事など、新たなトレンドも積極的に導入しているので、信長という人物を「保守」という一言で括《くく》るのは難しいと思います。

信長が天皇や朝廷と円滑な関係を築いたのは、その方が自分にとって都合がいいと判断したからです。尾張守護の斯波氏も、信長は丁寧に扱っています。最後は袂《たもと》を分かった足利義昭とも疑似的な親子関係を結ぶなど、当初は良好な関係を築いていました。信長は傾きかけていた天皇や朝廷の権威を復活させ、室町幕府の再建に尽力しましたが、それが新たなイノベーションを生み出すと考えていたのです。

一方で、義昭が包囲網を築いて信長に抵抗するようになると、信長はためらうことなく彼を京都から追放しています。信長にとって義昭はもはや旨《うま》みが引き出せる存在ではなく、それどころか周囲の勢力を煽動《せんどう》するなどの行為に及んだため、追放という実力行使に至ったのです。天皇とは信長が死ぬまで良好な関係を維持していたといわれますが、仮に天皇が反信長的な動きを展開していたとしたら、天皇家に対しても厳しい対応に出たのではないでしょうか。

朝廷や幕府といった既存の権威も、必要があると感じたら受け入れる。しかし、必要がないと感じたら未練なく捨ててしまう。そういう点では、信長は合理的なものの見方が徹底できた人物だと思います。

彼にとって大事なのは、自分の目的を果たすこと。慣習や伝統は二の次で、必要と感じたら受け入れるし、そうでないと感じたら無視をする。いわゆる現実主義的な考え方の持ち主で、慣習や伝統が大事とされた当時の社会においては、かなり異色で革新的な思考ができた人物だったといえます。

ただし、信長は既存の勢力や伝統を意味もなく蔑《ないがし》ろにしたわけではありません。その時々の彼の戦略において、尊重する優先順位を変えていました。

信長は元亀2年（1571）に比叡山延暦寺《ひえいざんえんりゃくじ》を攻め、根本《こんぽん》中堂などを焼き払っています。延暦寺は天台宗の総本山で、それを焼き討ちするというのは、当時の人たちからすれば言語道断の行為です。それでも攻撃に至ったのは、延暦寺は浅井・朝倉軍に加勢し、森可成《よしなり》や弟の織田信治《のぶはる》を討死にさせ、浅井・朝倉軍の兵を比叡山に匿《かくま》う（志賀の陣）など、信長にとって厄介極まりない存在だったからです。延暦寺側も「自分たちが攻められるわけがない」とたかを括っていたのでしょうが、信長には通用しませんでした。当時を生きる人たちと信長では、思考のベクトルが異なっていたのです。

既存の常識や慣習という括りにとらわれないという点で見れば、信長は一代で台頭する起業家のような存在だったといえます。一般常識から外れていても確固たる先見の明があり、それがカリスマ性を帯びて、人々を惹《ひ》きつける。秀吉もそうした信長の革新性をどこかで感じ、「この主君ならば、自分が抜擢される可能性がある」と見込んで仕官したのかもしれません。信長のような果敢にチャレンジするタイプの人は、協調性を重んじる旧来の日本では希有《けう》な存在だったのでしょうが、グローバル化した現代では時代を変えた信長の革新性、その規格外の生き方に魅了される人は多いでしょう。

起業家でたとえれば、信長はスティーブ・ジョブズ（アップル創業者）に近い存在だったのではないでしょうか。ジョブズもアイデアマンのイメージが強いですが、実は既存のアイデアを〝盗んだ〟人物でもあります。

例えば、スマートフォンを最初に開発したのはフィンランドのノキアという企業でしたが、iPhoneとして世界に広く浸透させたのはアップルです。ジョブズはスマートフォンというアイデアに改良を加えてゆき、iPhoneという形に到達しました。

1から100をつくるという点では、信長とも通じるところが多いと思います。複数のアイデアを組み合わせるなどして新たなオリジナルを生み出すという点で、信長もジョブズも天才的な力を発揮しました。

終始攻めの姿勢をとった理由

優れた起業家は先々のビジョンを描き、それに基づいて行動しますが、信長が最初から天下統一を見据《みす》えて行動していたかどうかはわかりません。明日、何が起こるかわからない時代ですから、「先々を見据えた行動」は、戦国の世においては現実的ではなかったのかもしれません。

「天下布武《ふぶ》」という朱印を用いたことから、信長には天下人を目指していたイメージがあります。天下統一を目指す歴史シミュレーションゲーム「信長の野望」などの影響もあるかもしれません。しかし、当時の「天下」が示す範囲は五畿内（山城国・摂津《せっつ》国・河内《かわち》国・大和国・和泉《いずみ》国）とその周辺で、奥州から九州に至る日本列島の隅々まで支配するという意味ではなかったという解釈が、近年は浸透しつつあります。

信長も、尾張や美濃を平定している頃は、あまり天下を意識していなかったはずです。しかし、幕府再興をはかる足利義昭が信長のもとに転がり込んできて上洛を決断。「天下」に足を踏み入れる第一歩となったのです。そういう意味では、義昭を美濃に招き入れたのは、信長にとって大きな人生の転機でした。

信長に限らず、当時の戦国大名は自分たちの領地を「守る」ことを強く意識していました。隣国を攻めるのも、自分たちの生活を「守る」ために行っていた部分が大きい。

はたして、三好や一向衆、浅井、朝倉、延暦寺などの「信長包囲網」が築かれたとき、信長は終始攻めの姿勢を取り続けます。元亀元年（１５７０）から天正元年（１５７３）の頃の信長は最も状況が厳しく、最後は〝ラスボス〟の武田信玄が立ちはだかります。信長のイメージから、私たちは「信長は常に強気で、自信に満ち溢《あふ》れており、負けてたまるかという意気込みで戦った」と思いがちです。しかし実際に信長が生き残るためには、「攻撃は最大の防御」という戦略しかなかったのです。

状況的にたとえると、中国の三国時代における蜀《しょく》と魏《ぎ》の関係に近いでしょう。蜀は魏や呉《ご》に比べて生産力が劣り、何もしないままだと国力に差がつき、滅《ほろ》ぼされるのは時間の問題でした。蜀の諸葛亮孔明《しょかつりょうこうめい》は自分が生きている間に活路を開くため、五度にわたる北伐《ほくばつ》を敢行します。しかし、魏は司馬懿《しばい》の下で一致団結し、蜀の侵攻を阻止しました。

信長にとって幸運だったのは、包囲網の諸勢力が魏よりも団結力で劣っていたこと。そして、最も求心力が高い信玄が、「天下」の舞台に出てくる前に亡くなったことです。それぞれの勢力を各個撃破し、ついに窮地《きゅうち》を脱しました。信長としては動揺を外に見せると戦局にも響くので、相当しんどかったけれど、表向きはあくまで平静を装い、自軍の士気低下を防ぎました。

私が考えるに、このときの信長は「ここを叩けば相手はこう動くから、そのときにこれをする」といった感じで、理詰めで動いていたように見えます。複数個所から一斉に攻めて来られたらアウトなので、それだけは避けようと努めていたはずです。トラブルやピンチが降りかかっても落ち着いて対処するのは、現代社会における「仕事ができる人」の条件の一つですが、信長もそうした感じだったのでしょう。

本来、「天下」をまとめるのは征夷大将軍の役回りです。しかし、信長は義昭と仲違いして京から追放してしまったので、信長が将軍に代わって「天下」を差配することになります。ここから信長には「天下」の平和と秩序を保つというミッションのもと、抵抗勢力を従える戦いが始まったのです。

残念ながら信長は志半ばで亡くなったので、東北や九州をどうやって従えるつもりだったかは知る由《よし》もありません。しかし、もし生きていたら、秀吉と同じように臣従する者は受け入れるスタイルで全国を平定していったと思います。

信長のもとに天下統一された日本は、どんな国になったのでしょうか。信長は当時流通していた貨幣である「永楽通宝《えいらくつうほう》」の意匠を旗印にしていたくらいですから、貨幣経済をより一層推進し、商工業を重んじた貿易立国を目指したかもしれません。

なぜ多くの謀反《むほん》を起こされたか

他の人がやらないようなことをやってのけるのが、信長の最大の魅力です。野球でいえば、投手と打者の二刀流で偉業を成し遂げた大谷翔平選手に匹敵するでしょうか。周囲の人たちは信長が普通の感覚では到底思いもつかない思考や実行力で桁《けた》外れの結果を出す様に惹かれ、魅了されたはずです。

しかし、カリスマというのはプラスに働くと大いに求心力を高めますが、マイナスに働くと恐怖の対象にもなります。信長の考えていることが理解できず、恐怖心を抱く家臣も少なくありませんでした。

その表れが、先にも述べた信長に反旗《はんき》を翻《ひるがえ》した人の数です。「謀反を起こされた戦国大名ランキング」を作成したら、首位を争うでしょう。少なくとも三英傑の中では、最も裏切られた人物といえます。弟・信勝の謀反にはじまり、大和国の松永久秀、摂津国の荒木村重、播磨国の別所長治《べっしょながはる》や小寺政職《こでらまさもと》、そして明智光秀と、謀反人が多数出てきます。また、謀反ではありませんが、北近江《おうみ》の浅井長政は信長との同盟を突如解消し、朝倉義景と組んで敵対しました。「意外と保守的で常識人だった」という近年の信長評ですが、本当にそうなら、ここまで謀反は起こされていなかったのではないでしょうか。

桶狭間で今川義元を破った頃の織田家は、まだ個人商店の延長線上にありました。家臣たちも、部下というよりは「同じ釜のメシを食ってきた仲間」という感覚の人たちです。ところが、その後、美濃を平定し、上洛して将軍の補佐役になり、その将軍を追放して自らが「天下人」になるなど、信長家臣団は急速な勢いで膨張、成長していきます。企業でいえば、買収に次ぐ買収で大きくなり、片田舎の雑居ビルにあった会社が10年程で都心の一等地に本社を構える大企業になったイメージです。信長は買収した企業に〝信長流〟のやり方を求めますが、買収された側にも各々のやり方があるので、そこで軋轢《あつれき》が生じていきました。

例えば、伝統ある呉服店が「明日からファストファッションを売る店に変わります」といわれても、とうてい納得できるものではないでしょう。信長はいうなれば買収した企業に対する要求が厳しく、方針転換も当たり前。それに口ごたえしたらどんな目に遭うかわからない。そんな環境で頑張って耐えてきたけれど、積もりに積もった不満が爆発してしまう――そのような形で謀反を起こす者が続出したとも考えられます。

謀反を起こした荒木村重は約1年間籠城した末に有岡城を捨てて生き永らえましたが、残された一族郎党はことごとく処刑されています。このように決起する者が相次いだのは、信長の下で働くことのキッさの表れともいえます。

晩年の信長は、思想や行動の〝常人離れ〟がさらにエスカレートしていきます。それまでの「城」の常識を覆《くつがえ》した安土城、一大軍事パレードである京都御馬揃《おうまぞろ》えなど、やることのスケールが大きく、かつ派手になっていきました。一方で、天下人特有の「孤独」も感じていたと思います。これは信長に限ったものではなく、秀吉や家康も継承していったものでした。天下の継承は、いわば孤独の継承でもあったのです。

天正8年(1580)には林秀貞や佐久間信盛など、尾張時代からの老臣を追放します。家老の林秀貞は、先にも述べたように「今から24年前、弟の信勝を擁して謀反を起こした」という理由で追放されています。しかし、柴田勝家と並ぶ家臣団の筆頭格である佐久間信盛は、織田家中が揺らいだときも一貫して信長に従い、「退《の》き佐久間」と謳《うた》われるほどの武功も挙げています。にもかかわらず追放されたのは、信盛が進化する織田軍団についていけなくなったからではないでしょうか。

この頃の織田家臣団は、いってみればグローバルな多国籍企業のような陣容でした。信長が自ら合戦の現場に出向くことは少なくなり、柴田勝家や羽柴秀吉らが海外のエリアマネージャーを任され、それぞれが独自に動いているような感じです。活動領域が広大になり、信長との直接の意思疎通は疎遠になっていきました。

そんな中で、佐久間信盛は未だに「一緒に工場で頑張ってきた仲間」の感覚であり続けていたのではないでしょうか。同じ釜のメシを食っていた勝家は、いまや海外で事業を開拓し、アルバイト出身の秀吉も取締役にまで出世。にもかかわらず、信盛はまだ「権六《ごんろく》（勝家）、サル（秀吉）」のノリで、最新機器も満足に扱えない。けれども、昔の誼《よしみ》で「織田株式会社」のなかで常務にはなっていた。それが晩年の信盛だったのではと思います。

それでも、昔から付き従ってきた仲間なので、信長も石山本願寺攻めという活躍の機会を与えます。しかしいつまで経っても攻略できず、ついに折檻《せっかん》状を突きつけられ、追放となったのです。追放にとどめたのは、信長としてはせめてもの温情のつもりだったでしょう。『信長公記』にも佐久間信盛追放の件が書かれていますが、最後は長年召し使っていた使用人からも見捨てられたそうです。大成長を遂げた織田家臣団の筆頭重臣としては、あまりに寂しい末路でした。

なぜ本能寺から逃げようとしなかったか

林秀貞や佐久間信盛といった老臣を追放したのは、「仕事をしていない奴は、重臣でも容赦しない」という信長なりの檄《げき》だったのでしょう。しかし、その意図が家臣たちに正しく伝わったかといえば、疑問が残ります。なぜならこの2年後、信長は明智光秀の謀反で命を落としているからです。

黒幕の暗躍説や陰謀論など、さまざまな解釈があり、作家的には非常に描きごたえがある本能寺の変ですが、事前に露見するリスクを考慮すれば、おそらく光秀を影で操った黒幕もおらず、単独犯行だったと思われます。

明智光秀は、元々は朝倉義景に仕え、足利義昭ともパイプを持つ存在でしたが、信長にヘッドハンティングされてのし上がった異色の人物です。前半生の経歴は謎が多いですが、元亀2年（1571）には近江国坂本を与えられていますから、信長から認められた相当に有能な人物だったことは間違いありません。

戦ってもよし、京都の統治を任せてもよしのマルチタイプで、織田家臣団においては秀吉と双璧を成すWエースです。信長にとって目の上のたんこぶのような土地だった丹波を攻略し、信長が佐久間信盛に出した折檻状でも、「丹波は明智光秀が平定し、天下に面目をほどこした」と称賛されています。

山城の細川藤孝、大和の筒井順慶といった畿内の武将を取りまとめ、信長の晴れ舞台である京都御馬揃えの運営をつつがなく執《と》り行うなど、任された仕事をきっちりとこなしていたので、信長も光秀が謀反を起こすとは想像もしていなかったのでしょう。

なぜ光秀が謀反を起こしたのか。動機面は、やはり謎です。しかし、変後の行動があまりに場当たり的だったことから、前々から計画して起こした謀反ではなく、突発的だったと考えられます。有力諸将が各地で転戦していたため、「今なら天下人になれる」という欲が頭をもたげたのか。佐久間信盛らの追放で「次は我が身」という危機感や不安を感じていたのか。四国政策の転換で取次として面目をつぶされ前途を悲観したからか。もしくは、信長のエキセントリックな行動についていけなくなったのか。動機を一つに断じるのはなかなか難しいところです。

光秀は天正10年（１５８２）６月２日早朝、京都の本能寺に宿泊していた信長の寝込みを襲いました。これまでの信長に対する謀反は、自領の城で反旗を翻すことが多かったのですが、光秀はそうした失敗を見てきたからか、自ら向かっていきました。

ここで疑問が残るのは、「なぜ信長は本能寺から逃げようとしなかったのか？」ということです。

先にも述べていますが、状況が厳しいと判断すれば、速やかに戦場から撤退するのが信長という男です。桶狭間の戦いでは果敢に出撃していますが、それは籠城すれば１００％負けるとわかっており、少しでも勝ち目があるわずかなチャンスに賭けたからです。今まで述べてきた合理的な行動原則に照らし合わせれば、本能寺の塀《へい》から飛び降りたところを突き刺されようとも、信長はできるだけ遠くへ逃げのびようとしたはずです。しかし、本能寺のこのときだけは、信長が逃げようとした痕跡がありません。今まで述べてきた信長の行動原理から考えると、しっくりきません。

ここに来て、信長はなぜ逃亡を諦めてしまったのか。それは織田家臣団のエースであった光秀による謀反という衝撃、そして、突然「燃え尽き症候群（バーンアウト・シンドローム）」のような心理状態になったのかなと思います。明智勢に囲まれたとき、信長は初めて自分の人生を俯瞰《ふかん》で見たのではないでしょうか。

桶狭間の戦いでは、居ても立ってもいられずに清須城を出撃し、義元を討つという大博打《おおばくち》に成功しました。また、金ヶ崎の退き口では見栄もプライドも捨ててまっしぐらに逃げ、窮地を脱しました。しかし、「人間《じんかん》五十年、下天のうちをくらぶれば……」という敦盛の舞を好んだ49歳の信長には、本能寺から逃げる意欲と気力が残っていなかった――。

フランスのナポレオンの睡眠時間は1日3時間だったといわれていますが、信長も睡眠を削って職務に励んでいたと推測されます。実際、薩摩《さつま》の島津家久の日記には、「馬廻り100騎ほどを引き連れ、本願寺攻めから引きあげてきた上総《かずさ》（信長）殿は馬上で居眠りをされていた」という記述があり、壮年期の信長が相当疲れており、過労であった様子がうかがえます。

当時の平均寿命は武士が42歳ぐらいともいわれますが、信長はそれをすでに越していました。だからこそ、明智軍急襲の報に接したとき、「ここから逃げても、この先やることがあるのか?」と自分に問い、「これまで十分やってきたのではないか。もうこのあたりでいいのでは」と諦めの境地に至ったのではないでしょうか。人はたとえ若くとも、「死ぬところに向かって生きている」とは私の尊敬する作家・池波正太郎の言葉ですが、信長にはそうした覚悟が備わっていたと思えます。信長は「死なうは一定《いちじょう》、しのび草には何をしよぞ、一定かたり遺すよの(人間は誰でも死ぬ定め。生きたときのことをしのぶものとして、生きている間に何をしておこうか。後世の人は、きっとそのことを思い出し、語り継いでくれるだろう)」という小唄を好んだとされます。このとき、信長には「しのび草」として自分がこれまでやってきたことを振り返り、生きた証《あかし》は残せたというある種の達成感、もう十分ではないかという感慨が生まれたのではないでしょうか。

特に信長の場合、家督を相続してから今日に至るまで、休みなくエネルギッシュに走り続けてきました。それゆえに、「燃え尽き症候群」の度合いも尋常ではなかったはずです。急に何かがストンと落ちてしまって、従容《しょうよう》と死を受け入れる——。信長の死に際がどうであったかは推考するしかありませんが、「人生を存分に生きた」という思いで、最期は意外と穏やかだったのではないかと想像します。

「信長」を信長自身が演じるようになった

映画や大河ドラマ、ゲーム、ミュージカルなど、これまで信長を描いた作品は数知れません。なぜ人々はここまで信長に魅了されるのでしょうか。

その答えとして、私は「信長の人生には、戦国の魅力やエッセンスがギュッと凝縮されているから」だと考えています。小学生時代、信長の伝記などから戦国時代に興味を持った人も多いでしょう。

ここまで述べてきた「うつけ」と呼ばれる少年時代から始まり、家族との相克《そうこく》、桶狭間でのジャイアントキリング、金ヶ崎の退き口や信長包囲網での絶体絶命のピンチ、家臣や国衆の相次ぐ謀反・反乱、そして本能寺での劇的な最期——。信長の生涯は、起伏に富んでいて絵になるものばかりです。だからこそ、昔でいえば大河ドラマ「太閤記」(65年)での高橋幸治さんや同じく大河ドラマ「国盗り物語」(73年)での高橋英樹さん、最近なら映画『レジェンド&バタフライ』の木村拓哉さんなど、当代を代表する俳優が信長を演じ続けているのです。

信長自身、あるいは自分の人生を革新的に見せる天才だったのかもしれない、ふとそう思うときがあります。最初は等身大だったけれど、いつの間にか周囲が期待するイメージの「信長」を信長自身が演じるようになり、最終的には自分自身すら騙《だま》すほどのレベルで演じ続けた。周りはそれが真の信長だと思い、畏れていった――。高倉健さんや石原裕次郎さんは「本物のスターは、私生活もスター」という言葉が似合う方ですが、信長もそうした感じだったのではないか、と推測します。

私の小説でも信長はよく出てきますが、主役で描くのは存外難しい人物です。歴史小説を書く際に、私は自分の中で理解がある程度進んだ人物で勝負するようにしています。しかし、信長は「理解が及ばない人物」でもあります。どちらかといえば、『じんかん』における信長のように、「偉大なる脇役」として描く方が、私の場合は描きやすい。

とはいえ、47都道府県の戦国武将たちをテーマにした『戦国武将伝　東日本編』の愛知県では、若き日の信長を主人公に掌編《しょうへん》を書いています。桶狭間の前年にあたる永禄2年（1559）、将軍足利義輝に謁見するためにわずかな供を連れての上洛時、『信長公記』に残る記録を元にした話です。信長は上洛途上、斎藤義龍《よしたつ》の刺客たちにつけられていることを感づき、対策を考えます。最終的に京の大通りで「お主ら如きが、儂に刃向かうのは蟷螂《とうろう》の斧《おの》が如し。それでもやると言うならば、ここで掛かって参れ！」と刺客たちに向かって豪胆に啖呵《たんか》を切り、京雀《きょうすずめ》たちが騒ぎ立てはじめる。これに慌てた刺客たちは逃げ散っていきます。一方で、信長一行は京からの帰り道（復路）では行き（往路）と道を変えて、用心深く近江から伊勢に抜ける八風峠《はっぷ》を選びます。大胆さの裏に細心の注意も払う

――青年期の信長にはこうしたパフォーマンス性、剛毅さ、抜かりのなさなどが既に備わっていたのではないかと思うのです。

【織田信長の喜怒哀楽】

喜……桶狭間の戦いでの勝利

信長はさまざまな戦いで勝利しますが、桶狭間ほど高揚感に満ちた勝利はなかったと思います。たとえるなら、日露戦争の日本海海戦並みの完全勝利で、信長にとっては大きな自信になりました。

怒……石山本願寺との戦い

合理的な信長にとって、一向一揆との戦いは怒りに満ちたものだったと思われます。長島の一向一揆、越前の一向一揆の結末は悲惨なもので、完全に殲滅《せんめつ》されました。キリスト教布教を認めるなど、宗教を敵視していたわけではありませんが、宗教勢力がこのような力を持つこと、本来の宗教から逸脱した姿が許せなかったのではないでしょうか。

哀……妻・吉乃《きつの》の死

吉乃は信長の側室で、次男信雄の母（信忠、五徳の母という説も）です。永禄9年（1566）に若くして亡くなりますが、信長が心を許せる数少ない人物であり、哀しみは大きかったものと思われます。案外、「哀」はこのようなものかもしれません。

楽……「信長包囲網」の時代

信長にとって最大の危機ともいえる時代ですが、「どう生き延びるか」をひたすら思案する日々は、生きている充実を感じる日々でもあったのではないでしょうか。長篠・設楽原の戦い以降は安定しますが、逆に刺激が足りず、武将としては張り合いがない日々だったのかもしれません。

【織田信長の乾坤一擲《けんこんいってき》】

比叡山の焼き討ち

朝廷や武家との結びつきが深く、古来、信仰を集めている比叡山を焼き討ちする決断は、信長にとって大きな賭《か》けでもありました。しかし、浅井・朝倉軍に延暦寺も加担したため、今まで頭の中にあった迷いと決別し、焼き討ちの命令に至ったと考えます。

織田信長　系図

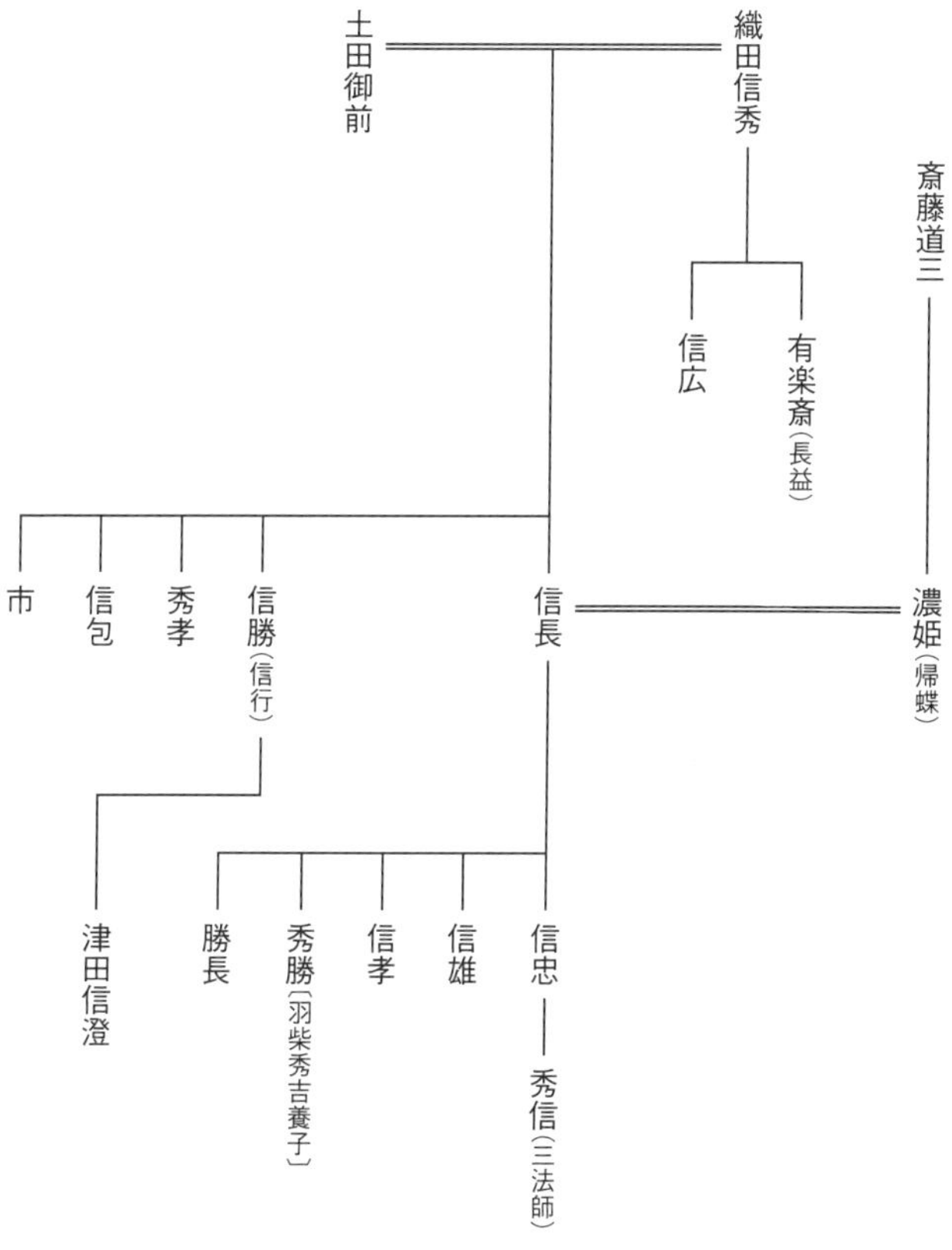
織田信秀
土田御前
斎藤道三
有楽斎（長益）
信広
濃姫（帰蝶）
信長
信勝（信行）
秀孝
信包
市
信忠
信雄
信孝
秀勝（羽柴秀吉養子）
勝長
津田信澄
秀信（三法師）

元　号	西暦年	出来事
天正4年	1576	安土城の築城を開始 石山本願寺との戦いが本格化
天正5年	1577	手取川の戦いで柴田勝家らが上杉謙信軍に敗れる 松永久秀の反乱を鎮圧 従二位右大臣に昇進(翌年に正二位)
天正6年	1578	荒木村重が謀反を起こす 第二次木津川口の戦いで毛利水軍に勝利
天正7年	1579	安土城の天守が完成
天正8年	1580	石山本願寺と講和を結ぶ 重臣の林秀貞、佐久間信盛を追放
天正9年	1581	京で盛大な馬揃えを催行
天正10年	1582	天目山の戦いで武田氏を滅ぼす 本能寺の変で明智光秀の謀反に遭い自害する

織田信長　略年表

元　号	西暦年	出来事
天文3年	1534	織田信秀の嫡男として尾張で誕生。幼名は吉法師
天文15年	1546	元服し、「信長」と名乗る
天文17年	1548	美濃の斎藤道三の娘・帰蝶(濃姫)と結婚(翌年の説も)
天文21年	1552	父・信秀が死去し、織田家の家督を相続(信秀の死去時期は諸説あり)
天文22年	1553	家老の平手政秀が切腹 正徳寺で斎藤道三と会見
天文24年	1555	守護代の織田彦五郎を討ち清須城主となる
弘治2年	1556	長良川の戦いで斎藤道三が敗死 稲生の戦いで弟・信勝に勝利
永禄元年	1558	信勝を清須城に誘い出して殺害(前年の説も)
永禄2年	1559	わずかな供を連れ初めて上洛し、十三代将軍足利義輝に謁見
永禄3年	1560	桶狭間の戦いで今川義元を討ち取る
永禄5年	1562	清須城で松平元康(後の徳川家康)と会見
永禄6年	1563	本拠を小牧山城に移す
永禄10年	1567	稲葉山城を攻略して美濃を平定する 井ノ口を「岐阜」に改める
永禄11年	1568	足利義昭を奉じて上洛し、義昭の十五代将軍就任に貢献する
元亀元年	1570	越前の朝倉義景を討つために出陣するが、浅井氏離反の報告を受けて撤退(金ヶ崎の退き口) 姉川の戦いで浅井・朝倉連合軍に勝利
元亀2年	1571	比叡山を焼き討ち
元亀3年	1572	武田信玄が西上作戦を開始
元亀4年/天正元年	1573	足利義昭が信長に敵対(後に和睦) 武田信玄が死去 足利義昭が再び信長に敵対。槇島城に立て籠るが敗れ、京から追放される(室町幕府の実質的な滅亡) 浅井氏、朝倉氏を滅亡させる
天正2年	1574	正親町天皇に蘭奢待の切り取りを奏請 長島の一向一揆を鎮圧
天正3年	1575	長篠・設楽原の戦いで武田勝頼軍に勝利 越前の一向一揆を鎮圧 権大納言と右近衛大将に就任

COLUMN 1

穴太衆《あのう》

琵琶湖《びわこ》の南西・滋賀県大津市坂本に本拠を置いた穴太衆は、石垣造りの技能集団です。私が直木賞をいただいた『塞王《さいおう》の楯《たて》』の主人公は穴太衆という設定であり、思い入れが深い集団です。

自然石と荒割石を巧みに混ぜて組む「野面《のづら》積み」が彼らの得意とする石の積み方で、「穴太積み」とも呼ばれています。戦国期から江戸時代にかけて石積み技術は急速に発展し、ほかに「打込接ぎ《うちこみはぎ》」「切込接ぎ《きりこみはぎ》」といった石垣加工法も生まれていきましたが、最も耐久性に優れているのは野面積みです。

穴太衆のルーツは大陸からの渡来人とされ、比叡山《ひえいざん》近隣にある古墳の横穴式石室の石積みは、穴太衆の野面積みと石の配置がよく似ています。寺院の石工も任され、比叡山延暦寺や門前町の坂本には、今も彼らの手による石垣が残っています。

織田信長の本拠である安土城の石垣も手がけたことで、名声は広がり、彼らは他の城郭《じょうかく》の石垣も手がけるようになります。ただし、戦国期における穴太衆の史料はほとんど皆無なので、実態を知るのは困難です。関ヶ原以降の慶長期の築城ラッシュでは、全国各地で召し抱えられ、ようやくその実態が少しずつ明らかになります。

穴太衆の史料が少ないのは、彼らが軍事機密を扱う集団だったからでもあるでしょう。穴太衆の石垣技術は口伝《くでん》で継承されていきました。現在も大津市に本社を置く粟田《あわた》建設が、穴太衆の技術を唯一受け継いでいます。

中世までの城は土を盛って造った土塁を持つ構造でしたが、風雨に弱く、数年に一度は大改修が必要でした。それに対し、石垣は風雨に強く、水はけもよいので、一度組んでしまえば基本的にメンテナンスが不要でした。

また、石垣は守備力が高く、どんな敵も寄せ付けない堅牢な守りの象徴でもありました。関ヶ原後に秋田へ減転封《げんてんぽう》された佐竹氏は城にあえて土塁を築いていますが、これは幕府に敵意がないことを示すためだったともいわれています。平成28年（２０１６）の熊本地震では熊本城の石垣が損壊しましたが、築城時に穴太衆が積んだとされる石垣は無事でした。戦国期の穴太衆の技術がいかに優れているかを示すものでもあります。

穴太衆の石垣造りにかける想いは凄まじく、「５００年崩れない石垣造り」が目標とされたそうです。大小さまざまな自然の石を絶妙なバランスで組み合わせた唯一無二の穴太積みの石垣――これらを今でも私たちが目にできるのは、幸せなことです。

第2章

豊臣秀吉——陽キャの陰《かげ》

謎につつまれた出自

庶民から天下人まで上り詰めた豊臣秀吉ほど、「立身出世」という言葉が似合う人物はいません。同じ三英傑でも織田信長や徳川家康は大名出身ですし、幕末の英雄でも西郷隆盛や坂本龍馬はいちおう武士階級ですから、秀吉がナンバー1の「成り上がり」でしょう。信長は行動と決断がダイナミックですが、秀吉は出自からの立身出世のプロセスがドラマチックです。『五葉《ごよう》のまつり』など、私の小説でも秀吉は多く出てきます。信長や家康と比べて武将との関わりのバリエーションが多く、さまざまな登場場面があります。

秀吉の生年月日は天文《てんぶん》5年（1536）1月1日とされていましたが、これは『絵本太《たい》閤記《こうき》』による創作です。「天下人なんやから、1月1日生まれにしたほうが箔《はく》がつくやろ」という狙いで、正月生まれに〝設定〟されたのではないでしょうか。伊藤秀盛という家臣が飛騨《ひだ》国の石徹白《いとしろ》の白山中居神社に奉納した願文の記述などから、現在は天文6年（1537）2月6日生まれ説が有力視されています。

生年月日もそうですが、若い頃の秀吉はとにかく謎だらけです。小説家としては、出自が曖昧《あいまい》なぶん幼少期のエピソードを自由に描ける面白みがありますが、生年をどこに設定するかで人物のイメージも変わるので、そこは悩みどころです。とはいえ、秀吉はキャラクターとして描きがいがあるので、自分の小説の中では一番好きな人物です。

秀吉に関するエピソードとしてほぼ確かなのは、彼が尾張《おわり》国中村の百姓の家に生まれたということです。秀吉の母なか（大政所《おおまんどころ》）、姉、弟の秀長（小一郎）といった証言者がたくさんいるので、これは間違いないでしょう。ただし、ひと口に百姓といっても、現代の私たちが抱いている百姓像とは少し違っていたような気がします。

この時代、兵農が完全に分離されていなかったため、足軽雑兵《ぞうひょう》は百姓と足軽の二刀流で生きる人が多数を占めていました。戦いの後には食料や金品、時には人までを掠奪する「乱取り（乱妨取り《らんぼうど》）」が行われ、それを目的として合戦に参加する人もいました。秀吉の父といわれる弥右衛門《やえもん》も、江戸時代初期に成立した『太閤素性記《すじょうき》』では足軽と伝えられています。

なかには、秀吉の出自を「山の民」に求める小説家の方もいます。私は、秀吉は百姓と下級武士の間、今風にいえば「季節労働者としての契約社員の息子」くらいの感じだったと考えています。結局どれが正解なのかわからないので、いかようにも描けるのが、秀吉の幼少期です。

若い頃の秀吉のエピソードはいくつもありますが、史料にその名が出てくるのは永禄8年（1565）のこと。調略によって寝返らせた松倉城主の坪内利定《つぼうちとしさだ》宛の知行安堵《ちぎょうあんど》状に、「木下藤吉郎秀吉」の名が出てきます。この頃には、すでに織田方の一員として活躍していたとみられます。

逆にいえば、そこに至るまで秀吉の経歴は本当に謎だらけです。通説として語られているのは、父・弥右衛門の死後、母なかが再婚した養父・竹阿弥《ちくあみ》との仲が悪く、家を出て諸国を放浪したというものです。針売りをしていたとか、どじょうすくいだったとか、家譜や歴史書によって描かれていることがバラバラです。

その中で、今川氏の重臣・飯尾氏の配下で遠江《とおとうみ》国頭陀寺《ずだじ》城の城主だった松下之綱《ゆきつな》に仕えたというエピソードが、『太閤素性記』に記されています。今川氏の滅亡後、之綱は徳川家康に仕えますが、天正11年（1583）に秀吉から3000石を与えられています。その後、遠江国久野《くの》に1万6000石という所領を授かったことから、秀吉が之綱に仕えたのは事実と思われます。秀吉が九州攻めの際に記した文書には、「松下加兵衛《かへえ》（之綱）の事、先年御牢人の時、御忠節の仁に候《そうろう》」とあります。

しかし、旧主である松下之綱の石高《こくだか》が1万6000石にとどまったのは、之綱の秀吉に対する扱いがそこそこだったからではないかと思います。仮に之綱が秀吉の立身出世の手助けをしていたら、もっと多くの領地が与えられていたはずです。ひどい扱いはされていないけれど、良くされたわけでもない――そのため、おそらくこのような石高になったのではないでしょうか。

一方で、秀吉が之綱に与えた1万6000石には、「口止め料」の意味合いがあったという見方もできます。松下時代の秀吉は本当に下の下という感じで、雑多な仕事をしていたと思います。天下人となった今、そんな下積み時代のエピソードを暴露されたら威信に傷がつくので、本来なら大名になるはずがない之綱を取り立てたのかもしれません。

ちなみに、之綱が亡くなったあと、後を継いだ子の重綱は関ヶ原の戦いであっさりと東軍についています。物語では深い絆が描かれがちな秀吉と之綱ですが、実際は割とドライな間柄だったのでしょう。

秀吉に感じるシンパシー

私は三英傑の中で比べるならば、秀吉に似ているかなという自覚があります。どの辺が秀吉に近いかと分析するなら、良き先輩にも良き後輩にも、状況に応じてどちらにもなれるところでしょうか。織田家重臣の柴田勝家と丹羽長秀から一字ずついただいて、秀吉が「羽柴」姓を称したのも、かなり思いきった「後輩ムーブ（後輩らしい立ち振る舞いをすること）」の一つです。また、秀吉は部下の労をねぎらったり、働きを褒《ほ》める手紙を多数送ったりしており、上司として部下の心を惹《ひ》きつける努力を惜しんでいません。日頃から部下によく声をかけ、慕われていたことがうかがえます。

また、天下を取るまでの秀吉は、人前であまり暗いところを見せていなかったと想像しますが、これも自分が似ているかなと思う部分です。秀吉はどんなときも「秀吉」というキャラで行動するけれど、一人でいるときは案外深刻、真剣な顔をしていたのではないでしょうか。暗いところを見せていたのは妻のおね（北政所）や弟の秀長など、本当に信頼できる人だけだったと思います。

「汚れ仕事」で信長の期待に応えた？

秀吉が信長に取り立てられた際の逸話としてあまりに有名なのが、いわゆる「草履取《ぞうり》り」のエピソードです。実際、秀吉が信長に気に入られるまでにはさまざまな紆余《うよ》曲折《きょくせつ》があったのでしょうが、それを「草履を懐《ふところ》で温めて信長を喜ばせた」という物話にギュッと凝縮させているのだと考えます。

本当のところはどうだったかというと、おそらくいつの間にか織田家中に入り込み、如才なく仕事をこなして出世したと思われます。「武辺をば今日せず明日と思ひなば、人におくれて恥の鼻あき（明日こそ功名を立てる、そうした考えでは人に後れをとり、人の鼻を明かすどころか恥の上塗りになってしまう。好機は今ここで摑みとれ）」という秀吉の言葉も伝わるくらいですから、仕事は早く、抜群に出来たのでしょう。信長には古くからの譜代家臣が少なく、実力があれば新参者でも抜擢《ばってき》され、出世しやすい環境でした。同じく謎の出自から出世した織田家臣として滝川一益《かずます》、明智光秀などもおり、秀吉の出世も不自然ではなかったのです。宿老が主君の脇をガッチリと固める武田氏なら、（信玄に見初められない限り）重臣の列に加わるのは難しかったでしょう。

秀吉が信長に仕えたあと、どのような仕事をこなして出世したのかについても謎に満ちています。有名な話としては、清須《きよす》城の塀の修繕を3日で完遂させたとか、墨俣《すのまた》城を一夜で築いたというエピソードがありますが、これらも本当にあった話かどうかは定かでありません。

とはいえ、秀吉が短期間で出世したのは紛れもない事実です。「戦国時代あるある」として、信玄家臣の高坂弾正《だんじょう》昌信のように主君の〝お気に入り〟で出世する例はありますが、秀吉はそういうタイプではありません。墨俣一夜城に匹敵《ひってき》する手柄や功績を挙げているはずですが、それははたしてどんな仕事だったのか――。おそらく後年栄達した後も周囲には語りたくない働き、例えば、敵方を内部で対立させ、組織を切り崩す調略やスパイ工作活動、あるいはそれ以上の〝裏の汚れ仕事〟で信長の期待に応え、するすると出世していったのかもしれません。稲葉山城を落とすために行った西美濃三人衆（稲葉良通《よしみち》・安藤守就《もりなり》・氏家直元《うじいえ》）の調略も秀吉の仕事だったとされます。

昭和的な話ですが、功なり名を遂げたお偉いさんが銀座のバーで話すことといえば、若い頃の武勇伝というケースが思い浮かびます。ところが秀吉の場合、今に語り継がれている出世話の多くは、後世の創作とみられるものばかりです。黄金の茶室をつくるほど自己顕示欲の強い男ですから、聚楽第《じゅらくだい》や伏見城で大名やその家臣に自分の若い頃のエピソードを誇らしげに話し、それが後世に伝わったとしても不思議ではありません。それがほぼないということは、初期の秀吉は人にいいにくい仕事をこなし、時には倫理的に褒められない行為にも手を染めていたのではないかと考えられます。

秀吉は「陽」か「陰」かでいえば、圧倒的に「陽《よう》キャ（陽気なキャラクターの略語、人づきあいが得意で活発な人）」であったことは想像がつきます。ただし、人間には誰しも「陰」の部分があって、若い頃は仕事の面も含めて、「陰」の要素が強かったと考えられます。世に出てからは「陰」を捨てて「陽」の男として走り始めますが、それでも彼の中にある出自などのコンプレックスを払拭《ふっしょく》することはできず、天下人になった後もまとわり続けました。陽キャの光が強かった分、陰《かげ》の濃さも後年、際立ったのかもしれません。

なぜそこまで「母」が好きだったのか

秀吉の人物像を語るうえで欠かせないのが、家族とのエピソードです。特に大事にしたのが母のなか（大政所）で、さまざまなコンプレックスを抱えつつも天下人に上り詰めた秀吉にとって、母親は何より精神的な拠《よ》り所でした。

秀吉が長浜城主になると尾張国中村から引き取って一緒に暮らし、妻のおねとも仲がよかったそうです。そして、秀吉が関白に任官されると従一位《じゅいちい》に叙され、「大政所」の号を与えられました。「大政所」は摂政・関白の母の称号で、「北政所」は摂政・関白の妻の称号ですが、現在は「大政所＝なか」「北政所＝おね」として定着しています。秀吉が「戦国一の出世男」だとしたら、なかは戦国時代に最も出世した女性といえます。

なかは天正20年（1592）、文禄の役の最中に亡くなります。このとき、秀吉は九州の名護屋《なごや》城にいましたが、重篤《じゅうとく》の報を受けて急いで帰京します。しかし、秀吉が帰ったときには、なかはすでに亡くなっていました。母の死を知った秀吉はその場で卒倒《そっとう》したともいわれ、どれだけショックだったのかがうかがえます。

秀吉はなぜここまで母が好きだったのか。その心理を分析するならば、「母親の愛情不足」が根底にあったのだと想像します。なかは4人の子（智《とも》〔日秀尼〕、秀吉、秀長、朝日姫）を産んでいますが、秀吉が生まれてから3年後、弟の秀長が生まれています。弟の面倒を見るのにかかりっきりになり、しかも、秀吉は義父の竹阿弥と折り合いが悪く、幼くして自分が家族の中で浮いた存在だと認識していたのかもしれません。その後、秀吉は織田家臣として破格の出世を遂げていきましたが、その背景には、満たされない「母親に認められたい」「母親を独占したい」思いがあったのではないでしょうか。

秀吉の足跡をたどると、家族に対する愛情をひしひしと感じ取ることができます。その証となるのが、秀吉の書状です。部下だけでなく、家族に対しても、まめに手紙を書き送っています。書状が多い割には自筆のものは少ないですが、家族に対しては、あけっぴろげでおおらかな文章で書き送っています。

私が思うに、秀吉は現代で失われつつある昭和的な家族観を持っていたのではないでしょうか。信長は家のために弟の信勝を誅殺《ちゅうさつ》し、家康もまた、家のために嫡男の信康を死に追いやっています。これらはいかにも武家的な対応ですが、それは、二人が生まれながらにして殿様になる家柄の人だったからです。一方、百姓の家に生まれた秀吉にはそういう考え方がなく、おそらく現代に近い感じで、シンプルに家族を愛していました。かつての大河ドラマ「秀吉」（96年）でも、竹中直人さん演じる秀吉の家族愛がしっかりと描かれていたことが思いだされます。

ちなみに、晩年に甥《おい》・秀次の一族妻子を処刑しているので、「秀吉は親族に対して冷酷ではないか」とツッコミを入れる方がいるかもしれません。しかし、これは「もう一つの家族愛」が招いた悲劇なので、この件に関しては後ほど触れていきます。

秀吉人気の移ろい

2019年にテレビ朝日系列で放送された「国民10万人がガチ投票！ 戦国武将総選挙」で、秀吉は6位にランクインしました。しかし、昭和の高度経済成長期にアンケートをとっていたら、秀吉はもっと上の順位だったと思います。何せ立身出世のシンボルのような英雄であり、それでいて昭和的な情にあふれる家族観も持ち合わせていたので、昭和のビジネスマンには相当人気があったのです。「高等小学校卒」の学歴を掲《かか》げて内閣総理大臣までのぼりつめた田中角栄に、付いたあだ名が「今太閤」であったことに想いを馳せてみてください。当時は経済もうなぎ上りで、田中角栄の栄達ぶりに秀吉を重ね合わせたのでしょう。

しかし、「親ガチャ」という言葉も聞かれる令和の今、恵まれない環境からのし上がることがリアリティを持ち得なくなりつつあり、秀吉のような生き方に感情移入できる人が少なくなっているのかもしれません。最近は「出世したくない若者」も増えているとされ、秀吉の生き方が若い世代から共感されるかどうかは心もとないところです。ただし、秀吉のお膝元《ひざもと》である関西では、相変わらず人気者です。「太閤」は関白職を子に譲った人、もしくは関白辞任後も内覧の宣旨《せんじ》を受けた人の称号ですが、関西では「太閤」といえば秀吉を指す言葉になっています。

大坂（大阪）城を築き、現在の大阪の発展の礎《いしずえ》を築いた秀吉が大阪で支持を集めるのは、今さらいうまでもない話かもしれません。しかし、秀吉と大坂の関わりは約15年、秀頼の代を含めても30年ほどで、徳川時代（約250年）に比べると非常に短いものです。それでも、大阪の人たちは秀吉に親近感を抱き、徳川秀忠によって再建された大坂城も、「太閤さんのお城」として親しまれています。

私が子どもの頃は、バブルが弾けて不景気になった時期ですが、秀吉は依然人気者でした。親戚の集まりでも、酔っぱらって「家康のせいで景気が悪くなった」とボヤくおっちゃんがいました。秀吉の豪快さとか、人懐っこさとか、そういう性格が関西人の気質に合っているのだと思います。

加えて、秀吉は京都でも高い人気を博します。歴史好き以外の方にはあまり知られていませんが、現在の京都の都市骨格を形づくったのは秀吉です。短冊形の長方形の地割を採り入れて町を整え、町全体を守るための防塁として「御土居《おどい》」を築きました。これによって京都市中の洛中と洛外が明確化され、容易には攻略できない城郭都市に生まれ変わりました。

京都はいわずと知れたお公家さんの街ですが、西の文化に溶け込もうとする武家にも好意的です。秀吉もそうですが、平家一門に対しても京都の人たちは同情的です。逆に家康のように、西に対して一線を画すような武家はあまり人気がありません。

いつ、どこで学んでいたか

秀吉の立身出世を下支えしたのが、弟の秀長です。戦働きから事務的な調整や資金調達までもこなした非常に優れた人物で、最終的には大和《やまと》・紀伊・和泉《いずみ》に河内《かわち》国の一部を加えた約110万石余りを領しています。従二位権大納言《じゅにいごんのだいなごん》まで昇ったことから、「大和大納言」と呼ばれました。彼もかなりの立身出世です。

しかし、気になる点が一つあります。兄の秀吉もそうですが、百姓の家に生まれた秀長が、なぜ武将として有能だったのでしょうか。

この兄弟は明らかに二人とも相当に優秀です。尾張国中村で必要な教育を受けていたわけではなさそうなので、地頭がよかったとしても、謎が残ります。

永禄8年(1565)までの秀吉に関する記録がないので、何をしていたのかはわかりません。信長の家臣としてさまざまな仕事をしていたと思いますが、一つの仮説として、それ以外の時間はずっと学んでいたのではないでしょうか。そういう勤勉さが弟の秀長にもあって、兄弟で切磋琢磨《せっさたくま》したのでしょう。

とはいえ、机上の勉強だけで天下人までのし上がるのは難しかったはず。そこで考えられるのが人脈、そして実地での〝学び〟です。秀吉が人たらしだったのは多くの人が知るところですが、若い頃からさまざまな人物と交流しています。

五奉行として豊臣政権を支えた前田玄以は、若い頃は尾張国の小松原寺で住職を務めていたといわれています。まだ「木下藤吉郎」と名乗っていた頃の秀吉と親しい間柄で、ある日、秀吉は「今は乱世なので、運に恵まれれば儂《わし》のような者でも大名か将軍になれるかもしれない。それが実現したら、貴殿の望みを何でも叶えて差し上げよう」と玄以にいいました。玄以は笑いながら「それならば、京都所司代《しょしだい》にしてください」と答え、のちに実現するわけですが、秀吉が武将にすらなっていない頃の話ですから、あくまで逸話の一つという位置付けではあります。

また、秀吉が鷹狩りの帰りにのどの渇きを覚え、寺小姓だった石田三成から茶を差し出されたという有名なエピソードもあります。こうした玄以や三成の逸話からわかるのは、秀吉がさまざまな場所を巡り、人と会っていたということです。ひと昔前の営業担当は、よく歩き、多くの人に会う人が優秀とされていましたが、秀吉はさながらスゴ腕の営業担当という感じだったのでしょう。まずは尾張国内を巡り、地理はどうなっているのか、優秀な人間はいないかなど常に探っていました。そして、歩きながら色々と思考をめぐらせ、考え続けたのではないでしょうか。

秀吉は若い頃に中村の家を出ているので、秀長は兄との共通の体験がそこまで多くはなかったと思われます。しかし、外で鍛《きた》えられて成長した兄の姿を見て、大いに刺激を受けたはずです。自分が励まないわけにはいかないので、兄弟で教え合って、それぞれ武将としての素養を身につけていったのでしょう。

気になるのは、秀吉や秀長が誰から教えを受けたのかという点です。例えば、家康や今川義元は太原雪斎《たいげんせっさい》、上杉謙信は天室光育《てんしつこういく》、伊達政宗は虎哉宗乙《こさいそういつ》など、後世に名を残した戦国武将は、いずれも当代随一の学識がある人物から教えを受けています。小瀬甫庵《おぜほあん》の『太閤記』では、8歳のときに光明寺に入れられ、寺を追い出されてからは商家に奉公に出て、ひと通りの手習いは習得していることになっています。

大名の子息は教育を強制的に受けさせられましたが、秀吉は自ら学び、吸収していったと思われます。おそらく他のどんな武将よりも「学ぶ喜び」は大きくて、学びに対する渇望も強かったはずです。文字も最初は書けなかったけれど、努力して書けるようになって、それがうれしくて筆まめになったのかもしれません。

信長や家康も多くの手紙を書いていますが、秀吉は自筆書状が130通ほど残っています。「その書は達筆と言えるようなものではなく、誤字脱字や破格の書き方も見られますが、大変個性的」（東京国立博物館・田良島哲、特別展「和様の書」）と評されているように、私は秀吉の力強い字（筆跡）が好きです。

「コミュ力《りょく》お化け」としての秀吉

初期の秀吉を支えていた配下には、秀長の他に木曽川並衆《かわなみ》の蜂須賀小六《はちすかころく》（正勝）や前野長康、軍師の竹中半兵衛重治《はんべえしげはる》などがいます。また、おねの妹婿《いもうとむこ》である浅野長吉《ながよし》（長政）、仙石秀久《せんごく》や山内一豊《やまうちかずとよ》、中村一氏《かずうじ》、堀尾吉晴《よしはる》などが、最古参の家臣として知られています。

江戸時代の軍記物では、秀吉と半兵衛との出会いが面白く描かれています。竹中半兵衛は元々美濃《みの》の斎藤氏の家臣で、信長の美濃平定後は隠棲生活を送っていました。しかし、信長の命を受けて秀吉が何度も半兵衛のもとを訪れ、熱心に説得します。半兵衛もついに折れ、仕官に応じることになります。このとき、半兵衛は秀吉の器量に惚《ほ》れ込み、信長ではなく秀吉の家臣になりました。

この話は、中国の歴史小説『三国志演義』に出てくる「三顧《さんこ》の礼」がモデルになっていると指摘されています。ライバルの曹操《そうそう》に大差をつけられたが劉備《りゅうび》が、天才と謳《うた》われる諸葛亮孔明《しょかつりょうこうめい》を軍師として招くため、三度も孔明の草廬《そうろ》を訪ねたというエピソードです。しかし、この仕官話は後世の創作とされ、実際の半兵衛は信長に仕え、与力として秀吉の下に付けられたと考えられます。

いろいろと脚色がありますが、半兵衛は天正7年（1579）に亡くなるまで秀吉に仕えています。ですので、半兵衛が秀吉を好きだったのは確かです。

「何で秀吉が好きだったのか？」と訊かれても、おそらくそこに理由はなかったのでしょう。私たちだって、「この人が好き」というのに理由がないことはザラにあります。秀吉は天性の人たらしなので、天才軍師すら惚れ込ませることができたのだと思います。

とはいえ、創作の世界では、そういうわけにはいきません。インテリの半兵衛が庶民上がりの秀吉に仕えた理由が、「何となく馬が合った」では話も盛り上がりません。そこで読み手を納得させるため、「三顧の礼」の逸話を引っ張り出したのではないでしょうか。

「どうして秀吉は飛躍的な出世を遂げることができたのか？」という問いに対して、その答えは「勤勉で、地頭がよくて、コミュニケーション能力が抜群だったから」ということになるでしょう。もし秀吉が昭和や平成、さらに令和の時代に生まれていたとしたら、きっと社長や総理大臣までのし上がったのではと私は考えます。

秀吉の「コミュ力《りょく》お化け」ぶりを客観的に示しているのが、先ほども述べた秀吉の筆まめさです。家族もそうですが、部下にもあれこれと書き送り、人心掌握《しょうあく》に役立てています。自筆書状は仮名書きを多用しており、「ちくせん（筑前《ちくぜん》）」、「大かう（太閤）」などの署名が見られます。こうした文章には親しみやすさがあり、相手を魅了したのだと思います。

また、秀吉は先輩との付き合い方も上手な人物でした。それがよく表れているのが、先にも述べた「羽柴」への改姓です。これは丹羽長秀の「羽」と柴田勝家の「柴」を組み合わせた名字ですが、先輩武将の名字から一字ずついただくというのは、家名を大事にする戦国の世においては稀《まれ》なケースといえます。元々は名字のない家に生まれたので、「名字をいただいて先輩へのリスペクトをアピールする」ということが実行できたのだと思います。

気になるのは、筆頭重臣の柴田勝家はわかるとして、なぜ丹羽長秀だったかということです。当時の序列でいえば、佐久間信盛の方が上に来ますが、「佐久柴」とは名乗りませんでした。これはあくまで推論ですが、秀吉は信盛という人物に先がないのを、ある程度感じていたのかもしれません。そのうえで、その後も安土城建設や信長の遊撃部隊として活躍する、器用な「米五郎左《こめごろうざ》」こと丹羽長秀を選んだのではないでしょうか。

実際、信盛は天正8年（1580）、信長から追放され、失意のうちに世を去っています。秀吉は「人たらし」である一方で、使える人材と使えない人材を冷静に見分けることができていたのです。

ちなみに、秀吉はリスペクトの対象にしていた勝家を、本能寺の変の翌年にあっさりと滅ぼします。丹羽長秀も秀吉に臣従しますが、後を継いだ丹羽長重（長秀の子）は大きく石高を減らされ、おまけに秀吉は丹羽家から長束正家《なつかまさいえ》という優秀な家臣をヘッドハンティングしています。そのため、「羽柴」への改姓は、あくまで処世の一環としてのものだったとみられます。秀吉は人たらしな一方で、計算高い人物でもありました。

「無理ゲー」を乗り越え、認められた

信長はその場を懸命に切り抜けていくうちに勢力が大きくなり、天下人への道が開けたと考えられますが、秀吉の場合は明確に出世の意図があったと感じられます。信長は尾張の小勢力とはいえ、食うには困らない身分の人物です。これに対し、秀吉の場合は生活が困窮する辛酸《しんさん》もなめていただけに、「もっといい暮らしを」という願いはあったはずです。「生活が貧しいから、ご飯をお腹いっぱい食べられるようになりたい」から始まり、そこに「おかずを一品足したい」、次は「よい食器で食べたい」という感じで、出世の階段を上っていきました。こうしたステップは、昭和の人たちの「我が家にもテレビが届いた」「自動車を買った」「マイホームを建てた」といった流れに通じるものがあります。だからこそ、昭和の時代に秀吉は愛好されたのだと思います。

信長による美濃平定以前の秀吉の動向はわからない部分が多いので、出世の原点を探るのはなかなか困難です。ただし、天正元年（1573）には浅井《あざい》氏の旧領である北近江《おうみ》三郡を与えられているので、それまでに大きな手柄を挙げたのは確実です。その一つと考え

られるのが、元亀《げんき》元年（1570）の金ヶ崎《かねがさき》の退《の》き口です。

越前《えちぜん》の朝倉義景を攻めるために越前の金ヶ崎付近まで侵出した信長が盟友・浅井長政の裏切りを知り、挟み撃ちにされる前に急ぎ退却した出来事です。このとき、秀吉は明智光秀、池田勝正と共に殿軍《でんぐん》（殿《しんがり》）を務め、信長を無事に撤退させることに貢献しました。

この撤退戦は、秀吉の人生において一番の賭《か》けだったように思います。秀吉は努力して頑張って台頭しましたが、それを快く思わない同僚もいるわけです。「あのサルめ、おべっかばかり使いやがって」というやっかみは絶対あったはずです。武家社会は男の嫉妬《しっと》が渦巻いていたり、足を引っ張り合ったりする〝リアル島耕作〟の世界ですが、そういう社会で認められるためには、時に超ハイリスクな仕事を請け負わねばならなかったと考えられます。

秀吉は小者からキャリアをスタートさせましたが、出世しやすい〝おいしい仕事〟は全部先輩に持っていかれてしまう。そういう局面では、誰もやりたがらない仕事をやるしか出世の糸口はありませんでした。その究極の仕事が金ヶ崎の退き口という「無理ゲー（クリアが困難なゲームのこと。転じて状況打破が不可能と思える物事のたとえ）」でした。どの史料を見ても、「よく生きて帰ってきたな」というレベルの戦いで、あの柴田勝家も「よくやった」と褒めるほどで、それまで秀吉を軽んじ馬鹿にしていた同僚も、秀吉を認めざるを得なくなったのです。

実際、秀吉が殿軍に立候補したのか、信長に命じられたのかはわかりませんが、これが秀吉の「世に出る最初の出来事」になりました。武人としてのキャリアアップも果たす重要な戦いでしたが、浅井と朝倉に挟み撃ちされるかもしれない危機極まる過酷な任務で、さすがの秀吉も半ば死を覚悟していたと思います。

ちなみに、『信長公記《しんちょうこうき》』では秀吉が殿軍を指揮したように書かれていますが、当時の序列を踏まえると、実際に主力部隊を率いたのは摂津《せっつ》国池田城主の池田勝正とされています。勝正は永禄12年（1569）の本圀寺《ほんこくじ》の変でも活躍するなど、武勇に秀でた人物です。ところが、金ヶ崎の退き口から2カ月後、家臣の裏切りで追放されてしまいました。金ヶ崎の退き口という「無理ゲー」を乗り越えた秀吉が世に出る一方で、勝正のように埋もれる人もいたのが当時の現実でした。

常に人材を求めていた秀吉陣営

戦国時代の家臣団は、兄弟や親戚などの一門衆、そして古くから仕える譜代家臣で構成されるのが一般的です。しかし、秀吉には譜代の家臣がおらず、一門でも頼りとなるのは弟の秀長だけでした。

そんな秀吉を支えたのが、地元や領内で取り立てた有能な若者たちです。見所があれば、出自にこだわらずに雇い入れました。秀吉の人材発掘の場になったのが近江で、石田三成や大谷吉継、脇坂《わきざか》安治といった若者たちを雇っています。ただし、秀吉が支配していた場所には限りがあるので、無制限に人材を発掘できたわけではありませんでした。

一方で、加藤清正や福島正則といった尾張の若者を呼び寄せて、家臣団に加えています。清正や正則は秀吉と親戚筋にあたり、いわばコネ入社のようなもの。しかし、一門や譜代の家臣が少ない秀吉にとっては頼もしい存在でした。また、秀吉は妻・おねの実家である木下家の人たち、姉・智の配偶者である三好吉房《よしふさ》なども家臣に取り立てています。彼らが優秀であったかどうかはさておき、ここでも秀吉の家族愛を垣間見ることができます。

中国地方遠征を任されて播磨《はりま》に入るまでの秀吉陣営は人材不足に悩まされ、常に求人広告を出しているような状態でした。秀吉家臣団を語るうえで重要なワードとなるのが「実力主義」と「家族愛」で、甥にあたる三好吉房の子（秀次、秀勝、秀保《ひでやす》）やおねの兄・木下家定の子（勝俊、利房《としふさ》、延俊《のぶとし》、小早川秀秋）を身内の第二世代として取り立てています。

そして、秀吉にとって大きな飛躍のきっかけになったのが、第二の軍師である黒田官兵衛《かんべえ》です。第一の軍師・竹中半兵衛が若くして亡くなってしまったので、彼を配下にできたことは非常に大きかったといえるでしょう。

秀吉の天下取りの第一歩となった「中国大返し」も、官兵衛なくしてはできなかった離れ業です。本能寺の変が起きたとき、秀吉は毛利方の備中高松城を攻めていましたが、官兵衛は速やかに停戦交渉を行いました。さらに、毛利方の小早川隆景から旗を借り受け、宇喜多《うきた》秀家の旗と一緒に掲げ、中国地方から毛利勢を含めた大軍が押し寄せてきたような情報操作を行ったという逸話もあります。

また、中国大返しが成功した背景には、毛利方が正確な情報を摑《つか》んでいなかったこともあります。天正10年（1582）6月6日付けの小早川隆景の書状には、次のように書かれています。

「一日に信長・信忠父子が、二日に信孝（信長の三男）が討たれました。下手人は津田信澄（織田信勝の子）、明智光秀、柴田勝家の三人です」

北陸にいた勝家が謀反《むほん》に加わっているのはおかしな話ですが、そもそも光秀が信長を討ったこと自体が想定外の話なので、納得してしまったのかもしれません。北陸勢まで謀反に加担しているなら、秀吉軍が入京するのは困難とみて、毛利方が和睦《わぼく》の申し出に応じてしまった可能性もあります。

一気に頂点に駆け上がる

大返しを成功させた秀吉は明智光秀を討ち、清須会議で信長の孫で信忠の嫡男である三法師《さんぼうし》（後の織田秀信）を後継者に据えます。しかし、光秀を討った後も、秀吉はまだ自分が天下人になれるとは考えていなかったのではないでしょうか。信長死すの報に接したとき、黒田官兵衛が秀吉に「これは天下人になれる好機です」と囁《ささや》いたという逸話がありますが、これは実際にはなかったように思います。

仮に官兵衛がそういっていたとしても、秀吉はしりぞけていたはず。なぜなら、この段階で本当に信長が死んだかどうかはわからなかったからです。信長は本能寺から密かに逃げだしたかもしれないし、敵方の虚報かもしれない。現代でもフェイクニュースに惑わされることはありますが、用心深い秀吉はそう容易《たやす》く信長の死を信じなかったでしょう。

近隣の諸将も同様で、多くは日和見《ひよりみ》な態度を取っていました。なかには、蒲生賢秀《がもうかたひで》・氏郷《うじさと》父子のように、安土城から織田一族の子女を避難させ、織田方として光秀に抵抗する者もいました。もし三条河原に信長の首が晒《さら》されれば、光秀に与《くみ》する者ももっといたかもしれません。そういう点では、信長の首が取れなかったのは、光秀にとって痛恨のしくじりでした。

一方で、秀吉は信長の生死が不明なことを利用して、畿内《きない》の諸勢力を味方につけています。摂津国茨木《いばらき》城主の中川清秀は光秀に近い立場の人物でしたが、秀吉は「信長様と信忠様は近江の膳所《ぜぜ》に逃れて無事である」という書状を送っています。もちろん真っ赤な嘘なのですが、清秀が光秀方につかないように画策しました。ここでも、秀吉の知略が存分に発揮されています。

秀吉は山崎の戦いで光秀を討ってからも、しばらくは信長がまだ生きていることを想定した行動をとっています。大怪我を負った信長がどこかに匿《かくま》われていて、治ったらひょっこりと現れるかもしれません。ある程度、日数が経ってから信長が死んだことをようやく確信し、天下を狙う行動を起こし始めたのだと思います。

天正11年（1583）、秀吉は賤ヶ岳《しずがたけ》の戦いで柴田勝家を破り、信長の後継者としての地位をほぼ確立させます。丹羽長秀、池田恒興を従え、滝川一益を屈服させ、織田家中で秀吉に対抗できる者はいなくなりました。中国大返しから賤ヶ岳にかけての秀吉は、誰にも止められない無双状態でした。

しかし、そんな秀吉に冷や水を浴びせたのが徳川家康です。駿河《するが》・遠江・三河の東海三国に加え、混乱に乗じて甲斐《かい》や信濃《しなの》を支配下に置き、気がつけば大勢力になっていました。それが尾張・伊勢・伊賀を支配する織田信雄《のぶかつ》（信長の次男）と結んだわけですから、秀吉にとってはただならぬ事態です。両者は小牧・長久手の戦いでぶつかりますが、秀吉

図　小牧・長久手の戦いの時点における外交勢力図　天正12年（1584）

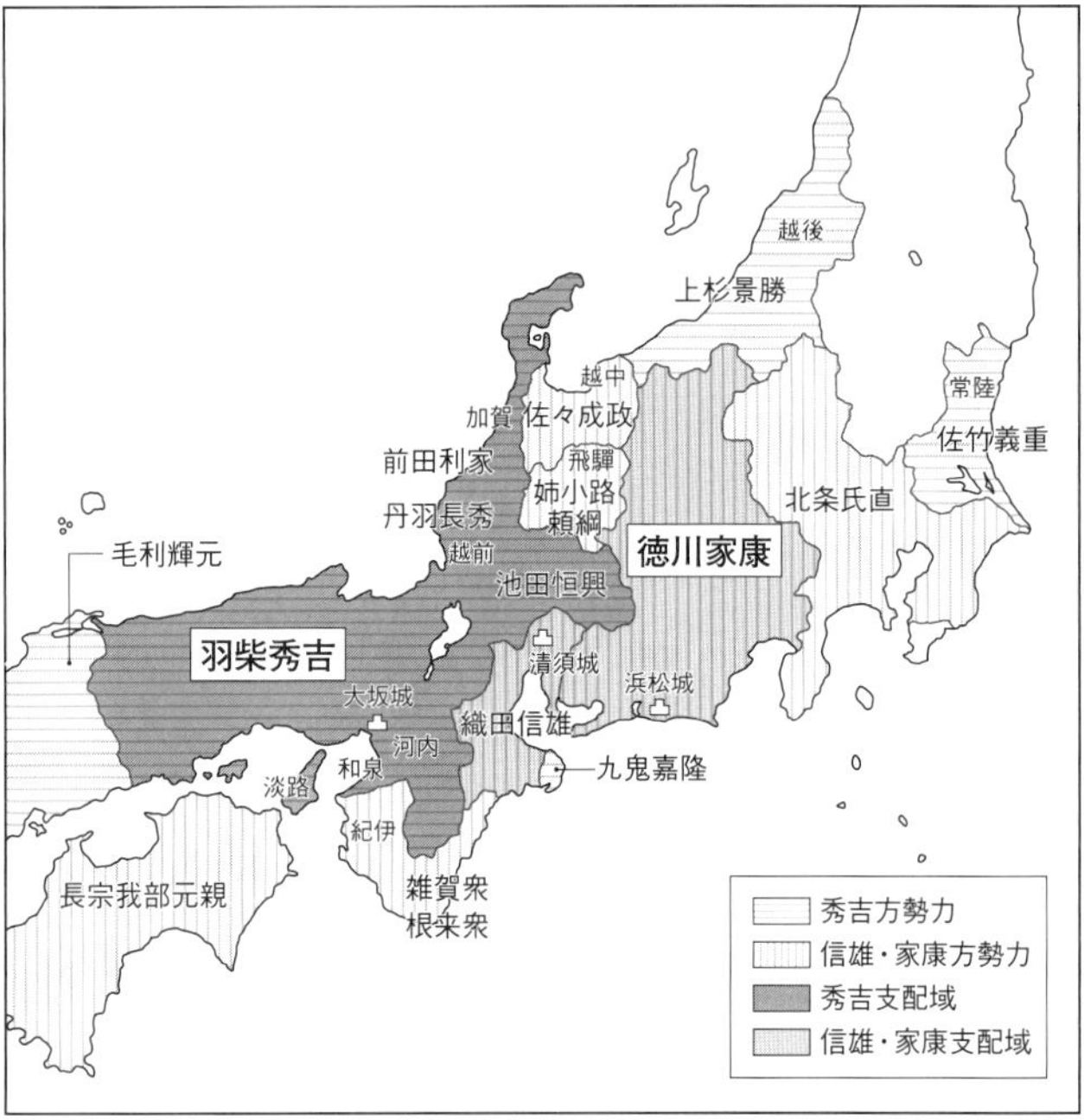

は苦戦を強いられました。とはいえ、この頃は秀吉の最盛期ですから、局地戦で劣勢でも、その勢いは勝っていました。城塞《じょうさい》に籠《こ》もって出てこない家康・信雄軍の前でお尻を出して挑発したという逸話も伝わるように、とにかくノリに乗っていたのです。

戦場では家康に勝てませんでしたが、平場では秀吉の方が一枚も二枚も上手です。信雄と単独講和を結び、家康が戦う大義名分を失わせます。そのうえで、家康から次男の於義《おぎ》丸《まる》（後の結城秀康）を人質に送らせ、まんまと和議を結ぶことに成功します。

次に秀吉は朝廷に接近し、天正12年（1584）に従三位《じゅさんみ》権大納言に叙任されて公卿《くぎょう》の仲間入りをします。翌年3月には正二位・内大臣、そして7月には関白宣下《せんげ》を受けました。官位は武将にとって重要なステータスの一つでしたが、秀吉は関白の地位を利用して、武家に次々と官位を与えてゆきます。さすがの家康も臣従せざるを得ず、秀吉の天下がほぼ確立されたのです。

人間の一生の限界に直面した

天正14年（1586）には豊臣姓を賜《たまわ》り、翌年は九州を平定。そして、平安京大内裏《だいだいり》跡に広大な聚楽第《じゅらくだい》を設けたり、京都北野でド派手な茶会（北野大茶湯《おおちゃのゆ》）を開いたりするなど、秀吉の勢いはとどまることを知りませんでした。驚くべきは、4、5年前まで、この男は織田信長の一家臣に過ぎなかったということです。天正16年（1588）には後陽成天皇《ごようぜい》の聚楽第行幸を成功させ、翌年には待望の男児（鶴松《つるまつ》）が生まれるなど、幸せ続きの時期でした。

一方で、関東や奥州には秀吉に臣従しない勢力もあったので、一定の緊張感を保っていました。天正18年（1590）に関東の北条氏を降伏させ、奥州の諸大名を臣従させ、ついに天下一統が実現します。しかし、これをピークにして、秀吉の人生はなだらかな下降線を描いてゆくのです。

正確にいえば、豊臣政権は秀吉が亡くなるまでは盤石の状態でした。下っていったのは、秀吉のメンタルです。若い頃は食べていくのに精一杯で、仕事もブラック、女性にもそれほどモテなかった男が、日本全国の富と地位を手に入れたわけです。気に入った女性がいれば、すぐに側室にもできる。そんな最高潮の環境を得たことで、彼は目標を失ってしまったのではないでしょうか。

そして、時を同じくして始まったのが家族の喪失《そうしつ》です。天正18年（1590）1月に妹の朝日姫、翌年1月には弟の秀長が死去します。温厚で寛大、実務能力も高かった秀長の死は、豊臣政権にとって痛すぎる損失でした。

秀長の死の翌月、茶人の千利休《せんのりきゅう》が切腹を命じられています。その原因については諸説ありますが、秀吉は利休の扱いに困っていたことが一因ではないかと、私は考えています。当時の茶の湯は流行の最先端に位置し、「名物の茶器には一国の価値がある」といわれるほど茶の湯の価値がインフレーションを起こしていました。利休は当時における究極のインフルエンサーで、その強大な力を秀吉は警戒していたものと思われます。フィクサーとしての利休の多大な影響力を認めていたからこそ、このまま生かしておくことへの恐怖を感じたのかもしれません。

妹や弟が次々と亡くなるなかで、秀吉の家族に対する愛情は「固執」に近いものになります。天正19年（1591）に愛息の鶴松が病を発すると、秀吉は全国の神社仏閣に病気平癒《へいゆ》の祈禱《きとう》を命じています。秀吉本人も東福寺《とうふくじ》で祈りましたが、鶴松は数え年三つで夭折《ようせつ》します。悲嘆に暮れる秀吉は髻《もとどり》を切って喪に服し、家康などの諸大名もこれに倣《なら》いました。

秀吉は天下人になったからこそ、人間の一生の限界に直面したのだと思います。自分が何のために生きているのかが見えなくなっていったのではないでしょうか。

そこに家族の死が加わり、このままでは自分が壊れてしまうと感じたのかもしれません。鶴松の死の翌年、秀吉は朝鮮出兵（唐入《からい》り）を敢行します。これは天下統一で目標を失った秀吉が、新たなチャレンジとして行ったとも考えられます。ただし、秀吉は以前から明国を征服する構想を持っていたという説もあるので、統一後の次のステップとして敢行したという見方もあります。

朝鮮出兵に関しては他にも諸説あって、私は「ポルトガルとスペインという南蛮《なんばん》勢力侵出の阻止」つまり、安全保障上の理由が最も可能性が高いのではないかと考えています。さかのぼって天正15年（1587）、秀吉は外国人宣教師を追放する「伴天連《ばてれん》追放令」を発していますが、その背景には「南蛮勢力の行き過ぎた日本侵出」がありました。

そもそも秀吉はキリスト教の布教に肯定的でしたが、長崎がイエズス会領となり、日本の人民が奴隷《どれい》として海外に連れ去られていることに衝撃を受け、キリスト教布教の制限に踏み切ります。諸外国の脅威《きょうい》を感じていた秀吉は、日本の危機を回避するために先に手を打っておく必要があると感じ、軍事侵出を始めたと私は考えています。

つまり、明国すべてを制するとか、そういう大それたプランではなかったのでしょう。時代はくだって19世紀にイギリスと清国が戦ったアヘン戦争では、勝利したイギリスが清国から香港の割譲を受けています。いわばそれと同じようなことを秀吉はしたかったのではないでしょうか。例えば、日明貿易の港である寧波《ニンポー》を支配下に収め、国防や貿易の拠点にするつもりだったのかもしれません。

また、日本では100年以上も戦乱が続き、戦があることを前提とした「戦争経済」が成り立っていました。ところが、秀吉が天下を統一したことで武具の需要が急に少なくなり、兵士もそれほど抱えておかなくてもよくなる。急速に「平和経済」に移行すると、武器をつくる人たちなど、生活が成り立たなくなる人々が生まれる……。そのままでは経済が回らなくなることを予測して、その対策として朝鮮出兵を敢行したという説もあります。

どれが本当の動機なのかは意見が分かれるところですが、天下一統と朝鮮出兵の合間には肉親の死が続き、それが秀吉にショックを与えたことは間違いありません。二度にわたる出兵は、文禄の役では約16万人という兵が動員され、莫大な費用がかかりました。この戦費の多くは、石見《いわみ》銀山で産出された大量の銀でまかなわれたといいます。

当時の日本は世界有数の金銀産出国であり、これらの鉱山をおさえた秀吉の財力、大坂城の蓄財《ちくざい》はケタ外れでしたが、経済感覚は信長譲りのところがありました。若い頃の秀吉は商売をやっていたともいわれていますが、そうした経験が彼の重商主義を育んだとも考えられます。

さらに、成り上がり者の秀吉は一族や譜代層の支持基盤が弱く、統治には民衆の支持が不可欠でした。それゆえに、「経済活動で景気よく回していかなければ」という強迫観念のようなものがあったと思います。家康よりは確実に積極財政の人でした。

「よき夢を見するがな（皆に楽しい思いをさせてやろう）」という言葉が口癖とされ、民のためにも尽くした秀吉ですが、民は民で貪欲《どんよく》で、与えられたらさらに欲《ほっ》するようになるものです。治世に対する不満も収まらず、それが秀吉を苛立《いらだ》たせました。晩年の秀吉が苛烈《かれつ》になったのも、「儂《わし》はやることをやっているのに、お前らは……」という思いがあったからだと考えています。

「家族愛」の暴走が早めた豊臣政権の瓦解

天下人になった秀吉にとって大きなネックだったのが、後継者問題です。ここで爆発したのが、先にも述べた秀吉の「家族愛」です。

秀吉は正室おねのほか、多くの側室を抱えていましたが、秀吉の子をもうけたのは浅井氏出身の淀殿（茶々）だけです。それ以前の長浜時代に、南殿と呼ばれる女性との間に一男一女をもうけた（いずれも早世）という話もありますが、事実かどうか定かでありません。同じく多くの側室がいた信長や家康が子だくさんだったことを踏まえると、秀吉は生殖《せいしょく》能力が低かったと考えられます。

淀殿は鶴松、秀頼の二子をもうけていますが、それも不自然ということで、「秀頼の父は別人物だった」という説もあります。いずれにせよ、秀頼は秀吉が57歳のときに生まれた子ですから、自分が生きているうちに天下人の地位を譲ることができませんでした。

また、秀吉の「家族愛」にはグラデーション（濃淡）があって、家族の中にも、秀吉にとって「重要な者」と「そうでもない者」があったと思われます。それが明確に表れているのが、甥の秀次と実子の秀頼の扱いです。

鶴松が夭折すると、秀吉は甥の秀次を養嗣子《ようしし》とし、関白職を譲っています。50代も半ばを過ぎ、さすがに自分の子に後を継がせるのは難しいと感じたのでしょう。

ところが、文禄2年（1593）に淀殿が秀頼を出産し、後継者の状況は複雑になります。秀吉はおねの兄・木下家定の五男・甥の秀俊を養子とし、秀俊は秀次に次ぐ豊臣家の後継候補とみられていましたが、秀頼の誕生で小早川家の養子に出されます。後に秀秋と改名し、関ヶ原の戦いであまりにも有名な裏切り劇を起こすことになります。

山科言経《やましなときつね》の『言経卿記《きょうき》』によると、秀吉は「日本を五つに分けて、四つを秀次に、一つを秀頼に譲る」といったそうです。当初は秀次と良好な関係を保っていましたが、何しろ諦《あきら》めかけていたタイミングで生まれた我が子ですから、秀吉の秀頼に対する愛情は並々ならぬものがありました。秀吉に元々あった「家族愛」は、秀頼にすべて注がれることになります。そして、甥の秀次は秀吉の「家族」の枠組みから外されてしまいます。自身の権力を移譲させただけにより一層、秀次は、秀吉にとって非常に厄介な存在に見えてきました。

形式上はすでに隠居の身だった秀吉ですが、隠居屋敷として築いた伏見城の機能を拡張させます。会社でいえば、一度は社長職を譲った創業者が、現場に戻ってきたような感覚でしょうか。

そして文禄4年（1595）7月3日、秀次は謀反の疑いをかけられて詰問《きつもん》を受けます。10日に高野山へ入り、隠棲《いんせい》の身となりました。側近たちは自害したり、斬首に処せられ、秀次にも賜死《しし》の命令が下ります。秀次は切腹して果てますが、秀吉は残された秀次の妻子までも処刑しました。秀次の邸宅になっていた聚楽第も破却され、統制をはかるために諸大名間の縁組・誓約（同盟）が禁止されたのです。

秀吉がここまでの行為に及んだ背景には、やはり秀頼の存在があったと見るべきでしょう。豊臣政権は秀吉が一代で築いたものなので、最後は「自分で築いたものを、自分の子に受け継がせたい」という思いが勝ったのでしょう。秀次が乱行に及んだためという説もありますが、根底には秀吉の「老いからくる焦り」があったと考えられます。

秀吉は天下人になる過程で、信長の息子たちから権力を奪うなど、さまざまなものを人から奪ってきました。だからこそ、人に奪われるイメージも湧きやすかったのかもしれません。天下人になったことで周りに気を遣う必要がなくなり、傲慢《ごうまん》さと雑さが露《あら》わになったのが秀次事件でした。

こうした晩年の変化は秀吉だけに限らず、農民出身で漢を建国した劉邦《りゅうほう》（後の高祖《こうそ》）、同じく農民出身で明を建国した朱元璋《しゅげんしょう》（後の洪武帝《こうぶてい》）など、海外の天下人にも見られるものです。晩節を汚してしまったものの、絶対的な権力を手に入れるまでは有能な英雄だったケースは珍しくありません。秀吉もそうした一人として、今まで隠していた「陰」の部分が姿を現したのだと思います。

浅野長政のように諫言《かんげん》する家臣もいましたが、絶対的な権力を手にした秀吉には逆らえず、家臣たちは往年の輝きを失った天下人に振り回されることになります。そして、秀吉死後の豊臣政権に大きな亀裂を及ぼしたのが秀次事件でした。細川忠興や伊達政宗など、秀次と仲がいい大名は軒並み秀吉の不興を買いました。それを取りなしたのが家康で、諸大名の家康に対する信頼が高まりました。

そもそも家康は関東に250万石という莫大《ばくだい》な石高を有しており、最も警戒すべき人物だったはずです。しかし、家康が人に対して疑いの目を持っているのに対し、秀吉にはそういう姿勢がなかったと思われます。家康は孫の千姫を秀頼に嫁がせる約束をしたこともあってか、秀吉の対家康の布陣は、裏切らないことを想定して組んだように思います。秀吉にとって信用できない者、そういう人物は結構始末したけれど、いったん自分の信用の網をくぐり抜けた人間に対する信頼度は高かったのです。

秀次事件は結果的には家康株を上げることになり、豊臣政権の瓦解《がかい》を招く一因となります。家族を守るために行ったことが、皮肉なことに逆に家族の首を絞める形になってしまったのです。

それでも、秀吉の存命中は、まだ絶大な威光がありました。聚楽第に代わる邸宅（京都新城）を新たに設け、慶長2年（1597）には再び朝鮮に出兵します。翌年3月には醍《だい》醐《ご》の花見を楽しみますが、その頃から徐々に体調が悪化し、慶長3年（1598）8月、波乱に満ちた62年の生涯を閉じました。

「露《つゆ》と落ち　露と消えにし　我が身かな　浪速のことも　夢のまた夢」

死の数年前から何度も推敲《すいこう》を重ね、入念に用意していたようですが、貧しい身分から一代でのし上がり、一気に駆け抜けた秀吉らしい、栄華と儚《はかな》さが同居する辞世の句です。

【豊臣秀吉の喜怒哀楽】

喜……長浜城主になったとき

現代でもマイホームを建てたときには大きな喜びがありますが、秀吉も初めて城主になったときには人生最大の喜びを感じたはずです。低い身分から頑張り、ようやく持てた自分の城なので、他の武将よりも喜びは大きかったと思います。

怒……天下統一後

一般的には「戦国武将なら誰もが憧れる地位」と思われがちな天下人ですが、実際は孤独で、案外しんどいものだったのではないでしょうか。天下統一後の秀吉は加齢のせいもあってか怒りやすくなり、朝鮮出兵や秀次事件など秀吉らしからぬ行動もとっています。旧知である尾藤知宣《びとうとものぶ》を突発的に斬ったりしたのも、その一つかもしれません。

哀……征夷大将軍になれなかったとき

政権を預かる武士は征夷大将軍に任じられるのが常ですが、秀吉は公家の最上位である関白に任じられています。征夷大将軍になれなかったのは家柄のせいという説もあり、権力を持ってもままならないことに哀しさを感じていたように思います。

楽……醍醐の花見

天下人になってからの秀吉は怒りの連続で、徐々に孤独感が増したように見えます。しかし、亡くなる5カ月前に催した「醍醐の花見」は、天下人の栄華をもう一度思い起こさせるに十分なものでした。秀吉はここで「楽しい」という感情を取り戻したのではないでしょうか。

【豊臣秀吉の乾坤一擲《けんこんいってき》】

金ヶ崎の退き口での殿軍

後退する部隊の中で最後尾を担当する殿軍は、敵の追撃を真っ向から受ける、危険極まりない過酷な部隊です。特に金ヶ崎の場合は絶体絶命の状況でしたが、何とか生き延び、武名を高めることに成功しました。

豊臣秀吉　系図

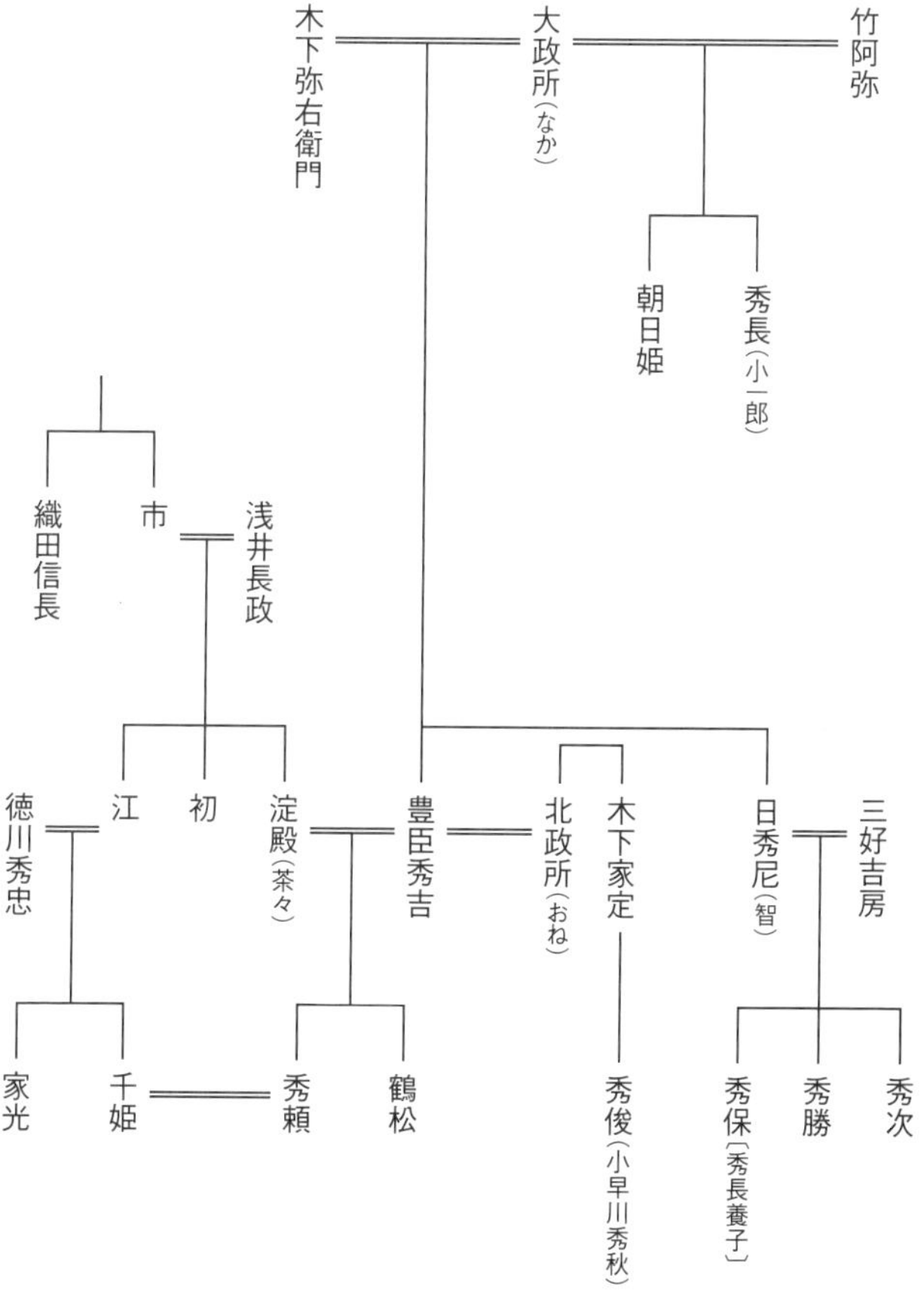

竹阿弥
大政所（なか）
木下弥右衛門
秀長（小一郎）
朝日姫
浅井長政
市
織田信長
三好吉房
日秀尼（智）
木下家定
北政所（おね）
豊臣秀吉
淀殿（茶々）
初
江
徳川秀忠
秀次
秀勝
秀保〔秀長養子〕
秀俊（小早川秀秋）
鶴松
秀頼
千姫
家光

元　号	西暦年	出来事
天正15年	1587	聚楽第が完成する 北野で盛大な茶会を開催
天正16年	1588	後陽成天皇の聚楽第行幸が行われる 刀狩令や海賊停止令を発布
天正17年	1589	淀殿との間に鶴松が誕生
天正18年	1590	北条氏の本拠・小田原城を攻略
天正19年	1591	弟・秀長が死去 千利休に切腹を命じる 鶴松が死去し、甥の秀次に関白職を譲る
天正20年／文禄元年	1592	唐入り（朝鮮出兵）を敢行（文禄の役） 母・なか（大政所）が死去
文禄2年	1593	明との講和交渉を開始 淀殿との間に拾（秀頼）が誕生
文禄4年	1595	甥の秀次に切腹を命じる 秀次の邸宅だった聚楽第を取り壊す
慶長2年	1597	再び朝鮮に出兵（慶長の役）
慶長3年	1598	醍醐の花見が開かれる 伏見城で死去

豊臣秀吉　略年表

元　号	西暦年	出来事
天文6年	1537	尾張国中村で誕生
天文23年頃	1554	この頃、織田信長に仕える
永禄4年	1561	浅野長勝の養女・おね（北政所、高台院）と結婚
永禄8年	1565	松倉城主の坪内利定宛の知行安堵状に、 「木下藤吉郎秀吉」の名が出てくる（史料上の初見）
永禄11年	1568	近江の箕作城攻略で活躍 明智光秀らと共に京の政務を任される
元亀元年	1570	金ヶ崎の退き口で殿軍を務める 近江の横山城の城代を任される
元亀4年／天正元年	1573	名字を木下から「羽柴」に改める 近江国長浜城主となる
天正5年	1577	上杉謙信との戦いで、作戦を巡って柴田勝家と対立。無断で撤兵して信長の叱責を受ける 信長から中国地方の攻略を任される
天正7年	1579	備前・美作の宇喜多直家を服属させる
天正8年	1580	別所長治が籠もる三木城を攻略
天正9年	1581	因幡の鳥取城を攻略
天正10年	1582	毛利方の備中高松城を水攻めで包囲 本能寺の変の報を聞き、毛利方と和睦。備中から京に向かう（中国大返し） 山崎の戦いで明智光秀を討つ 清須会議で信長の孫・三法師（後の秀信）を後継者に推す
天正11年	1583	賤ヶ岳の戦いで柴田勝家を討つ 大坂城の築城を開始
天正12年	1584	小牧・長久手の戦いで織田信雄・徳川家康軍と対峙
天正13年	1585	紀州・越中・四国を平定 関白に就任
天正14年	1586	正親町天皇から「豊臣」の姓を賜る 徳川家康を服属させる 太政大臣に就任
天正15年	1587	九州を平定 バテレン追放令を発布

COLUMN 2

国友衆《くにともしゅう》

琵琶湖《びわこ》の北東岸に位置する滋賀県長浜市国友町には、鉄砲鍛冶《かじ》で有名な国友衆がいました。現在は大小約40挺《ちょう》もの火縄銃を展示する「国友鉄砲ミュージアム（国友鉄砲の里資料館）」があり、国友の町並みには往時の面影も感じられます。『塞王《さいおう》の楯《たて》』では、クライマックスとなる大津城籠城《ろうじょう》戦を国友衆（鉄砲）と穴太衆《あのう》（石垣）の技術者同士の戦いとして描いています。

日本に鉄砲が伝来したのは天文12年（1543）、薩摩《さつま》の種子島《たねがしま》に伝わり、全国にもたらされたとされています。『國友鉄砲記』によると、室町幕府十二代将軍足利義晴から見本の銃を示され、天文《てんぶん》13年（1544）から国友での鉄砲製造が始まったそうです。この年代が正確かどうかは諸説ありますが、国友は早くから鉄砲の製造地として知られ、織田信長が国友に鉄砲500挺を発注したという逸話もあります。

国友が鉄砲の製造地として発展したのは、この地に製鉄と鉄加工の技術が古くから存在したからです。国友を中心とした湖北地域では、さまざまな古代製鉄遺跡が見つかっています。鉄砲は国友だけでなく南近江の日野でも製造され、戦国期の日本における鉄砲製造の3分の

1が近江だったといわれています。当時の日本は世界で最も多くの鉄砲を保有していたとされ、近江は世界有数の鉄砲製造地だったのです。

国友と日野は地理的に比較的近いですが、製造方法には大きな違いがありました。銃身を製造する際、日野では板状にした鉄を丸めて筒にしていました。これに対し、国友では鉄の筒に細長い鉄をらせん状に巻いて、重なる部分を多くすることで強じんな銃身に仕上げていました。その後、日野でもらせん状に巻く方法で製造するようになり、二つの鉄砲鍛冶集団は切磋琢磨《せっさたくま》しながら技術を高めていきました。

国友衆や穴太衆などの技術者たちにとって、戦場は「実験場」でもありました。自分たちが造った城や武器がどのように用いられ、機能したか。改良すべき点はどこかを確認し、次に活かしていました。技術者たちはそれぞれプライドを持って、「どんな城でも落とす砲」や「絶対に破られない石垣」などを造っていったのです。

第3章 徳川家康

——絶えざる変化の人

時期によって大きく異なる人物像

家康が生まれたのは天文《てんぶん》11年（1542）で、亡くなったのは元和《げんな》2年（1616）。数え年で75年の家康の生涯は戦国時代の盛りから終幕にあたり、この間に時代の価値観も大きく変容しています。

家康といえば、一般的にはどっしりと落ち着いた貫禄のあるイメージを思い浮かべる方が多いと思います。肖像画でも、丸々と肥えた姿で描かれることが多い。しかし、家康は剣術や馬術、弓術などが得意な武芸の達人でもありました。そのため、若い頃はやせていて、スマートな容姿だったと考えられています。

家康の人物像も時期によって大きく異なり、多面的な表情を見せます。大河ドラマに登場する家康を見ても、「武田信玄」（88年）には青年期の家康が、「葵 徳川三代」（00年）では晩年の家康が出てきますが、その描かれ方はまるで異なります。前者は信玄の影に怯える一地方大名ですが、後者はふてぶてしさ全開の老獪《ろうかい》な政治家といった姿です。小説でも家康の人生の一部を切り取るだけではなく、一生涯すべてを描くのはかなり大変だといえるでしょう。山岡荘八《そうはち》さんの長編小説『徳川家康』の文庫版は全26巻にもおよびます。

家康の人物像が時代によって異なるのは、相手や時代によって家康が自分自身を切り替えるのが得意だったからです。幼少期の家康は、織田や今川の人質として、周囲の顔色をうかがわざるを得ませんでした。桶狭間《おけはざま》の戦いを経て、今川から独立した後も発言力が強い家臣たちの機嫌をとったり、意見を調整したりと、何かと気を遣っていたと考えられます。こうした青年期までの複雑な環境が家康の多面性を生み出しているのです。

私は小説『五葉《ごよう》のまつり』で石田三成に家康への印象を次のように述べさせています。

家康が今川《いまがわ》家の人質になっていた頃、独立して徳川姓を名乗り始めた頃、織田信長の同盟者として天下統一に邁進していた頃、秀吉と干戈《かんか》を交えていた頃、そして今——。

三成はこの目で見た訳ではないが、全てが別人であるかのように思えてしまう。現にその時々の家康を知る者は、毎度の変貌ぶりに驚いたと口を揃える。

徳川家康とは、天下の情勢、自身の状態を冷静に分析し、その時々に異なる顔を見せる男だと思えるのである。つまり、秀吉が世を去れば、

——また新しい家康。

が、世に生まれるかもしれない。突き詰めれば直感に過ぎないが、この家康はこれまでで最も恐ろしい存在になるのではないか。

晩年は老獪《ろうかい》な抜け目のない手口で豊臣家を追い込み、ついに滅ぼしますが、そのせいか、家康は関西では人気がないといわれてきました。

しかし、2023年の大河ドラマ「どうする家康」の初回平均世帯視聴率は、関東地区が15・4%、関西地区が16・2%でした（ビデオリサーチ調べ）。家康のお膝元《ひざもと》である江戸（東京）よりも関西の方がわずかながらも高視聴率だったのは、関西人の私としては少々意外でした。初回視聴率で比較すると、家康が青少年期と晩年を過ごした静岡地区では22・7%の高視聴率を記録したそうです。名古屋地区でも18・4%と、やはり家康は東海地区で人気が高いようです。

また、家康は韓国でも高い人気を誇ります。山岡版『徳川家康』は、『大望』というタイトルで現在も続くロングセラーになっています。収賄《しゅうわい》などの罪で収監された朴槿恵《パククネ》元大統領も、獄中で愛読していたそうです。家康が人気なのは、朝鮮出兵を行った豊臣家を滅ぼしたからという理由もありますが、家康が重んじた儒教思想が韓国人に親近感を持たせているのかもしれません。儒教の本場である中国でも家康は人気が高く、山岡の中国語版『徳川家康』がヒットしています。

織田の人質から今川の人質へ

家康といえば、幼少期に織田や今川の人質になり、なかなか故郷に戻れなかった苦労人というイメージがあります。家康が苦労したのは確かにそうなのですが、しかし、少し見方を変えれば「ラッキーなエリート」に分類することもできます。

家康の苦労人ぶりを補強するのは、幼少期に起きた悲劇の数々です。そもそも家康の出身家である松平氏は三河の小豪族で、東の今川と西の織田に翻弄《ほんろう》され続けていました。家康の祖父である松平清康は三河の大半を制したこともありましたが、天文4年（1535）、家臣の阿部弥七郎正豊に刺し殺される悲劇に見舞われます（守山崩れ）。後を継いだ家康の父・広忠はまだ幼く、今川氏に従属《じゅうぞく》し、家中の立て直しに追われていました。

そんな中で、地盤を固めるために松平広忠は水野氏から於大《おだい》を妻に迎えます。彼女が天文11年（1542）に生んだのが後の家康である竹千代です。寅《とら》の年の寅の月、寅の日の寅の刻（午前3〜5時頃）に生まれたことから、〝寅の子〟として期待を一身に受けました。

ところが天文13年（1544）、於大の兄である水野信元が今川のライバルである織田信秀についてしまいます。今川の手前、広忠は於大をそのまま妻としておくわけにいかず、離縁して実家に送り返します。こうして、竹千代は3歳で母親と生き別れになりました。

織田の三河への圧力は日に日に強まり、天文16年（1547）、広忠は今川との関係強化をはかるために竹千代を人質に差し出します。当時は幼子が人質として他家に送られるのは日常茶飯事で、竹千代だけが特段不遇だったわけではありません。しかし、竹千代の場合はお供の者たちと岡崎から駿府《すんぷ》へ向かう途中、戸田宗光（康光）の裏切りに遭って尾《お》張《わり》の織田信秀のもとに送られてしまいます。『三河物語』では、宗光が謝礼として永楽銭1000貫文を受け取ったと語られています。

近年になって、織田信秀が天文16年（1547）に松平氏の本拠である岡崎城を攻め落としたとする説が出ています。そのため、竹千代は最初から織田家の人質だったという説もあります。どちらにしても竹千代が織田家の人質になったのは確かで、天文18年（1549）までの2年間を尾張で過ごしました。

織田家の人質時代には、父の松平広忠が24歳の若さで亡くなっています。病死ともいわれますが、家臣の岩松八弥《はちや》に殺されたという説もあります。それが事実ならば、松平氏は二代続けて家臣に暗殺されたことになります。3歳で母と生き別れになり、8歳で父を失ったことで、家康の苦労人のイメージが形づくられることになりました。

ただし、ここから家康の人生は大きく変わっていきます。松平広忠の死に動揺したのが今川氏で、天文18年（1549）11月、軍師の太原雪斎《たいげんせっさい》が三河の安祥《あんじょう》城を攻めて信秀の庶《しょ》長子《ちょうし》・織田信広（信長の兄）を捕縛します。その後、信秀と交渉を重ね、尾張にいた竹千代との人質交換を成立させます。その結果、竹千代は、今川氏のお膝元である駿府で人質生活を過ごすことになりました。

私は今川氏の太守である今川義元が竹千代を駿府に置いたのは、保護の目的もあったとみています。

中世の三河は一色氏や細川氏が守護を務めていましたが、応仁の乱後は国衆《くにしゅう》が乱立し、ゆるやかな連合関係を維持していました。松平氏は三河国加茂《かも》郡松平郷を発祥の地とする国衆の一つで、三代当主の信光が多くの庶子を西三河の各地に分封することで支配体制を安定させていきました。同族の力を結集させることで、所領を拡げていったのです。松平氏の支流は、家の数から「十八松平」とも呼ばれています。

当初は親戚同士のネットワークが上手く機能していましたが、徐々に縁が薄くなり、同じ「松平」で敵味方に分かれるようになります。七代当主の清康の下で集約されかけた時期もありましたが、守山崩れで清康は亡くなり、再び争乱状態に陥りました。

戦国の世では親戚同士の敵対がよく起こりましたが、松平氏は清康が叔父《おじ》の松平信定と争い、広忠も叔父の松平信孝と争うといったように、伯父《おじ》（叔父）と甥《おい》の対立が多くありました。また、大草《おおくさ》松平氏の松平昌久は三河の一向一揆《いっこういっき》で一揆側につき、家康を苦しめています。

家康は三河を統一した後、永禄9年（1566）に姓を「徳川」に改めています。三河には松平姓の家がたくさんありましたが、家康はこれらの家に徳川の名乗りを許しませんでした。松平一族の中で自家が別格であることを内外に認知させ、「十八松平」の諸家の多くは酒井忠次や石川数正の与力や組下に配されました。改姓によって差別化されたことで、祖父や父の頃に起きた松平一族の争いはなくなっていきました。

三河統治のために好都合だった松平氏

竹千代は父の死を受け、8歳で松平氏の当主となります。しかし、岡崎には戻らず、今川義元の意向で駿府に置かれます。

現代の視点で見れば、「まだ子どもなのに、故郷の岡崎に戻れなくてかわいそう」となるところですが、当時の三河は今川派と織田派が入り乱れる紛争地帯で、竹千代少年が敵対する松平氏に利用される可能性もありました。なかには、幼い竹千代の命を奪い、自らが松平氏のボスになろうとした者もいたはずです。だからこそ義元は竹千代を岡崎に戻さず、自らの本拠である駿府で保護下に置いたのです。

当時の駿府は東国随一の大都市で、今川義元が駿河を強国としていましたから、攻められるリスクが限りなく低い場所でした。「家康は19歳まで人質生活を強いられて不遇だった」というイメージもありますが、じつはこれが最善の道だったのです。

義元が松平氏の幼君を保護したのは、松平氏が三河統治の切り札になると考えていたからです。三河には足利将軍家の親戚筋である吉良《きら》氏がいて、同国の国衆にも大きな影響を与えていました。松平清康の「清」が吉良持清、広忠の「広」が吉良持広の偏諱《へんき》とされるなど、松平氏も吉良氏の影響を受けていました。

今川氏も足利将軍家の親戚筋で、大名としての実力は吉良氏を上回っていましたが、「御所（足利将軍）が絶えれば吉良が継ぎ、吉良が絶えれば今川が継ぐ」といわれるように、家格では吉良氏が今川氏よりも上でした。義元の代になっても、何かと吉良氏に気を遣っていました。

義元にとって、吉良氏は三河支配における最大の障壁でした。そこで三河最大の勢力である松平氏の幼君・竹千代を保護下に置き、家臣の山田景隆らを城代という形で岡崎城に派遣します。これにより松平氏の間接統治に成功し、元服の際にも自らの「元」の字を与えて「元信」と名乗らせるなど、松平氏が今川の傘下にあることを三河の国衆に知らしめました。

松平氏には「三河武士」と称される個性あふれる家臣たちがいて、物語では「殿（家康）が帰ってくるまで、ひたすら耐え忍んで頑張ろう」といった描かれ方をされることがあります。しかし、岡崎城には今川の城代が派遣されていたものの、実際に領国運営の実務を担ったのは、鳥居忠吉《ただよし》や阿部定吉《さだよし》といった松平氏の老臣たちでした。当主が今川氏の保護下にあることで、「俺たちの後ろには今川がいるぞ」とアピールすることもできました。

一方で、今川の織田との戦いでは、松平衆が多く前線に立たされました。彼らは勇猛果敢に戦い、実戦スキルを高めました。徳川家臣団は結束力や忠義心、戦闘力に秀でているといわれますが、それが磨《みが》かれたのが家康の人質時代だったといえます。

人質でもなぜ英才教育を受けられたか

戦国時代に大名が同盟を結ぶときには、裏切らない証として人質を送り合うのが習わしでした。人質というと「自由がきかず、狭い部屋に閉じこめられる」というイメージがありますが、実際は安全な環境を用意され、英才教育を施されることも少なくありませんでした。家康は存外のびのび過ごしたとみられています。

『御当家紀年録《ごとうけきねんろく》』には、人質時代の豪胆なエピソードも伝えられています。天文20年（1551）、義元の館に今川の家臣たちが居揃《いそろ》うなか、10歳の竹千代が縁先《えんさき》から放尿し、諸将を驚かせました。また、義元の父・氏親の菩提寺《ぼだいじ》である増善寺《ぞうぜんじ》で鷹狩りを行おうとして、和尚に諭されたという逸話もあります（『遠州可睡斎略譜《えんしゅうかすいさい》』）。史実かどうかはさておき、家康が闊達《かったつ》に過ごせたと思われるのは、人質というよりも「保護」の対象であり、いずれ今川を支える譜代の家臣として成長するよう期待されていたからです。

幼少期の家康のエピソードとして、安倍川での石合戦の話は定番です。安倍川の土手で子どもたちが赤白に分かれて石合戦を行っているのを見た竹千代は、家臣たちと勝敗予想を行います。家臣は、「赤は100人、白は50人です。昔から戦いは数の勝負なので、赤が勝つでしょう」と予想しました。しかし、竹千代は「人数が少ない白が勝つ」と予想します。その理由について、「赤は人数が多いが、それゆえに油断している。白は人数が少ないが、それゆえに真剣に戦おうとしている」と述べます。家臣たちは首をかしげますが、石合戦が始まると数が少ない白の組が果敢に攻め込み、油断していた赤の子どもたちはバラバラと逃げ出しました。家臣たちは幼い竹千代の洞察力に恐れ入り、「いずれは天下に名を轟《とどろ》かすお方になるかもしれない」と感じたそうです。

この話は、家康が少年時代から先見の明、鋭い戦術眼があったことを示す証拠として、しばしば出てくるエピソードです。ただし、実際にあった話かどうかは定かでありません。

家康にとって幸運だったのは、人質期間中に臨済《りんざい》宗の僧・太原雪斎の教えを受けられたことです。今でいえば、林修先生や、池上彰さんが家庭教師で個別指導してくれるような環境でしょうか。

雪斎は義元の教育係も務めた今川家随一の識者で、天文5年（1536）に今川氏の当主・氏輝（義元の兄）が亡くなった際には、義元の家督相続にも尽力しました。相続後は義元の軍師として政治や軍事などで手腕を発揮し、今川・武田・北条の三国同盟の成立にも貢献しました。『甲陽軍鑑《こうようぐんかん》』には、「今川家はことごとく、坊主（雪斎）なくてはならぬ家と皆思っている」という武田家の軍師・山本勘助による評もあります。

家康が具体的にどんな教育を受けていたのかはわかりません。しかし、臨済宗の僧は「五山文学」で漢文に強かったので、中国の古典などを学んだとみられます。当時の兵法書は中国からの輸入であり、「武経七書《ぶけいしちしょ》」といわれる『六韜《りくとう》』『三略《さんりゃく》』『孫子』『司馬法』『李衛公問対《りえいこうもんたい》』『呉子』『尉繚子《うつりょうし》』は、どれも漢文で書かれていました。

雪斎は多忙だったので、家庭教師のように付きっきりで教えたわけではないでしょう。それでも、当代随一の知識人で軍略にも長けていた雪斎の薫陶《くんとう》を受けたことは、家康にとって大きな財産となりました。

家康が雪斎から教えを受けたのは8歳から14歳の頃で、この時期は、今の教育でも学力が一番伸びる時期とされています。そこで質の高い教育を受けたことで、後に泰平の世を築く家康の素養がつくられました。

家康は戦国随一の読書家ともいわれますが、その下地がつくられたのもこの時期です。

大御所時代に侍医として仕えた板坂卜斎《いたざかぼくさい》は、『論語』『中庸《ちゅうよう》』『漢書』『六韜』『貞観政要《じょうがんせいよう》』『延喜式《えんぎしき》』などを家康の愛読書として挙げています。有名なのが鎌倉時代の歴史書『吾妻《あづま》鏡《かがみ》（東鑑）』で、『言経卿記《ときつねきょうき》』には、家康が公卿《くぎょう》の山科《やましな》言経から『吾妻鏡』の講義を受けていたことが記されています。多くの人に読んでもらうため、慶長10年（1605）には『吾妻鏡』の活字版（伏見版）を出版するなどの事業にも取り組んでいます。

家康にとっては、今川氏の太守である義元も大きな存在でした。「海道一の弓取り」と称された義元は検地を実行して在地掌握に努めたほか、寄親・寄子制度で領内の武士や土豪を整序するなど、当時の戦国大名の中でも先進的な領国経営を行いました。天文22年（1553）には、父の氏親が定めた『仮名《かな》目録』に追加した「仮名目録追加」を制定し、新たに「守護使不入《しゅごしふにゅう》の否定」を定めました。

こうした領国経営を間近で見られたことも、家康にとっては大きな学びとなったはずです。家康は早くに父を亡くしているので、義元は父親のような存在だったのかもしれません。義元も元服の際に「紅糸威腹巻《くれないいとおどしはらまき》」という甲冑《かっちゅう》を贈るなど、家康に目をかけ、かわいがっていました。

繰り返しになりますが、義元が家康に高度な教育を受けさせたのは、将来、今川家中の有力部将となることを期待していたからです。義元も一流の人物なので、竹千代少年の姿を見て聡明さを感じ取っていたのではないでしょうか。嫡男の氏真が武将としては今一つだったので、竹千代を氏真の補佐役にと考えていたのかもしれません。弘治2年（1556）、義元は姪《めい》の築山殿《つきやまどの》（瀬名）を家康に娶《めと》らせています。これにより家康は今川の「一族」となり、松平氏は三河国内でさらに箔《はく》がつく存在となりました。

ところが、三河では今川に反発する国衆が蜂起《ほうき》し、「三河忩劇《みかわそうげき》」と呼ばれる反乱が起こります。義元はその対応に追われますが、永禄元年（1558）にほぼ鎮圧。争乱後、義元は氏真に家督を譲り、三河の経営、尾張への侵攻に集中します。そして永禄3年（1560）5月、義元は大軍を率いて尾張に攻め入りました。

当初は家臣団をコントロールできていなかった

大河ドラマ「どうする家康」のタイトル通り、家康はさまざまな局面において難しい選択を迫られています。なかには、正解のない賭《か》けのような厳しい場面もありましたが、家康はその都度最善ともいえる選択をしてきたと思います。そこが家康の並外れたところです。そして、そうした選択を通して家康は成長し、太平の世をひらく稀代《きたい》の君主へとのし上がっていきます。

とはいえ、家康も最初から偉人だったわけではありません。若い頃はアクの強い家臣たちに振り回されていましたし、数多くの失敗もしています。しかし、そういった経験から学んで分析し、成長へとつなげていきました。

また、自己分析の達人でもあり、自分が置かれている状況を俯瞰《ふかん》で見られていたといえそうです。それでいて変化することをおそれず、自分を高める努力も怠らない。すべてにおいてハイレベルな能力を保持していたのが、家康という人物の特徴ともいえるでしょう。いうならば政治力や武力、知力がいずれも100点満点中90点オーバーというハイスペックで、しかも成長し続けるわけですから、戦国の勝者になるのも頷けます。

家康にとって最初の大きな転機となったのが、永禄3年（1560）5月の桶狭間《おけはざま》の戦いです。尾張をめぐる今川義元と織田信長の戦いは、誰もが今川に軍配が上がると考えていました。ところが、信長が義元の本隊を急襲し、義元を討ち取るというジャイアントキリングを果たします。総大将の義元が討たれたことで今川軍は総崩れになり、我先に退却していきました。

このとき、家康は今川軍の先鋒として前線拠点の大高城《おおだか》にいました。義元が討ち取られたことを聞くと駿府には戻らず、松平氏の本城である岡崎城に退却し、今川から自立して戦国大名としての道を歩み始めます。しかし、これが家康の完全なる意志と決断に基づいて行われたかについては、疑問が残るところです。

というのも、家康は6歳で尾張に連れて行かれて以来、三河にはほとんど滞在していなかったからです。同じ東海地方でも「駿河」と「三河」では風土や文化が異なるので、今でいえば、家康は小学2年生から大学1年生まで海外留学していたようなものです。いくら〝寅の子〟といっても、家康は10年以上も三河を離れていたので、岡崎にいる家臣団との関係が希薄化していたことは否めません。当時の松平家臣団はかなり屈強な存在で、家康とも対等に近い存在だったと思われます。

家康にとって今川氏は自分のアイデンティティを構築してくれた存在だったので、義元の仇《あだ》を討つ意志もあったようです。実際、大高城から撤退する途中、家康は岡崎城下の大《だい》樹寺《じゅじ》で腹を切ろうとしたという逸話もあり、今川に殉じる気持ちがあったと考えられます。しかし、三河で過ごした家臣団には、今川への愛着がそこまでありませんでした。「この機に乗じて岡崎城を取り戻す」という思いがあり、家康もそれを受け入れる形で自立をはかったのでしょう。19歳の家康が、アクの強い家臣団をコントロールするのはまだ困難だったのです。

ただし、今川に対するリスペクトが失われたわけではなく、永禄12年（1569）に今川氏真が籠もる懸川《かけがわ》（掛川）城を攻略した際には、氏真の命を助けています。その後も北条氏のもとを去った氏真を保護したり、晩年にも交流したりしていたエピソードがあることから、家康と氏真の間に強い敵対心はなかったと思われます。

「三河武士は忠義者」か

三河の領国経営においても松平家臣団の発言力は強かったのでしょう。10年以上も三河を離れていた家康は、しばらくは「お客さま」扱いでした。空白期間のギャップを埋めるために家康も努力しましたが、天正13年（1585）に石川数正が出奔《しゅっぽん》する頃までは、家臣団のバランス調整に苦しんでいたと思われます。

家臣団との折り合いに苦労するなかで、永禄6年（1563）には三河一向一揆《いっこういっき》が勃発します。中心勢力は本願寺教団の三河三ケ寺《さんかじ》（本證寺《ほんしょうじ》・上宮寺《じょうぐうじ》・勝鬘寺《しょうまんじ》）や本宗寺、そして吉良《きら》氏当主の吉良義昭です。桶狭間の戦いの後、吉良義昭は家康に敗れて臣従していましたが、大草松平氏や桜井松平氏、荒川義広といった三河の反家康勢力と結託し、蜂起しました。

さらに、後に家康の懐刀《ふところがたな》となる本多正信、渡辺守綱や夏目吉信（広次）、蜂屋《はちや》貞次などが離反します。三河の一向一揆は三方ヶ原《みかたがはら》の戦い、伊賀越えと並ぶ、家康の三大危機の一つです。家臣の菅沼定顕《さだあき》が不入《ふにゅう》特権を侵害して粟を徴収しようとし、これに反発して一揆が起きたともいわれていますが、明確な発生要因は明らかになっていません。

一揆勢は家康を苦しめ、永禄7年（1564）1月の上和田《かみわだ》の戦いでは、家康も甲冑に二発の銃弾を受けています。一方で、一揆方についた家臣の中には、主君と信仰の間で揺れる者もいました。蜂屋貞次は家康が戦場に現れると、慌てて逃げ出してしまったといいます。戦いが進むうちに家康へ帰順する者も増え、2月末には一揆がほぼ収束しました。

家康の天下取りを支えた功労者として出てくる徳川家臣団ですが、三河の一向一揆では家中が二つに割れる大分裂を起こしました。その後も大賀《おおが》（大岡）弥四郎《やしろう》が謀反を計画して処刑されたり、長男の信康を切腹させたり、腹心の石川数正が秀吉の下へ出奔したりするなど、「三河武士は忠義者」という割には大小さまざまな事件が起きています。

そもそも下剋上《げこくじょう》が当たり前な戦国の世において、「忠義」という概念は希薄です。主君に最期まで付き従うよりも、勝ちそうな側につき、家名を守るのが一般的な考え方でした。忠義を最上位に置く武士の倫理観が形成されたのは、江戸時代に入ってからのことです。そういった点を踏まえると、「三河武士は忠義者」のイメージも、後世の子孫たちが先祖の功績を誇張するために多少盛ったものなのかもしれません。

結局、家康はどの程度、家臣を信頼していたかと考えると、それほどでもなかったと私は推測します。それは、三河の一向一揆という国を二分する争いを経て至った心境だったのでしょう。仮に忠義によるつながりが家康と家臣の間にあったとしても、信仰には勝てないことを、家康は一向一揆の経験を通して痛感していたのです。

石川数正の場合は、秀吉という「権力」の前に屈したわけですが、それも家康は見越していたと思います。時流のトップを走る権力者が纏《まと》う魅力は、いわば宗教のようなもの。戦国期の「忠義」が容易に突き崩される様を家康は見てきました。

だからこそ、後に家康は自分のターン（順番）が巡ってきたとき、今度はそれをフルに活用します。五大老の筆頭という権力をチラつかせて諸大名との婚姻を成立させ、関ヶ原の戦いでも豊臣恩顧《おんこ》の大名を自軍に引き入れました。加藤清正や福島正則が「秀吉様からの恩義を……」と感じていても、それが権力の前では脆《もろ》いことを家康は知っていたのです。

「三河武士は忠義者」のイメージは後世に強化されたものですが、もちろん完全なつくり話ではありません。実際に合戦で主君を守るために命を落とした勇将も数多くいて、それが「三河武士は忠義者」の根拠になっています。

例えば、元亀《げんき》３年（１５７２）の三方ヶ原の戦いでは、家康を守るために夏目吉信や本多忠真、鳥居忠広などが討死《うちじに》しました。また、関ヶ原の戦いの前哨戦である伏見城の戦いでは、幼少期から家康に仕えた鳥居元忠が最期まで降伏せずに討死。２３００人の兵で10日以上も西軍の大軍を足止めさせたことで、家康率いる東軍の勝利にも貢献しています。『三河物語』の著者である大久保彦左衛門忠教《ただたか》は、元忠を「三河武士の鑑《かがみ》」と称えています。

こうした奮闘は家康に対する忠義心からの行動であると共に、「後世に名を残したい」「自分の家を大きくしたい」などの目的も含まれていました。

ただし、夏目吉信の場合は三河の一向一揆で一揆方に与《くみ》したので、その恥をそそぐために突撃したという見方もあります。元々は浜松城の留守居でしたが、徳川軍の敗色が濃厚になると城を出て、家康を逃がして討死しています。後年、吉信の三男・信次が同僚を斬り殺して出奔する事件が起きましたが、父が吉信という理由で赦されています。戦国の世における武功は、末代まで影響を及ぼすほど大きなものだったのです。

関ヶ原の戦いで伏見城で西軍を食い止め、自らの死をもって「忠義者」を体現した鳥居元忠も、戦後は子の忠政が磐城平《いわきたいら》10万石を経て出羽《でわ》国山形22万石の大名に昇格していま す。元々は4万石の小大名だったので、元忠は身を賭《と》して家を大きくしたのです。

20年間も信長と同盟を維持し続けた

桶狭間の戦いの後に今川から自立した家康は、尾張の織田信長と手を組むことを模索します。東の今川と手を切った以上、西の織田と同盟を結ぶのは必然の選択でした。仮に織田の領地に毛利がいたら毛利と手を組むだろうし、朝倉であっても手を組んでいたはずです。今川から独立するために、この一手は絶対に打たなければならなかったのです。

逆にいえば、この一手が打てたからこそ、今川から独立できたともいえます。松平は祖父・清康の代から織田と戦っており、家臣には、織田への強い敵愾心《てきがいしん》を抱く者もいました。しかし、外交に長けた石川数正が織田方と交渉し、同盟の締結に至りました。

この頃、信長は美濃の攻略も視野に入れていたので、東の今川は厄介な存在でした。しかし、緩衝《かんしょう》地帯にいる松平がこちら側につけば国境を接さなくなるので、元康（家康）との同盟は願ったりかなったりでした。力関係でいえば織田のほうが上でしたが、割と対等に近い同盟を結ぶことができたようです。こうした外交バランスの良さも、家康の強さの一つでした。

家康を描いたドラマでは、人質時代の竹千代が信長と出会う場面がよく出てきます。私も二人の対面を『戦国武将伝　東日本編』「竹千代の値」の中で描いています。しかし、史料が残っていないので、実際に二人が会ったかどうかは不明です。とはいえ、家康は尾張に2年間いたので、対面した際には「子どもの頃に人質として尾張にいたらしいじゃないか」「そうなんですよ」という会話がなされていたとしてもおかしくはありません。

同盟は破られるのが当たり前の戦国時代に、信長と家康はじつに20年間も同盟関係を維持し続けました。とはいえ、元亀《げんき》3年（1572）に武田信玄が遠江《とおとうみ》に侵攻したときには、このまま信長との同盟を維持してもいいものか、家康もかなり気持ちが揺らぎ、ぐらついたと思います。当時の信長は本願寺や浅井《あざい》、朝倉などに囲まれて身動きが取れなかったため、それほどの援軍は期待できず、家康は最大の危機を迎えました。

武田軍が襲来すると、遠江や奥三河の国衆の多くが武田方につきました。ついには徳川の本拠である浜松城に接近しますが、武田軍は素通りして西へと向かいます。家康は一瞬安堵《あんど》したかもしれませんが、このまま戦わずして武田軍の通過を許せば、家康の面子《めんつ》は丸つぶれです。本国である三河の国衆も離反する可能性があるため、出撃に至りました。ところが、家康の行動を読んだ武田軍は万全の備えで待ち構えており、家康は大敗を喫しました（三方ヶ原の戦い）。

このときの家康は進むも地獄、退《ひ》くも地獄で、出撃と籠城、どちらを選んでも厳しい状況が待ち構えていました。しかし、手痛い犠牲を払ったものの果敢に信玄に挑んだことで、結果的に家康は武将としての価値を高めました。

一方で、信長が勢力を拡げていくにつれ、同盟の形態は対等なものから信長に従属する形にシフトしていったと考えられます。天正7年（1579）に家康が、武田側に通じたとして妻の築山殿と長男の信康を処分した事件は、信長からの圧力があったともいわれています。それでも家康は本能寺の変に至るまで、信長への信義を貫きました。こうした姿勢が家康の名声を高め、後年、家康が天下取りに動く際にも貢献したといえます。

ただし、信康と築山殿の処分について、私は家康が独自に動いたものと考えています。実際、信康が三河衆に多数派工作を仕掛けたとみられる痕跡《こんせき》もあり、家康と信康の親子間に不穏な空気が流れていました。

この家康と信康の対立は、信長の圧力というより、武田の圧力が元になっていたと思われます。私たちは数年後に武田が滅びるという結果を知っていますが、当時はまだ武田の脅威が大きかったはずです。武田が衰退するきっかけになったのは天正9年（1581）の高天神《たかてんじん》城落城なので、天正7年の時点では信康は武田に与《くみ》した方が徳川の利になると考え、武田側に近づいたとも考えられます。

家康と信康が揉《も》めてしまったのは、この親子が気質的に近いものがあり、似た者同士だったからともいえるのではないでしょうか。これに対し、家康と秀忠は性格的にあまり似ていない親子なので、逆に二元統治体制がうまく築けたのかなと思います。さらにいえば、家康がもう10年大人だったら、このような結末には至らなかったかもしれません。

家康の主導で嫡男の信康を死に追いやるというのは、当時の倫理観でも悲劇でしょう。ただし、戦国の世では「親子だから関係は安泰」ということはなくて、むしろ親子だから揉めるということもよく見られました。斎藤道三・義龍《よしたつ》や大友義鑑《よしあき》・義鎮《よししげ》（宗麟《そうりん》）はその代表例で、現代でも同族経営の企業で相続を巡る争いは起きています。家康が信康を処分したのも当時の「家を守る」という考えにおいては当然のことでした。しかし、後世「将軍家でも内紛が起きた」では示しがつかないので、江戸時代には「信長の圧力で泣く泣く切腹を命じた」という話に置き換えられたのかもしれません。

強運の持ち主

家康は、戦国きっての武人でもありました。幼少期に軍略を学んだり、若い頃から戦い続けて経験を重ねたりしたこともありますが、彼は分析の達人でもあるので、過去の戦いを研究して軍才を磨《みが》いていったものと思われます。

武芸にも通じており、剣術は柳生石舟斎宗厳《せきしゅうさいむねよし》から新陰流《しんかげりゅう》兵法の奥義を受けています。馬術は大坪流を会得し、三方ヶ原の戦いで武田兵を騎射で何人も射倒す弓の腕も有しています。さらに、家康は鉄砲の名手でもあり、慶長16年（1611）に家臣たちと鉄砲の射撃を行った際には、70歳の家康が二町《にちょう》（約220メートル）先の的を5発命中させたという逸話もあります。

実戦でも家康の勝率は高く、規模の大きな戦いで大敗を喫したのは三方ヶ原の戦いだけです。織田・徳川軍が浅井・朝倉軍と激突した姉川の戦いでは、榊原《さかきばら》康政に側面攻撃を行わせて朝倉軍を敗走させています。前半生は武田軍との戦いに明け暮れますが、本能寺の変後にその武田の旧家臣たちを取り込み、屈強な軍団を形成していきました。

家康の強さを最も印象付けたのが、天正12年（1584）の小牧・長久手の戦い前後の動きです。

天正10年（1582）6月に信長が本能寺の変で横死したとき、家康は堺に滞在していました。供回りは30人ほどで窮地《きゅうち》に陥《おちい》りますが、伊賀越えと呼ばれる決死行で何とか岡崎への帰還を果たします。信長や秀吉もそうですが、天下を取る人物はとかく強運の持ち主です。特に家康は三方ヶ原の戦いの後に信玄が死んだり、危険な伊賀越えに成功したりと、戦国最強の運の持ち主でした。

岡崎に戻った後、家康は信長を討った明智光秀を倒すために出陣しますが、途中で光秀敗死の報に接し、すぐに撤退して旧武田領である甲斐《かい》と信濃《しなの》の攻略に向かいます。光秀の死後、織田家の後継者を決める清須《きよす》会議が開かれましたが、家康は出席していません。会議終了後、中央では羽柴秀吉と柴田勝家が激しく対立しますが、家康は甲斐と佐久郡以南の信濃を手に入れて五カ国の太守となります。

今風にいえば、本能寺の変後の中央政界は、競争相手が多い「レッドオーシャン」の世界です。秀吉や勝家、そして信長の子たちとやりあうのはなかなか大変です。一方、甲斐と信濃は統治を任されていた織田家臣がいなくなり、ほぼ空白地帯になっていました。いわば競争相手が少ない「ブルーオーシャン」の状態で、北条軍との小競《こぜ》り合いや対峙《たいじ》はあったものの、比較的スムーズに甲斐と信濃の二カ国を手に入れることができました。

仮に家康が三カ国の太守のまま中央の争いに参入していたら、果たしてどうなっていたでしょうか。秀吉や勝家とは勢力が拮抗《きっこう》しているし、背後から北条が攻め込んでくるかもしれません。信雄《のぶかつ》や信孝といった信長の子たちも動きが読めないなど、不確定要素があまりに多すぎるので、まずは自分の実力を蓄《たくわ》えるという判断をしたのです。こうした家康のしたたかな戦略眼は、さまざまな経験や分析を経て身についたものと思われます。

信長の後継者の座をかけた秀吉と勝家の戦いは、秀吉に軍配が上がりました。勝家に味方した織田信孝は切腹させられ、宿老の滝川一益《かずます》は所領を没収されて剃髪します。織田信雄は秀吉との仲が険悪化し、家康と手を組んで小牧・長久手の戦いが勃発しました。

天正12年（1584）3月13日、家康は自ら兵を率いて清須城に向かい、信雄と今後に向けての話し合いを行いました。ところが、信雄方と目された池田恒興が突如寝返り、信雄方の犬山城を占拠してしまいます。家康はこれに対抗するため、かつて信長の居城だった小牧山城に本陣を置きました。

17日、羽柴方の森長可《ながよし》が徳川方の酒井忠次、奥平信昌と戦い、徳川方が勝利します。その後は膠着《こうちゃく》状態が続きましたが、池田恒興が別動隊で迂回して三河へ中入りし、岡崎城を奪う作戦を秀吉に提言します。緒戦で敗れた森長可は恒興の娘婿《むすめむこ》であったため、汚名を晴らすために躍起になっていたのです。秀吉はこの作戦を許可し、岡崎城を攻める部隊を編成しますが、家康はすでにこの動きを察知。徳川軍は先発隊と本隊で三好（羽柴）秀次率いる羽柴軍を挟み撃ちにし、池田恒興や森長可を討ち取る会心の勝利を収めました。局地戦に勝つことで、秀吉に自らの強さを見せつけたのです。

とはいえ経済力においては、京都や堺を支配する秀吉が圧倒的に有利でした。家康も秀吉と全面衝突して勝てるとは思っておらず、最終的には秀吉に負ける可能性が高いことは、家康も覚悟していたと思います。秀吉はすでに畿内を掌握していたので、一度負けても態勢をすぐに立て直せます。それは信長包囲網を敷いても突き崩せなかった武田信玄の例を見ても明らかで、家康は早い段階から「どう上手いこと負けるか」を考えていたのではないでしょうか。

戦いの後、秀吉は得意の交渉術で巻き返しをはかり、織田信雄と講和を結んで家康に戦う大義名分を失わせます。そして、家康は次男の於義丸《おぎまる》（後の結城秀康）を人質に出す条件で和議を結んでいますが、これも彼の想定通りだったのでしょう。無理に立ち向かわなかったけれど、かといって積極的にへりくだることはしない。このバランス感覚も見事だったと思います。どこかで選択を誤っていたら、家康も柴田勝家のように滅ぼされたり、不満を持つ家臣に足を掬《すく》われたりした可能性はあったでしょう。

小牧・長久手の戦いの後、2年近くの対峙を経て家康は秀吉に臣従します。小牧・長久手の戦いがワンサイドゲームにならなかったことで、秀吉は家康を一方的に従えることができませんでした。後世から見れば、秀吉にとってこれは大きなしくじりで、家康にとっては生き延びる最良の選択となりました。

一方で、家康を臣従させたことで秀吉の後の天下一統事業がスムーズに進んだことも事実です。東国を抑えるという点でも家康は最重要人物だったので、秀吉も大きな遺恨を残さずに家康を従わせることに細心の注意を払ったのです。

関ヶ原の前にすでに後継を決めていた

慶長3年(1598)に秀吉が亡くなると、五大老の筆頭だった家康は次に向けて動き始めます。慶長5年(1600)7月、五奉行の一人の石田三成が打倒家康の兵を挙げると、家康は諸大名や近臣に多数の書状を送っています。

内容は上方《かみがた》の戦況を報じたもの、恩賞の約束を交わしたもの、作戦の指示などさまざまで、一大決戦を前にあらゆる手を尽くしていたことがうかがえます。関ヶ原の戦いは「天下分け目の戦い」ともいわれますが、誰もが最初からそうなることを意識して動いたわけではありません。しかし、家康はこれが天下の大きな変革になることを察知し、打てる手は全部打っていきました。今でいえば、重要な会議が始まるギリギリまでメールやLINEを打ち続ける社長といった感じでしょうか。百戦錬磨《れんま》の家康もこの戦いに勝てるかどうかは見通せず、勝つ確率を少しでも上げるため、ひたすら手紙を書き続けたのです。

伊達政宗には「この戦いに勝ったら100万石に加増する」という旨の書状を送るなど、手紙には果たせそうもない約束も平気で書き送っています。しかし、勝つか滅びるかの瀬戸際だったので、「せめてこの1カ月だけ味方でいてくれればいい」という思いで書状を送ったのでしょう。家康は時期と人を見逃さない才を持っていました。

そして9月15日、家康は関ヶ原で石田三成を中心とする西軍との決戦に挑み、勝利を収めます。わずか半日で決着がついたので、「家康は戦う前から勝利を確信していた」とする声もあります。しかし実際は、勝つか負けるかは五分五分だと思っていたのではないでしょうか。結局、関ヶ原に豊臣秀頼が出陣することはありませんでしたが、幼子である秀頼が鎧《よろい》を着て戦場に出てきたら、戦いの流れは大きく変わっていたと思います。

三成は大垣城の防衛ラインで家康を迎え撃ちましたが、これも家康にとってはラッキーな展開でした。仮に防衛ラインが大坂城まで下がったら、秀頼が出陣する可能性が高くなるからです。こうなると、家康はむしろやりにくくなったと思います。逆に大垣より東の堅固な岐阜城が防衛ラインになるのも厄介《やっかい》だったので、家康は東軍諸将に対して織田秀信が守る岐阜城を速やかに落とすよう命じます。この辺りの駆け引きは、戦いをよく知っている家康に分《ぶ》がありました。

関ヶ原の戦いに勝利した家康は天下の第一人者となり、領地も250万石から400万石に大幅加増されます。豊臣家は摂津《せっつ》・河内《かわち》・和泉《いずみ》を領する一大名となりましたが、家康は形式上、豊臣家の大老という立場でした。天下人に近づいたことは家康もわかっていたと思いますが、自分を天下人と意識したのは、もう少し後だったのではないでしょうか。数年は膠着状態が続くと考え、その隙に朝廷工作を進め、征夷大将軍に任じられました。

関ヶ原の戦いの後、家康はすぐに豊臣家を滅ぼしたイメージもありますが、実際は15年後に滅ぼしています。15年という歳月の間に、23歳になった秀頼は身長190センチを超える大男だったともいわれています。

この15年間で家康は、「徳川の天下が続くという雰囲気づくり」と「豊臣の勢力削減」を行います。歳月をかけた持久戦、まさに「泣くまで待とうホトトギス」の真骨頂です。とはいえ、この間に家康はすでに60歳を過ぎ、活動できる時間は限られていました。そこで自分に何かあったときに備え、後継者の選定を済ませ、実行に移したのです。家康が選んだのは三男の秀忠で、慶長10年（1605）に将軍職を譲りました。これは徳川家が代々将軍職を継ぐことを諸大名にアピールする効果がありました。

関ヶ原以前の段階で家康には次男の結城秀康、四男の松平忠吉という後継者候補もいましたが、すでに秀忠に決めていたと考えられます。豊臣政権では、家康は畿内にとどまることが多くなっていましたが、領国である関東の統治を任されていたのは秀忠でした。また、秀吉の遺言状にも、「家康が病気になったら、秀忠が代わりに秀頼の面倒を見る」とあり、秀忠が家康の後継者であることは周知の事実とされていました。

関ヶ原の戦いに際し、秀忠が榊原康政や大久保忠隣《ただちか》、本多正信といった徳川軍の主力を預かって東山道（中山道《なかせんどう》）を進軍したのも、家康の後継者というポジションにいたからです。東海道を進む家康の身にもし何かあったら、秀忠が全軍の指揮を執《と》っていたと思われます。ところが、秀忠軍は途中の上田城攻めで手こずり、本戦に間に合わないという大失態をしてしまいます。家康からすれば「何をやっている」という気持ちだったでしょうが、だからといって、秀忠の後継者の座が揺らぐことはありませんでした。

とはいえ、関ヶ原への遅参がなければ、秀忠への政権移行は1年ほど早かったと思います。たかが1年かもしれませんが、家康にとっては1年1年が勝負だったので、遅参を聞いたときは相当苛立《いらだ》ったのではないかと思われます。

雨が降る中、関ヶ原に向かう途上で、59歳の家康が「年老て骨の折ることかな。倅《せがれ》がいたらば是程《これほど》にはあるまじ」と独り言をもらしたという逸話があります。この「倅」とは、秀忠ではなく信康を指していたとされます。信康切腹は21年前の9月15日であり、偶然にも、関ヶ原の合戦は信康の命日にあたりました。嫡男信康を死に追いやった経緯は先にも述べましたが、心の内では信康のことをずっと引きずっていたのかもしれません。

最後まで楔《くさび》を打ち続ける

将軍就任時の秀忠は27歳で、戦国武将の中では若手の部類に入る伊達政宗よりもさらに12歳年下です。大御所となった家康は駿府に居を移し、朝廷政策や寺社政策、西国大名対策、外交などを動かす「大御所政治」を展開します。駿府の家康、江戸の秀忠が政治を動かす二元統治体制の始まりでもありました。

ここまでは、他の戦国大名と同じような権限委譲です。織田信長も嫡男の信忠に家督を譲りましたが、天下人として引き続き動いています。武田征伐でようやく信忠にも当主らしさが見えてきましたが、その矢先に本能寺の変が起こり、信忠も二条御所で亡くなってしまいました。

これに対し、家康は本多正信や土井利勝、酒井忠世《ただよ》といった優秀な家臣を秀忠付きにして、ある程度自由に政治を行わせています。江戸の都市設計に関しては完全に秀忠が引き継ぎ、天下普請《ぶしん》として諸大名を動員して強固な江戸の町をつくり上げました。

家康と秀忠は二元統治体制を円滑に構築しましたが、歴史の流れを見れば、これもなかなか難しいものです。例えば、室町幕府は関東に足利将軍家の一族を派遣し、鎌倉公方として統治を任せましたが、結局は対立して戦いになっています。また、薩摩《さつま》の島津家も義久と義弘が「両殿体制《りょうとの》」と呼ばれる二元統治を行いましたが、さまざまな軋轢《あつれき》が生じています。家康も浜松（家康）と岡崎（信康）の二元統治に失敗した過去があり、その反省も踏まえた統治体制を築いたものと思われます。家康は次につなぐことを日ごろから意識し、秀忠への政権移行、権限委譲をスムーズに行いました。これは家康の人生において、ある意味では関ヶ原以上の功績であった、と考えます。

慶長20年（1615）5月、家康は大坂夏の陣でついに豊臣家を滅ぼします。家康に豊臣家を滅ぼす意志がどのくらいあったのかは定かでありません。しかし、秀頼が早い段階で大坂城を退去し、恭順《きょうじゅん》の意思を示していれば、織田信雄のように細々と血脈を保っていたかもしれません。

家康の最後の危機は5月7日の天王寺・岡山合戦です。豊臣方の真田信繁《のぶしげ》（幸村）に本陣を急襲され、三方ヶ原以降、倒れることがなかった馬印が倒れます。家康は逃げる途中で切腹を口走ったともいわれています。しかし、数で勝る徳川軍が押し返し、信繁は討死。

翌8日、秀頼は母の淀殿らと共に自害しました。

仮にこのとき天王寺口の家康が討ち取られたとしても、将軍である秀忠の本陣は岡山口のほうにあったため、本能寺の変のように父子二人ともども亡くなる可能性は限りなく低いものでした。こうした危機回避も周到でした。

このとき、家康は74歳。すでに当時の平均寿命を大きく上回っていましたが、ここでようやく自分が天下人だと意識したのかもしれません。肩の荷が下りたのか、駿府への帰途では鷹狩りを存分に楽しむなどしています。

一方で、家康は翌年4月に75歳で亡くなるまでに武家諸法度《しょはっと》、一国一城令、禁中並公家《きんちゅうならびにくげ》諸法度を制定するなど、徳川幕府を盤石のものとするために最後まで楔《くさび》を打ち続けます。死に際においても、本多正純や南光坊天海《なんこうぼうてんかい》、金地院崇伝《こんちいんすうでん》らを枕元に呼び、遺骸《いがい》を駿河国の久能山《くのうざん》に葬《ほうむ》ること、葬儀を江戸の増上寺《ぞうじょうじ》で行うこと、位牌《いはい》を三河国の大樹寺に置くこと、一周忌の後に下野《しもつけ》国の日光山に小さな堂を建てて勧請《かんじょう》すること、これによって関八州の鎮守になることを遺言しています。病状が重くなって食べものがのどを通らなくなっても、家臣の家督相続や遺品の分配などを事細かく指示しています。大坂の陣でいったんは安心したものの、今川家、武田家、織田家、そして豊臣家の衰退や滅亡を目の当たりにしてきた家康には、もしかしたら亡くなるまで不安が残り続けていたのかもしれません。

家康が75年という長寿をまっとうできたのは、「豊臣家の勢力を削減し、徳川の天下を確立する」という大きな目標があったからでしょう。先述したように、中国では天下統一を果たした漢の劉邦《りゅうほう》、明の朱元璋《しゅげんしょう》など、晩年に凄まじい粛清を行った人物がいますが、家康は最後まで気持ちを切らさず、冷静な為政者であり続けることができました。

今でも学べること

家康の長所は、過去のしくじりから学び、それを自身の治世に活かしたことです。『吾妻鏡』などの歴史書をはじめ、信長や秀吉も研究対象として、治世の参考にしています。自身が犯してしまったミスは繰り返さないよう努めるし、他人の失敗を見て自分がやらないよう心がけています。そういう点でも、家康は見事に「学びの人」でした。

失敗だけでなく、経済や土地政策などで生まれた新しい仕組みを取り入れ、江戸幕府の政策に組み入れました。家康がもたらした政治的安定は、信長の突破力や秀吉の知恵を踏まえてのものだったといえます。前半生は感情の起伏が激しいエピソードもありますが、徐々に少なくなり、私たちがよく知る、感情をあまり表に出さない「家康」の人物像が形成されていきました。

戦争をやめ、天下が泰平になることを「偃武《えんぶ》」といいます。100年以上続いた戦国の世は、信長、秀吉、家康の「三英傑」が三人がかりで終わらせたのです。

同じ三英傑である信長や秀吉に比べると、家康はよくいえば律儀で堅実、慎重ではありますが、英傑の生き様としては少々大胆さに欠け、安定志向に映るかもしれません。しかし、過去のしくじりからの学びや後継者選び、サステナブルな体制の構築など、現代を生きるうえでも家康から教えられることはとても多いといえます。２６０年以上に及ぶ泰平の世をつくった家康のプランは、現代まで続く日本的なるもの、日本人らしさに影響を及ぼしているといえ、功罪あわせて現代人にとっても気づきの宝庫です。

【徳川家康の喜怒哀楽】

喜……桶狭間の戦いの後、独立したとき

これから一国の主としてうまくやっていけるかという不安はあったでしょうが、それ以上に生地である三河、岡崎城へ戻れたという喜びが大きかったと思います。

怒……三河の一向一揆

今川から独立し、これからというタイミングで起きた一向一揆。家康三大危機の一つにも数えられるように、家臣団から一揆側につく者が続出します。家康も22歳と若く、怒り心頭だったと思われます。その後の家康の人生観、宗教観にも大きな影響を及ぼしました。

哀……大坂夏の陣後から亡くなるまでの最後の1年

最後の大敵だった豊臣家を滅ぼし、晴れて天下人となった家康。しかし、到達したことで「天下人とはこんなものか」という思いもどこかに生じたのではないでしょうか。それは、天下人にしか味わえない孤独の境地だったと思われます。

楽……武田家旧領への侵攻（天正壬午の乱）

本能寺の変の後の伊賀越えは、家康にとって過酷な試練でした。しかし、生き延びたことで、信長の支配から脱し、「誰かに従属する体制」から解き放たれました。自らフリーハンドで描けるようになった最初の戦いが武田家旧領（甲斐、信濃）への侵攻で、家康も気兼ねなく采配を振るえただろうと思います。

【徳川家康の乾坤一擲《けんこんいってき》】

関ヶ原の戦い

関ヶ原の戦いはそこに至るプロセスも不確定要素だらけで、百戦錬磨の家康でさえも予測がつかない状況だったと思います。厳しい決断の連続でしたが、その中でも勝利の確率を上げようと、家康は諸将を自軍に引き入れるための手紙を数多く書くなど、万全の対策を行いました。

徳川家康　系図

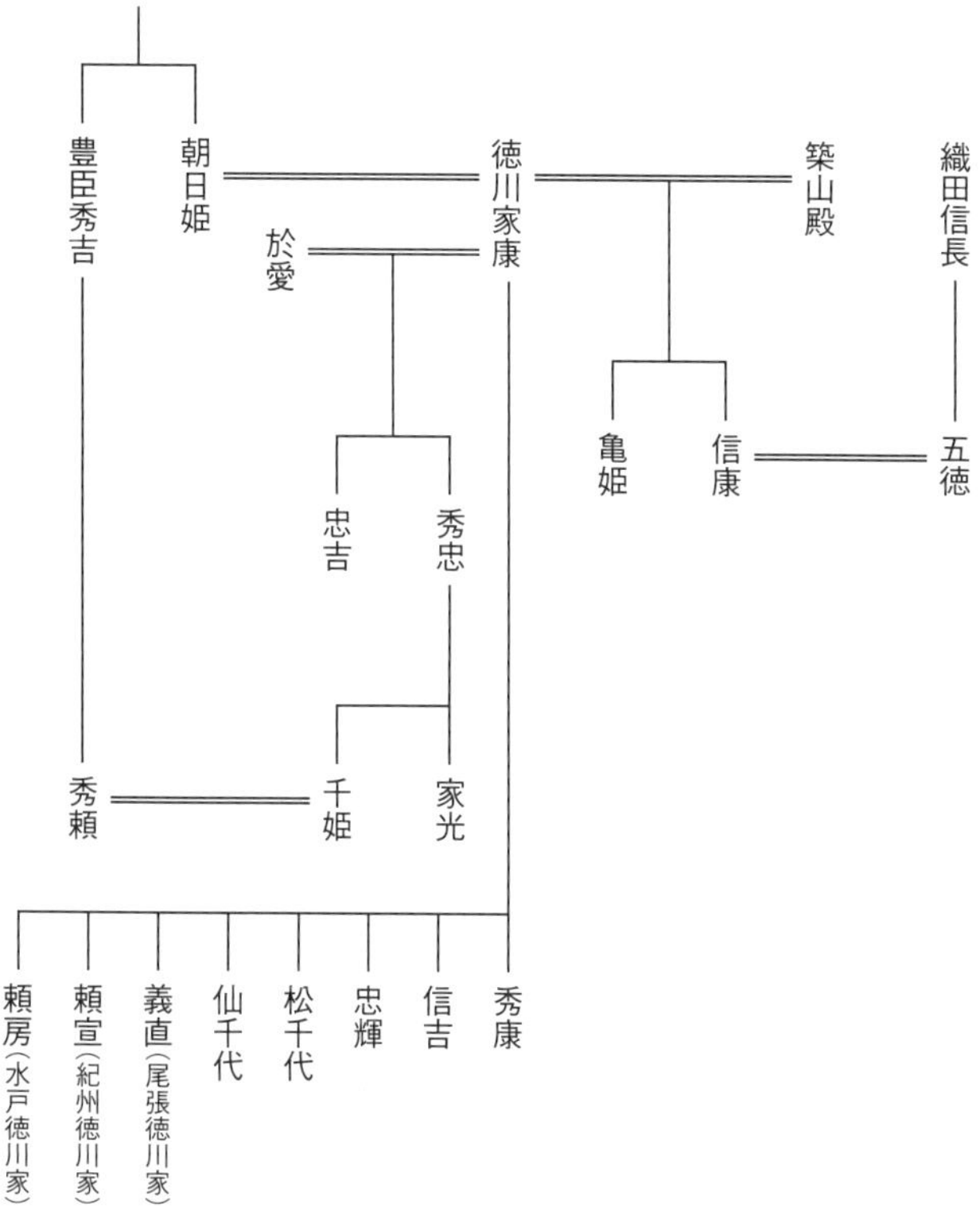
豊臣秀吉
朝日姫
徳川家康
築山殿
織田信長
於愛
亀姫
信康
五徳
忠吉
秀忠
秀頼
千姫
家光
頼房（水戸徳川家）
頼宣（紀州徳川家）
義直（尾張徳川家）
仙千代
松千代
忠輝
信吉
秀康

元　号	西暦年	出来事
天正14年	1586	秀吉の妹・朝日姫と結婚 大坂城で秀吉に謁見し、豊臣政権下に入る
天正18年	1590	北条氏滅亡後、関東に移封されて江戸に本拠を移す
慶長元年	1596	正二位内大臣に昇進
慶長3年	1598	五大老の一人となる 秀吉が死去
慶長4年	1599	大坂城西の丸に入る
慶長5年	1600	上杉征伐のため大坂を発つ 関ヶ原の戦いで西軍に勝利
慶長7年	1602	母・於大が死去
慶長8年	1603	征夷大将軍に任じられる 孫の千姫が豊臣秀頼に嫁ぐ
慶長10年	1605	三男・秀忠に将軍職を譲る
慶長16年	1611	二条城で豊臣秀頼と会見
慶長17年	1612	キリシタン禁令を出す
慶長19年	1614	大坂冬の陣
慶長20年／ 元和元年	1615	大坂夏の陣で豊臣氏を滅ぼす 武家諸法度、禁中並公家諸法度を制定
元和2年	1616	太政大臣に任じられる 駿府城で死去

徳川家康　略年表

元　号	西暦年	出来事
天文11年	1542	松平広忠の嫡男として三河で誕生。幼名は竹千代
天文13年	1544	伯父・水野信元が織田方につき、母・於大が離縁される
天文16年	1547	織田氏の人質となる
天文18年	1549	人質交換で今川氏の人質となる
弘治元年	1555	元服して「松平元信」と名乗る
弘治2年	1556	今川義元の姪・築山殿と結婚（弘治3年の説もあり）
永禄元年	1558	初陣で織田方の寺部城を攻略 名を「元康」に改める
永禄2年	1559	嫡男の竹千代（信康）が誕生
永禄3年	1560	桶狭間の戦いで今川義元が敗死 岡崎城に入り、人質生活から解放される
永禄5年	1562	尾張の清須城で織田信長と会見
永禄6年	1563	名を「家康」に改める 竹千代（信康）と信長の娘・五徳の婚約が成立 三河一向一揆が勃発
永禄7年	1564	三河一向一揆を鎮圧
永禄9年	1566	三河国を統一 朝廷の勅許を得て「徳川」に改姓
永禄11年	1568	遠江への侵出を始める
元亀元年	1570	姉川の戦いで活躍 本拠を浜松城に移す
元亀3年	1572	三方ヶ原の戦いで武田信玄軍に大敗
元亀4年／天正元年	1573	武田信玄が死去
天正3年	1575	長篠・設楽原の戦いで織田軍と連合し、武田勝頼軍に勝利
天正7年	1579	正室・築山殿と嫡男・信康を処分
天正10年	1582	武田氏が滅亡し、信長から駿河を与えられる 本能寺の変後、伊賀越えで堺から岡崎に帰還 武田旧領の甲斐と信濃を獲得（天正壬午の乱）
天正12年	1584	小牧・長久手の戦いで羽柴秀吉軍と戦う
天正13年	1585	家臣の石川数正が出奔し、秀吉に仕える

COLUMN 3

雑賀衆《さいかしゅう》・根来衆《ねごろしゅう》

『塞王《さいおう》の楯《たて》』は「守る」対「攻める」という人間同士の争いをテーマにした作品で、「守る」側は石垣造りのスペシャリストである穴太衆《あのうしゅう》で早々に決まりました。対する「攻める」側はさまざまな候補の中から国友衆をチョイスしました。

先に述べた国友衆は鉄砲を製造する職人集団ですが、戦闘を専門とする究極の「攻める」集団とされたのが雑賀衆です。紀伊国北西部にある雑賀荘・十ケ郷《じっかごう》・中郷・南郷・宮郷の地侍たちで構成された地縁的結合体で、戦国期の紀伊に関する史料には、「惣国《そうこく》」の語も見られます。それぞれに「惣」と呼ばれる自治組織が存在し、まとめ役となったのが土豪たちでした。有名なところでは「鈴木孫一《まごいち》」で知られる鈴木氏、村上源氏を称した土橋《つちばし》氏などがいます。

紀伊国には「根来衆」も存在し、しばしば雑賀衆と混同されがちです。しかし、根来衆は根来寺を中心とした新義《しんぎ》真言宗の僧徒らの集団で、成り立ちや性格が異なります。かといって敵対していたわけでもなく、雑賀衆で根来寺に入る者がいるなど、人的なつながりがありました。

紀伊への鉄砲伝来は、根来寺の僧・津田監物《けんもつ》が種子島《たねがしま》に伝来した鉄砲2挺《ちょう》のうち1挺を譲《ゆず》り受け、持ち帰ったのが始まりとされています。堺の鉄砲鍛冶芝辻家の史料『鉄炮由緒書』には、監物が根来の鍛冶・芝辻清右衛門《せいえもん》に国産の鉄砲を造らせたとあり、根来衆は鉄砲で武装するようになりました。

鉄砲は近隣の雑賀衆にも伝わり、雑賀衆は信長も苦しめる傭兵《ようへい》軍団として名を馳《は》せていきます。火薬の原料である硝石《しょうせき》は外国からの輸入に頼っていましたが、海運を営んでいた雑賀衆は貿易で手に入れていたと思われます。

雑賀衆の拠点である和歌山平野は紀ノ川《きのかわ》の河口に位置し、山岳地帯が多い紀伊でも有数の豊かな土地でした。しかし、農業だけでは大量の鉄砲を揃えたり、船舶を用意したりするのは難しいので、傭兵集団として稼ぐようになったのでしょう。

そのまま傭兵として金銭のみのドライな関係でいればよかったのですが、本願寺と手を組んだことで雑賀衆は滅びの道を歩みます。本願寺と親しい鈴木氏は本願寺の降伏後、信長に服属しますが、本能寺の変で信長が斃《たお》れると雑賀を追われ、土橋氏がまとめ役になります。信長政権を継承した羽柴秀吉の紀州攻めで雑賀衆は根来衆と共に徹底抗戦しますが、敗れて根来寺は炎上、雑賀も灰燼《かいじん》に帰しました。

雑賀衆は帰農したり、他の大名に仕えたりするなどしてバラバラになり、歴史の表舞台から姿を消します。一方、根来衆は徳川家康に従い、百人組の一つとして存続しました。

第4章　武田信玄

——厳しい条件をいかに生きるか

信玄を高く評価した江戸幕府

「甲斐《かい》の虎」と呼ばれる武田信玄は、織田信長や徳川家康を震え上がらせ、戦国最強と謳《うた》われた名将の一人です。ただし、江戸幕府によって持ち上げられた面があるのも事実。

なぜ江戸幕府が信玄を持ち上げたかというと、家康を完膚《かんぷ》なきまでに叩きのめした唯一の武将だからです。元亀《げんき》3年（1572）、信玄は遠江《とおとうみ》国の三方ヶ原《みかたがはら》で徳川軍と戦い、3000人余りを討ち取る大勝を収めました。徳川軍は夏目吉信や本多忠真、鳥居忠広といった面々が討たれ、家康も命からがら浜松城に逃げ帰る始末。その後の武田軍の行軍を止めることができず、徳川の本国である三河への侵入を防げませんでした。

江戸時代、幕府を開いた家康の行動は、その神格化とともにすべて前向きな解釈がなされていきます。例えば、妻の築山殿《つきやまどの》と嫡男の信康を死に追いやった事件も、「二人が武田に内通していたのだから信長の命令で処分したのも仕方ない」と、家康に非がないように描かれています。しかし、三方ヶ原の惨敗は、どう頑張っても都合よく解釈することができません。そこで、信玄を「権現様《ごんげんさま》（家康）を苦しめたが、敵ながら成長させた軍神」とすることで、「権現様が三方ヶ原で敗れたのも致し方ない」と導いたのです。

「軍神」といえば上杉謙信のイメージもありますが、江戸時代に謙信の評価を上げるプロパガンダを行ったのは、関ヶ原合戦後に米沢へ移った上杉家です。幕府が謙信の名を高めるようなことをすると、上杉家に大きな顔をされてしまいます。しかし、戦国大名としての武田氏は天正10年（1582）に滅びていましたし、徳川の家臣には武田旧臣も多くいたため、幕府が信玄を持ち上げることは差し支えなかったようです。例えば、五代将軍綱吉に側用人として仕え、甲府藩主になった柳沢吉保も武田旧臣の出身です。吉保は信玄の次男・海野信親《うんののぶちか》の末裔を高家《こうけ》武田家として復活させています。有名な「武田二十四将図」も、「徳川十六将図」を元に、江戸時代に庶民向けに描かれていきました。

平和な江戸時代には「軍学」が武士の間で流行し、武田の旧臣とされる小幡勘兵衛景憲《おばたかんべえかげのり》が「甲州流軍学」を創始しています。武田流とも呼ばれたこの軍学は、武田信玄、その軍師・山本勘助らの兵法を伝えたものとされ、将軍家指南の兵法となります。甲州流からは「北条流」「山鹿流《やまが》」などの流派も生まれ、全国に波及していきました。

信玄の評価を高めるのに熱心だった地域は、柳沢吉保らが治めた後、江戸中期から天領（幕府直轄地）になった甲斐国（現在の山梨県）です。現代でも「信玄餅」や「信玄公祭り」など、信玄の名を冠したものが多く、信玄は今も山梨県観光のシンボル的存在です。

信玄の治世や戦術を記し、当時の武士の考え方を伝える『甲陽軍鑑《こうようぐんかん》』は江戸時代初期に編纂《へんさん》され、甲州流軍学の教科書として広く読まれ、講談や歌舞伎、近代以降の小説や映画、ドラマにおける信玄像のベースになりました。ただし、合戦の記述の誤りなどが早くから指摘されており、『甲陽軍鑑』の史料的価値は、長らく低く見られてきました。

一方で、信玄の人材への信頼を示す有名な言葉、「人は城、人は石垣、人は堀。情は味方、讎《あだ》は敵なり」も『甲陽軍鑑』に収載されており、軍法や軍学だけでなく当時の武士の行動規範を現代に伝えています。

信玄の名言とされるものはほかにも数多く、「およそ戦というものは、五分をもって上とし、七分を中とし、十分をもって下とす。五分は励みを生じ、七分は怠《おこた》りを生じ、十分はおごりを生ず。たとえいくさに十分の勝ちを得るともおごりを生ずれば、次には必ず敗れるものなり」、「百人のうち九十九人に誉めらるるは、善《よ》き者にあらず」、「為《な》せば成る　為さねば成らぬ　成る業《わざ》を　成さぬと捨つる　人のはかなさ」など、含蓄《がんちく》に富むものが多いといえるでしょう。

現在は『甲陽軍鑑』の再評価が進んでおり、好意的評価を受けつつあります。私は、本人が発言したかどうかは定かでなくても、それに近いことはいっていたのではないかと考えています。人に関する名言が多いのも特徴で、信玄が人材を大事にしていたからだと思われます。

信玄は細身の人物だった⁉

信玄の外見的イメージは、巨体で猛々《たけだけ》しく描かれた肖像画の影響が大きかったといえます。有名なのが、安土桃山時代を代表する絵師・長谷川等伯《とうはく》が描いた『絹本著色《けんぽんちゃくしょく》武田信玄像』（高野山成慶院《せいけいいん》蔵）です。JR甲府駅前に鎮座する甲冑《かっちゅう》を身に纏《まと》った信玄像も、この絵をモデルにしてつくられたもの。ドラマや映画もこうしたイメージで演出されたものが多いといえます。

しかし、武田家の家紋である菱紋が描かれていないこと、絵師の長谷川等伯が信玄との接点が薄かったなどの理由で、近年はこの肖像画が信玄を描いたものではないという見解が有力です。等伯の出身地が能登《のと》であることから、同国の戦国大名である畠山義続《よしつぐ》を描いたものではないかといわれています。

信玄は若い頃から労咳《ろうがい》（肺結核《けっかく》）を患っており、死因も労咳か胃がんだったとされています。そのため、実際は肖像画のようなでっぷりした姿ではなく、痩《や》せた細身の人物だったと考えられています。高野山持明院《じみょういん》には、スマートな信玄の姿が描かれた肖像画（次ページ）が伝わっており、こちらが実像に近いのではないでしょうか。

このように、武田信玄は後世の脚色によって人物像が相当に書き換えられています。ただし、近年は実証的な研究が行われるようになり、等身大の信玄の姿が明らかになってき

武田晴信（信玄）像（高野山持明院所蔵）

ました。

徳川によって盛られている信玄ですが、全国の戦国大名のなかで、一代で武田の領地を大きく拡げた実績を踏まえれば、信玄は戦国大名のなかでも特に優秀だったといえるでしょう。

信長は尾張《おわり》という生産力が高い肥沃《ひよく》な土地に生まれており、それが飛躍の原動力になりました。一方、信玄が生まれた甲斐は稲作に適した土地が少なく、慶長3年（1598）の時点では、石高《こくだか》は22万石ほどでした（尾張は約57万石）。これは信玄が河川を整備して以降の数字なので、信玄が生まれた頃は、さらに少なかった可能性があります。

信玄は、いわば不利な条件を抱えた状態で戦国武将としてのキャリアをスタートさせたことになります。周囲には今川、北条、上杉などの強豪がひしめいていましたが、それでも信濃《しなの》や駿河《するが》、そして西上野《こうずけ》や遠江、三河、美濃《みの》、飛騨《ひだ》の一部まで勢力を拡げたのですから、戦国期を代表する名将であることは間違いありません。仮に信玄が尾張に生まれていたら、信長とはまた違ったスタイルで「天下人」への道を歩んでいたのではないか、といった想像すらできます。

父・信虎による〝地ならし〟＝甲斐統一

武田氏は甲斐源氏の嫡流で、戦国大名のなかでも由緒ある家柄です。『吾妻鏡《あづまかがみ》』以外の記録を見ると、四代の信義は源頼朝と対等に近い立場にありました。しかし、武田の勢力拡大をおそれた頼朝に粛清され、鎌倉幕府に屈服。その後は甲斐守護を継承していきますが、国衆《くにしゅう》の専横や一族の内紛などもあり、安定しているとはいいがたい状況が続いていました。

甲斐は甲府盆地を中心として周囲を山々が囲んでいます。国衆が自立しやすい環境であり、各地に国衆が割拠していました。有力な国衆としては郡内《ぐんない》地方（都留《つる》郡一帯）の小山田氏、河内《かわうち》地方（西八代《やつしろ》・南巨摩《こま》郡一帯）の穴山氏などがいて、武田氏の直轄的な支配域は限られていたのです。

十六代信昌（信玄の曾祖父《そうそふ》）は守護代の跡部氏を排斥《はいせき》し、家臣団を統制して甲斐国内の統一を進めました。武田家臣に「昌」の偏諱《へんき》を受けた者が多いのは、信昌の影響とされています。しかし、晩年は次男の油川信恵《あぶらかわのぶよし》に後を継がせようとして内紛が起き、その最中に亡くなります。信玄の祖父である十七代信縄《のぶつな》も永正4年（1507）に37歳で没し、信玄の父・信虎が14歳で家督を継ぎました。

信玄の躍進を語るうえで、父・信虎の事績は欠くことができません。信玄は一代で大勢力を築きましたが、それは信虎が〝地ならし〟をしてくれたからです。信虎からのバトンタッチがなければ、信玄は相当キツかったと思います。

家督を継いだ信虎の前に立ちはだかったのが、叔父《おじ》の油川信恵です。永正5年（1508）、信恵は信虎に対して戦いを挑みますが、敗れて討死《うちじに》しました。これにより武田氏宗家は統一され、以後、信虎は甲斐国衆の力を削ぐ戦いに明け暮れます。

永正6年（1509）、信虎は都留郡に侵攻し、小山田氏を従属させます。このとき、信虎は自分の妹を小山田信有《のぶあり》に嫁がせ、一族として取り込みます。その後は大井信達《のぶさと》を従わせ、娘を正室に迎えました。彼女が信玄の母・大井夫人で、信玄は大永元年（1521）に誕生しました。ちなみに、信玄には4歳年上の兄・竹松がいましたが、彼が7歳で夭折《ようせつ》したため、信玄が嫡子扱いされたともいわれています。

また、信虎は本拠地を石和《いさわ》から甲府に移し、躑躅ヶ崎館《つつじがさきやかた》を築いて城下町を整備します。そして、有力国衆を集住させようとしますが、これに国衆たちが反発し、抵抗する事件も起きています。当時の信虎は駿河の今川氏と敵対関係にあり、国衆が今川と通じて反旗を翻《ひるがえ》すのも日常茶飯事でした。

天文《てんぶん》5年（1536）に今川義元が家督を継ぐと甲駿《こうすん》同盟が成立し、ようやく甲斐国内が信虎の下に統一されます。長らく敵対していた穴山氏も従属し、婚姻によって関係を強化しました。

戦国武将中でも屈指の教養

信玄にとって幸運だったのは、武田家と甲斐国衆の複雑な関係性を、父の信虎が整理してくれたことです。そのおかげで、信玄は「武田氏の後継ぎ」として、家中から期待をかけられていたのでしょう。

信玄が具体的にどのような教育を受けたのかは定かでないですが、父の信虎は信玄に公家の三条公頼《きんより》の娘を嫁がせるなど、京都とのつながりが深い人物でもありました。当時は戦乱を避けて地方に移る文化人・教養人が多く、天文7年（1538）には歌人で前権大納言《ごんのだいなごん》の冷泉為和《れいぜいためかず》を招いて和歌会を開いています。当時は畿内が文化や学問の最先端地だったので、信玄も畿内由来の人物から質の高い教育を受けたと考えられます。

信玄も、京都から公家を招いて詩歌《しいか》会や連歌《れんが》会を催し、残された作品から、信玄は和歌の達人だったとされています。漢詩についても、大徳寺の宗佐首座《そうさ》が『武田信玄詩藁《しこう》』を編纂するほどの腕前でした。

また、信玄は禅の修行や学問にも熱心で、臨済《りんざい》宗妙心寺《みょうしんじ》派の高僧である岐秀元伯《ぎしゅうげんぱく》が師となりました。信玄という法号を与えたのも、この岐秀元伯です。幼き日の太郎（信玄）は、臨済宗で最も重要な書とされる『碧巌録《へきがんろく》』を10巻中7巻まで修養し、「これ以上学べば、出家や遁世《とんせい》の人になる」と止められるほど、熱心に取り組んだといいます。

信玄は臨済宗を信仰していましたが、宗旨を問わずに寺院や僧侶を保護しました。戦国時代は本願寺教団（一向《いっこう》宗）による一揆が各地の大名を悩ませていましたが、信玄は正室・三条夫人の妹が顕如《けんにょ》（石山本願寺住職）の妻という間柄だったので、良好な関係を築いていました。一向一揆《いっき》との戦いを回避できただけではなく、一揆勢を利用して上杉謙信や織田信長を足止めするなど、一向宗の力を存分に活用しました。

晩年に信玄が西上した際には、信長の仏教に対する悪行を非難し、「天台座主沙門《ざすしゃもん》信玄」の肩書きで進軍しています。信長は天台宗の総本山である比叡山延暦寺《ひえいざんえんりゃくじ》を焼き討ちしたため、信長追討の大義名分としては完璧でした。

他にも、信玄は水墨画《すいぼくが》や茶道《さどう》といった芸術にも通じていたといわれています。信玄の優れた教養は朝廷や公家の使者との交渉、公家の接待にも活かされ、彼らを通じて信玄の名声が畿内にも伝わりました。甲斐や信濃には多くの国衆がひしめいていましたが、統治者としての威厳を示す際にも、信玄の教養は有効に働いたと思われます。

「疾如風　徐如林　侵掠如火　不動如山」という、いわゆる「風林火山」の軍旗はあまりにも有名ですが、これは武田軍の精強さや練度、武威を示すだけでなく、『孫子』から兵法を学んでいるという教養の高さを誇示することにもなっていました。やはり源氏の末裔である武田氏と在地領主である国衆ではその教養に埋めがたい差がありました。

信玄は自身の教養や学びに加え、父・信虎から引き継いだ地盤をもって、戦国屈指の名将へとのし上がったのです。

信虎と信玄——本当の父子関係

天文5年（1536）3月、太郎（信玄）は元服して「晴信」と名乗り、従五位下《じゅごいのげ》大膳《だいぜんの》大夫《だいぶ》に叙位・任官されました。この頃、父・信虎は信濃へ積極的に出兵し、同年11月には佐久《さく》郡に出陣していますが、これが信玄の初陣とされています。

『甲陽軍鑑』には海ノ口《うみのくち》城を奇襲で落としたと記されていますが、武田氏の記録史料である『勝山記《かつやまき》』や『高白斎記《こうはくさいき》』には、この戦いに関する記述は見られません。そのため、海ノ口城攻略の手柄は事実ではなかったとみられています。とはいえ、信玄は若い頃から自分で戦いを指揮する機会が多かったので、海ノ口城攻略と似た戦いは経験していたと思います。信玄初期のさまざまな合戦から名場面をつなぎ合わせ、海ノ口城攻略としてまとめたというのが、現実に近いのではないでしょうか。

『甲陽軍鑑』では、信虎が弟の次郎（信繁《のぶしげ》）を寵愛《ちょうあい》し、信玄を疎《うと》んじたことになっています。天文7年（1538）正月の元日祝いで、信虎が信玄に盃《さかずき》をささず、信繁だけにさしたという逸話が書かれています。

天文10年（1541）6月、信玄は父・信虎を駿河に追放し、武田家の家督と甲斐守護職を継承しました。『甲陽軍艦』では、父追放の理由を「父子間の不和」としています。これだと、信虎にかわいがられた信繁と信玄の間に隙間風が吹いていた可能性もありますが、信玄と信繁の兄弟仲はよく、川中島の戦いで弟・信繁が討死した際には、信玄が信繁の遺体を抱いて号泣したと伝えられています。

一方で、『勝山記』では、信虎の度重なる外征が農民や国衆に重い負担を課し、怨嗟《えんさ》の声が渦巻いたために追放に至ったということになっています。また、『塩山向嶽禅菴小年代記《えんざんこうがくぜんあん》』には、「信虎は平生悪逆無道で、国中の人民・牛馬畜類まで愁悩《しゅうのう》している」と書かれています。信虎の悪行説はシンプルでわかりやすいのですが、それゆえに信憑性が薄いといえます。信玄の父親追放を正当化するために、信虎を悪逆非道の人に仕立てたのではないでしょうか。

他にも、信玄と示し合わせて今川義元を嵌《は》めるため、信虎が駿河に赴《おもむ》いたという説もあります。これは江戸時代後期に成立した『甲斐国志』にある説ですが、今川氏とは信玄の嫡男・義信が廃嫡《はいちゃく》されるまで同盟関係が保たれていたので、可能性としては低いと思われます。

かつては暴君のイメージが強かった信玄の父・信虎ですが、近年はその人物像が見直されつつあります。例えば、信虎が妊婦の腹を生きたまま裂いたという逸話がありますが、これは中国や日本の歴史書でしばしば出てくる「暴君伝説」の典型で、実話とは到底思えません。信虎のエピソードは『史記』に出てくる殷《いん》の紂《ちゅう》王、『日本書紀』の武烈《ぶれつ》天皇に通じるところがあり、信虎追放を正当化するため、紂王や武烈天皇の話を取り入れた可能性が指摘されています。

ただし、信虎が甲斐から追放された背景として、彼の悪評が甲斐国内に渦巻いていたからということはあると思います。信虎を甲斐に戻そうとする動きが出なかったのは、彼が甲斐国内で信望を失っていたからだったのではないでしょうか。

先にも述べていますが、山間部が多い甲斐国には国衆が各自独歩できる土壌があり、守護の武田氏でも従わせるのは容易ではありませんでした。それでも、信虎は父祖の代から続くゴタゴタを収めるため、改革をもって国衆をまとめ上げようとしました。しかし、その改革はあまりに性急なものでした。

甲斐国内をまとめるため、信虎は苛烈《かれつ》な処断を下すこともありました。天文5年（1536）に起きた今川家の家督争いでは、反義元派の今川家臣を匿《かくま》った前島一門に切腹を命じましたが、それを不服として奉行衆が退去したという出来事もありました。信虎は実行力がある人物でしたが、改革で生じる副作用に対するケアをおろそかにしたようです。天文9年（1540）には大規模な飢饉（天文の飢饉）も起きており、それも人々の不満がつのる一因になったといわれています。家臣や国衆の不満が積み重なり、ついに信虎追放に至ったのです。

気になるのは、この追放劇が信玄主導だったのか、それとも家臣・国衆主導だったのかということです。当時の信玄はまだ若く、カリスマというにはほど遠い存在でした。彼の一存で家臣や国衆を動かすのは難しく、信虎に不満を持つ家臣・国衆の突き上げにより、信玄が父を追放せざるを得なくなったのではないでしょうか。一連のゴタゴタを収束させるためには、若い信玄を中心に据えた「新生・武田氏」という雰囲気をつくらなければならなかったのかもしれません。そのため、信虎を悪者にして、多くの責任を押しつけたようにも考えられます。

駿河に追放された信虎は、ほとぼりが冷めたら甲斐に戻る選択肢もあったと思います。しかし、出家して「無人斎道有《むじんさいどうゆう》」を名乗ったことから、甲斐国主への復帰をあきらめたようです。今川家中では「御舅殿《おしゅうとどの》」として丁重な扱いを受け、比較的悠々自適な生活をしていたようです。

その後、信虎は京都にも住み、幕府に在京奉公した時期もあります。公家や諸大名とも交流し、御隠居様といった生活を送ったと考えられます。信玄にも最新の天下の情勢を伝えたりしていたので、関係が完全に断絶していたわけではありませんでした。

仮に憎しみ合ったうえでの追放であれば、信玄は刺客を放って信虎を亡き者にしていたと思います。そうでなくても、今川方を煽動《せんどう》して甲斐に攻め込んでくるリスクもあるので、「信虎を追放しろ」と今川方に要求したはずです。しかし、信玄がそれをしなかったのは、信虎に対して一定の敬愛があったからだと思われます。

駿河への追放後に生まれた信虎の子・信友は、今川氏が滅んだ後に武田家臣となっています。一方で、信虎は甲斐に戻ることなく、子の信玄が亡くなった翌年に信濃国高遠《たかとお》で亡くなりました。信虎と信玄の父子関係はとても複雑微妙なもので、この父子間でしかわからない感情があったのではないでしょうか。

家臣団の統制に心をくだいた

信虎追放の中心人物ははたして誰だったのか――。私は板垣信方（信形）と甘利《あまり》虎泰《とらやす》ではないかと考えています。なぜかといえば、信玄が家督を継いだあと、二人が武田家筆頭家老の「両職《りょうしき》」に任じられたからです。二人が若い信玄をけしかけて父追放を成功させ、新政権で家政をけん引する役職に収まったと思われます。統治初期の信玄にはあまり権限がなく、合議制意思決定機関の議長ぐらいの立場でした。

信玄が二人に対し、どのような感情を抱いていたのかは知る由《よし》もありません。しかし、信玄が増長する板垣を諫《いさ》めるため、和歌を送ったという逸話もあります。板垣と甘利は天文17年（1548）の上田原の戦いで討死していますが、やや穿《うが》った見方をすれば、目の上のたんこぶがなくなったという意味で、これは信玄にとってはむしろ好都合だったのかもしれません。

ちなみに、信方の後を継ぎ、両職となった子の板垣信憲《のぶのり》は信玄の不興を買い、追放されています。これにより、武田氏の支流である板垣氏が一時断絶したことから、信玄は板垣信方に対し、あまりいい感情を抱いていなかったとも推察されます。

武田氏は守護から戦国大名になったこともあり、武田家臣団には中世的な部分も混在していました。兄弟や親類が中心の一門衆、武田氏に古くから仕える譜代衆、そして制圧後に従属した他国衆がいます。他にも、武田氏に服属していたのか同盟関係だったのか、判別が難しい武士集団（武川《むかわ》衆、津金《つがね》衆、九一色《くいしき》衆、伊那《いな》衆など）もいました。

信虎も家臣団の掌握には手こずりましたが、信玄も「甲州法度之次第《はっとのしだい》」という分国法を出したり、諸将に起請文《きしょうもん》を出させたりするなど、家臣の統制に非常に神経を使ったことがうかがえます。他の大名家なら一門衆が優先されがちですが、信玄はそれを後回しにして、まずは家臣団をまとめることに力を注いだのです。

武田四天王の馬場信春（教来石景政《きょうらいしかげまさ》から改名）、山県昌景《やまがたまさかげ》（飯富《おぶ》昌景から改名）、内藤昌豊《まさとよ》（工藤源左衛門《げんざえもん》から改名）、春日虎綱《とらつな》（高坂弾正《こうさかだんじょう》昌信）をはじめ、信玄は断絶した名跡《みょうせき》を能力のある家臣に継がせています。甲斐国内で名を馳せた名跡を復活させることで、国衆をまとめる狙いがあったと考えられます。

信玄に「我が両眼の如し」と曽禰昌世《そねまさただ》とともにその才を愛され、近習《きんじゅう》衆に取り立てられた真田昌幸は真田幸綱（幸隆）の三男でしたが、武田親族衆の名跡を継ぐために武藤家に養子に入り、武藤喜兵衛昌幸を名乗っていました。

信玄が戦国武将として優れているのは、甲斐という地勢的に難しい国から領土を拡げ、精兵をもって一大勢力を築いたことです。稲作に適した平地が少なく、海がないので貿易港もなく、周囲を山々と大勢力に囲まれている。信長と比較にならない不利を抱えていました。こうした信玄の状況は、国際社会の中でも資源が少ない国・日本と重なる部分もあると思います。

甲府盆地の底部は笛吹川《ふえふきがわ》と釜無川《かまなしがわ》の氾濫《はんらん》原で、古くから水害が多い地域でしたが、信玄は釜無川と御勅使川《みだいがわ》の合流地点である竜王に堤防（信玄堤《しんげんづつみ》）を築き、河川の流れを変えました。堤の完成後、信玄は近隣の村人に移住すれば課税を免除することなどを呼びかけ、開墾《かいこん》を行わせました。また、堤防を築くだけでなく、水勢を弱めるために材木を三角すい形に組み上げた「聖牛《せいぎゅう》」も有名です。こうした築堤・治水技術は「甲州流川除《かわよけ》」として江戸時代、治水の模範とされていきました。

また、周辺の山地の畠では麦や大豆、そばなどを栽培し、代用食を確保しました。こうした食文化の下で生まれたのが山梨県名物の「ほうとう」で、信玄も陣中食として食したといわれています。

信濃侵出の理由

父・信虎は駿河の今川氏、関東の山内上杉氏・扇谷《おうぎがやつ》上杉氏、信濃の諏訪《すわ》氏や村上氏と同盟を結び、敵対する他国勢力は意外と少数でした。しかし、信玄は路線を変更し、諏訪領に侵攻・制圧します。さらに、上伊那に侵出して長窪《ながくぼ》城の大井貞隆、高遠《たかとお》城の高遠頼継《よりつぐ》を倒し、着実に勢力を拡げていきました。

天文14年（1545）、信玄は今川氏と相模《さがみ》の北条氏の間で起きた対立を仲裁し、両家に貸しをつくります。今川・北条との関係が安定したことで信玄は信濃侵攻を本格化させ、天文16年（1547）、小田井原の戦いで上杉・笠原連合軍に大勝。村上義清との戦いでは苦戦しますが、真田幸隆（幸綱）の調略で砥石《といし》城を攻略し、義清を越後《えちご》に追いやります。信濃守護の小笠原長時も信濃を去り、信玄はついに信濃の大部分を制圧しました。

従来、信玄は海がある領国を欲しがったといわれますが、それと同時に肥沃な平地を手に入れたかったのではないかと考えています。治水や新田開発で米の生産高を増やそうとしましたが、甲斐だけでは、いずれ限界がくると感じていたのです。そこで、周辺国では比較的攻略しやすい松本平、伊那谷、佐久平、善光寺平という平地のある信濃に狙いを定め、侵出していったと考えられます。

これは信玄の先見の明といえますが、一方で、信濃侵攻は信玄なりの「征韓論」ではなかったかと思います。

信虎は国衆の力を削ぐことで甲斐統一を果たしましたが、それゆえに周囲の反発を招き、国外追放という結果を招きました。そこで信玄は、「領土拡張」という共通の果実を掲げ、信濃という攻略目標を設定して国衆を一致団結させたのではないでしょうか。

共通の敵や目標をつくることで組織の絆が深まることは、心理学でいう「認知的バランス理論」で説明可能です。明治初期、政府は朝鮮という共通の攻略目標をつくって士族の不満を国外に向けようとしましたが、それと似たようなことを信玄はやろうとしたのです。「頑張れば、俺たちの領地が増える。だから、揉《も》めている場合ではない」と発破《はっぱ》をかけて、国衆をまとめた結果、10年余りで信濃の大半を制するに至ったのです。広大かつ複数の勢力が入り組んだ信濃を攻略したのですから、信玄は武将として非凡だったといえます。

また、武田といえば騎馬軍団のイメージがありますが、一般的に想像される騎兵というより、スムーズに移動するための手段として馬を活用していたとみられています。今でいうバイクとかスクーターのような使い方です。

信玄も熟読した孫子の兵法書には、「勝つ者は先に勝利してから戦い、負ける者は戦ってから勝つ方法を考える」という言葉があります。戦う前の準備が大事という意味で、信玄も移動や兵站《へいたん》に重きを置いていました。甲斐は山峡の「峡《かい》」からくる国名ともされ、山間の地で移動も大変でしたが、道を拓《ひら》くなどして、騎馬が通りやすいようにしました。「山間の国だから」とマイナス面を嘆くのではなく、不利を改善させていくことができたことも、信玄の武将としての素晴らしい点です。領国の長所と短所を的確に見て、それに合った政策を進めていったのです。領国経営が上手くいくことで軍事力も高まり、領土拡大へとつながりました。

信玄の中に共存する、冷徹さと優しさ

父の信虎を追放して武田家の家督を継いだ信玄ですが、彼もまた、嫡男・太郎義信との関係に悩まされることになります。

信玄が生まれたとき、武田氏は国衆の統制に手こずっていました。信虎と信玄が二代がかりで整え、義信が元服した頃には、信玄と国衆はある程度同じ方向を向いた状態になっていたと思われます。家臣たちが信玄を当主として仰ぎ、義信は嫡男として育てられました。母親が公家の三条家の娘で、傅役《もり》に赤備えの先駆けとされ、勇将として名高い飯富虎《とら》昌《まさ》（山県昌景の兄）が付けられたこともあり、武田氏の次期当主に相応しい教育を受けていたのでしょう。

歴史ドラマなどでは、義信は苦労知らずの若造として描かれることがあります。しかし、初陣で佐久郡の反乱を鎮圧するなど、武将として有能だったことが後世の史料で明らかになっています。永禄4年（1561）の川中島の戦いで上杉政虎（謙信）の本陣を急襲し、戦功を挙げているからです。

義信の「義」は室町幕府の十三代将軍・足利義輝の偏諱で、高い官位も授かっています。

武田氏にとって義信は希望の星で、それだけに、信玄も義信を廃嫡したくなかったはず。しかし、義信は廃嫡され、永禄10年（1567）、30歳の若さで亡くなりました。その2年前、義信は信玄に対して謀反《むほん》を企てたとして東光寺《とうこうじ》に幽閉されます。傅役の飯富虎昌は謀反の首謀者として自害に追い込まれました。

義信と信玄の対立の背景には、今川をめぐる外交方針の転換があります。信玄は信濃を制圧したあと、越後への侵出も念頭に入れていたと思います。しかし、上杉謙信が手強く、これ以上の領土拡大は厳しいという局面まで来ていました。

ところが、永禄3年（1560）の桶狭間《おけはざま》の戦いで今川義元が討死したことで、状況は一変します。駿河は海に面した交通の要所でしたが、義元という強力な太守がいて、信玄も侵攻できませんでした。

義元の後を継いだ氏真は、武将としての器量は父・義元に大きく劣っていました。それまで臣従していた三河の松平元康（徳川家康）が独立したり、遠江で国衆が離反したりするなど、今川領では混乱が相次いでいました。これを好機とみた信玄は尾張《おわり》の織田信長と友好関係を築き、今川攻略の機会をうかがったのです。駿府《すんぷ》にいた信虎がひそかに今川氏の将士を説き、信玄に駿河奪取を促したという説もあります。

こうした信玄の方針転換に猛反対したのが、嫡男の義信でした。義信の妻・嶺松院《れいしょういん》が今川義元の娘であり、妻の実家を攻めることへの反対もありますが、武田家中には今川に近い者もいたので、彼らに担がれたところもあったと思います。今川の宿敵だった織田と同盟を結ぶことも、義信にとっては理解しがたい行動でした。

しかし、信玄からすれば、「なぜ反対するのだ」という想いだったはずです。北の上杉も、東の北条も攻略が難しいとなると、領土拡張を図るには南の今川しかないわけです。「武田の後継者が、そんなこともわからないのか」と、憮然《ぶぜん》としたのではないでしょうか。義信は武将としては優秀で、現代的にいえば「優しくていい人」でした。しかし、戦国の世を生き抜くための冷徹さ、非情さに欠けていた——。義信には今川に近しい家臣も付いていたこともあり、結局は廃嫡せざるを得ませんでした。

私の歴史小説は作品が違っても、すべての人物設定がつながっています。『蹴《け》れ、彦五郎』所収の短編「晴れのち月」での信玄は太郎義信などに対してとても冷徹だけれど、『幸村を討て』では温かみのある優しいお屋形様として描いています。しかし、人物像が矛盾しているわけではなく、両要素がともに存在することが信玄の本性ではないかと思っているのです。廃嫡の経緯から「信玄は義信に期待していなかった」と推測する人もいますが、むしろ逆で、信玄は義信に過度の期待を押しつけていた部分もあります。

信玄は次の武田氏当主としての自覚を持たせるため、早くから義信に独自の家臣団をつくらせます。しかし、義信を早く当主にしたい義信家臣団が不穏な動きを見せるようになります。義信は彼らを上手くコントロールできず、円滑な事業承継ができぬまま、信玄から廃嫡されてしまったのです。

現代の考え方でみれば、信玄が行った措置《そち》は厳しすぎたかもしれません。しかし、嫡子を廃嫡するのは珍しいことではなく、どちらかといえば信玄の方がスタンダードでした。例えば、織田信長の子・信忠は能に凝《こ》りすぎて、廃嫡寸前になったという話があります。また、徳川家康は嫡男の信康を切腹させていますが、これは信長の指示や意向ではなく、家中の対立・父子対立が原因で切腹に至ったという説が有力です。豊臣秀吉も、実子の秀頼が生まれたことがきっかけで、一度は後継者に定めた甥《おい》の秀次を死に追いやっています。

戦国の世において家を守ることは何より重要だったので、時には非情、酷薄《こくはく》にならなければ打開できないこともありました。信玄は家を守るために父親追放、嫡男の廃嫡といった泥をかぶったことで、激戦区である中部地方で覇を唱えることができたのです。

ただ、短編「晴れのち月」では、晩年の信玄に「太郎が生きておれば」という言葉を吐かせています。やはり四男の勝頼ではなく、太郎義信を後継として成長させていれば家中もまとまった可能性は高かったでしょう。

後継を早く決めておかなかったための禍根《かこん》

信玄の死後、武田氏はわずか9年で滅びてしまいました。その要因は、後継者をしっかりと定めなかったことが大きいと考えられます。

次男の竜芳《りゅうほう》（海野信親）は盲目であり、三男の信之は夭折していたので、四男の四郎勝頼が後継者に選ばれました。しかし、勝頼は母・諏訪御料人《ごりょうにん》の実家である諏訪家の家督を継ぎ、「諏訪四郎勝頼」と名乗っていました。武田氏の通字は「信」ですが、勝頼は諏訪氏の「頼」を継承し、信の字はありませんでした。

『甲陽軍鑑』によると、家臣たちは信玄が諏訪氏の娘を側室に迎えることに反対しています。山本勘助のみが姫を側室に迎えるべきと主張し、二人の間に生まれた子が武田と諏訪の絆になると考えていました。結局、信玄は諏訪御料人を側室とし、二人の間に生まれたのが勝頼でした。こうした経緯もあるので、すべての家臣が勝頼の家督相続に納得していたとは考えにくいのです。

このように、ただでさえ勝頼は不利な条件を抱えていたので、義信が亡くなった後、信玄は速やかに勝頼の後継者としての立場を明確にすべきでした。これは一代で成功した人にありがちなことですが、自分は100歳まで生きられると思っているのか、後継者問題を軽んじてしまう節があります。信玄もそのタイプで、自分が生きている間に当主の座を交代しませんでした。

信玄と対照的なのが徳川家康で、将軍職をわずか2年で秀忠に譲り、権限の多くを委譲していています。家康が亡くなる頃には秀忠は諸大名の信頼を得て、二代将軍として幕府の支配構造を確固たるものにしました。織田信長は43歳、今川義元は40歳で家督を嫡男に譲っています。信玄も後継者として勝頼をもっと早く前面に推していれば、没後も武田家は安泰だったのではないでしょうか。しかし、それを行わなかったことで、勝頼の当主としての立場は極めて不安定なものになってしまいました。

信玄が自ら退《しりぞ》くという決断を下さなかったのは、かつて自分が行った父親の追放を、今度はわが子や身内からされる側になるのではないかという疑念が湧いたからなのかもしれません。実際に義信を幽閉中には多くの家臣から忠誠を誓わせる血判起請文を取っています。勝頼の場合も諏訪衆やほかの国衆が勝頼を担ぎ、信玄を国外に追いやる可能性もゼロではありませんでした。早ければ義信死後、遅くとも、最後の西上《せいじょう》作戦の前に家督を譲るべきでしたが、信玄はそれができなかったのです。

家を守るために父親を追放したり、嫡男を廃嫡したりする判断はできたけれど、自らが退き後事を託す決断はできなかった。それが信玄という人物を考えるうえで、どうしても残念なポイントになってしまう気がします。

『戦国武将伝　東日本編』の山梨県「暮天《ぼてん》の正将」で、私は病をおして西上作戦に挑む武田信玄を描き、以下のように述懐させています。

——己は何をしていたのだ。

信玄は自らを責め、自らを悔《く》いた。己もそれなりの歳になっているのに、まだ時は残されていると根拠なく思いこんでいた。

上洛のことだけではない。嫡男《ちゃくなん》を不和から死に追い込んだことで、後継ぎは四郎《しろう》勝頼《かつより》しかいない。しかし、勝頼は諏方《すわ》の出であるため、反発する家臣も多いだろう。これもゆっくりと不満を取り除けばよいなどと、悠長に構えていたのは何と愚《おろ》かだったのか。

謙信との戦いに時を奪われたのもそう。あの化物《ばけもの》のように戦に強い男を、何とか打ち破ってやりたいと躍起《やっき》になってしまった。

勝頼の焦りを招いたもの

元亀《げんき》4年（1573）4月、信玄は西上作戦の途上、53歳で亡くなりました。信玄は「もう少し早く動いていれば……」と後悔の念を抱く一方で、戦いでは神がかり的な強さを見せ、三方ヶ原の戦いでは戦上手《いくさじょうず》の徳川家康を完膚なきまでに叩きのめします。信玄のもとで経験を重ねた武田軍は、このときが最も強かったともいえます。その後、信玄は三河まで軍を進めますが、そこで病気が重くなって撤退を余儀なくされ、甲斐に戻る途中で息を引き取りました。

信玄がいつから自らの余命に気付いていたのかはわかりません。しかし、仮に早く勘付いていたのなら、先にも述べたように勝頼への権限委譲を行うべきでした。信玄の死後、勝頼が武田家を継ぎますが、3年の間は我が死を隠せという遺言に従い、表向きは信玄の死を隠していました。それだけ信玄の存在は、武田家中にとって代えがたい巨大なものとなっていたのです。

勝頼が武田姓に復したのは、家督を相続した時点とされています。つまり、信玄存命時は「武田勝頼」ではなく「諏訪勝頼」でした。なおかつ信玄が〝生涯現役〟のまま亡くなったので、勝頼には「家臣や国衆は自分に付いてきてくれるのか」という不安がつきまといました。

信玄の没後、勝頼は東美濃や遠江へ積極的に出兵しています。これは、家督相続後の不安を払拭《ふっしょく》するためのものだったと考えられます。『三国志』では、諸葛亮孔明《しょかつりょうこうめい》の死後、蜀《しょく》の姜維《きょうい》が国力で勝る魏《ぎ》に何度も攻め入っていますが、それに近い狙いだったと思います。自分の実力を見せつけて、国衆や家臣を従わせようとしたのです。

その結果、天正2年（1574）には父・信玄ですら落とせなかった遠江の高天神城《たかてんじんじょう》を攻略。勝頼は武田氏の最大版図《はんと》を築きました。「武田を滅ぼした将」として否定的な評価を受けることもある勝頼ですが、武将としては勇猛果敢で、信長が「日本にかくれなき弓取」と認めたほどです。

しかし、実力があるゆえに自信過剰になったのか、天正3年（1575）に織田・徳川連合軍と戦ったときには、兵力で劣っているにもかかわらず真っ向から激突してしまいます。その結果、山県昌景や馬場信春といった有力家臣を多く失う大敗を喫しました（長篠《ながしの》・設楽原《したらがはら》の戦い）。権力基盤が脆弱《ぜいじゃく》だった勝頼は、「信長、家康と直接戦えるのはまたとない機会、織田・徳川連合軍に勝って武名をさらに高めたい」という誘惑に抗《あらが》えなかったのではないでしょうか。信玄の家督相続決断の遅れが、勝頼の焦りを生み、あまりに痛い敗北を招いてしまったとも考えられます。

織田は農業生産力が高い濃尾《のうび》平野や貿易都市の堺、商業の中心地である畿内《きない》を掌握していたので、武田との国力の差は開く一方でした。

北条や上杉と新たに三国同盟を結び、本願寺や毛利と東西から挟み撃ちにすれば、信長の快進撃を少しは食い止められたはずです。しかし実際は、上杉謙信の急死後に起きた、上杉家の後継者をめぐる御館《おたて》の乱によって武田・北条の同盟が破綻し、勝頼は徳川と北条に挟み撃ちにされる立場となります。遠江の要害・高天神城にも徳川軍が迫り、窮地《きゅうち》に陥りますが、勝頼は援軍を送れず、救いの手を差し伸べられませんでした。

このとき、勝頼は信長との和睦《わぼく》交渉を行っていました。信長を刺激するのを警戒して高天神城への援兵を送らなかったのですが、これによって、武田の威信が著《いちじる》しく低下してしまいました。織田・徳川の調略によって国衆が次々と造反し、ついには外戚《がいせき》の木曽義昌《きそよしまさ》まで離反する事態となります。

勝頼もこうした事態を看過《かんか》するわけにはいかず、天正10年（1582）2月に木曽攻めを敢行します。すると、義昌を助けるためと称して織田の大軍が攻め入り、あっという間に信濃を奪われてしまいます。さらに、徳川が駿河の穴山梅雪《ばいせつ》（信君《のぶただ》）を調略して寝返らせたことで、勝頼の進退は窮《きわ》まりました。

これを聞いた武田の将兵は次々と逃亡し、勝頼は小山田信茂《のぶしげ》の居城である岩殿《いわどの》城に逃れようとします。しかし、信茂も離反し、勝頼は一族と共に天目山《てんもくざん》で自害しました。小山田も穴山も元々は甲斐の有力国衆でしたが、結局は彼らの裏切りが、武田氏滅亡の決定打となったのです。

『甲陽軍鑑』には国を滅ぼす大将の四つの類型が述べられています。第一は馬鹿な大将、第二は利根（利口）すぎる大将、第三は臆病な大将、そして第四は強すぎる大将だとされます。勇猛果敢な勝頼は「強すぎたる大将」だったのです。

織田の領地は農業生産力が高く、商業も盛んだったので、もし信玄が長生きしていたとしても、国力で勝る信長を倒せていたかどうか、そこは微妙なところです。しかし、信玄が自分の没後も武田当主の求心力を維持、継続できるシステムを構築していれば、少なくとも没後9年という短期での武田家滅亡は避けられたのではないでしょうか。

武田信玄の辞世《じせい》の句として残るのは、「大ていは　地に任せて　肌骨《きこつ》好し　紅粉《こうふん》を塗らず　自ら風流」というものです。この世は流れに身を任せるもの、その中で自分を見つけて生き、死んでいく。うわべを飾るのではなく、自分の本心で生きることが一番である。

科学が発達した現代においても、東日本大震災をはじめとして自然災害のような「ままならぬもの」は多々あります。戦国時代に生きた人々は、洪水や地震、飢饉《ききん》、疫病などに否応なく見舞われました。こうした天災は当時の人々にとって不条理に他ならないでしょう。そうした中で、「受け入れるものは受け入れるけれど、変えられるものもあり、そこは変えてゆく」という秘められた思いを読み取れるかもしれません。この辞世の句からは、少なくとも人生を楽しみ、自らの信念を貫きとおす信玄の積極的な生き方が汲み取れます。

【武田信玄の喜怒哀楽】

喜……北信濃の攻略

信玄といえば破竹《はちく》の勢いで突き進んだイメージがありますが、村上義清には上田原の戦いで手痛い敗戦を喫するなど、北信濃侵攻は苦難の連続でした。それゆえに、攻略の際には大いなる喜びを感じたはずです。

怒……最後の1年間

晩年の信玄の行動からは、「まだ自分はやれたはず」という後悔の念が感じ取れます。時局に対する怒り、「もう少し早く動いていれば」という自分に対する怒りなど、とにかく鬱憤《うっぷん》を含んでいたと思います。

哀……弟・信繁の死

信玄の同母弟である武田信繁は永禄4年（1561）、第四次川中島の戦いで討死しました。信玄にとって信繁は最も頼みとする存在で、戦死した信繁の遺体を抱いて号泣したと伝えられています。

楽……海（駿河）を手に入れたとき
信玄は交易の可能性が広がる「海」を長らく欲しており、豊かな海を持つ今川領（駿河）を手に入れたことで、その宿願が果たされました。自らの領地に海を見たとき、心躍ったはずです。

【武田信玄の乾坤一擲《けんこんいってき》】

最後の西上作戦

遠江から三河、その西まで向かおうとした西上作戦は、信玄らしからぬ大攻勢でした。自分の死期を薄々感じていたからこそ、人生最後の夢として挑んだのかもしれません。上洛を目指していたかどうか定かではありませんが、重臣の山県昌景に向かって「源四郎《げんしろう》、明日は瀬田（の唐橋《からはし》：琵琶湖《びわこ》の南、京の入り口）に我が旗を立てよ」といい遺したとも伝わるほど、思いの強いものでした。

武田信玄　系図

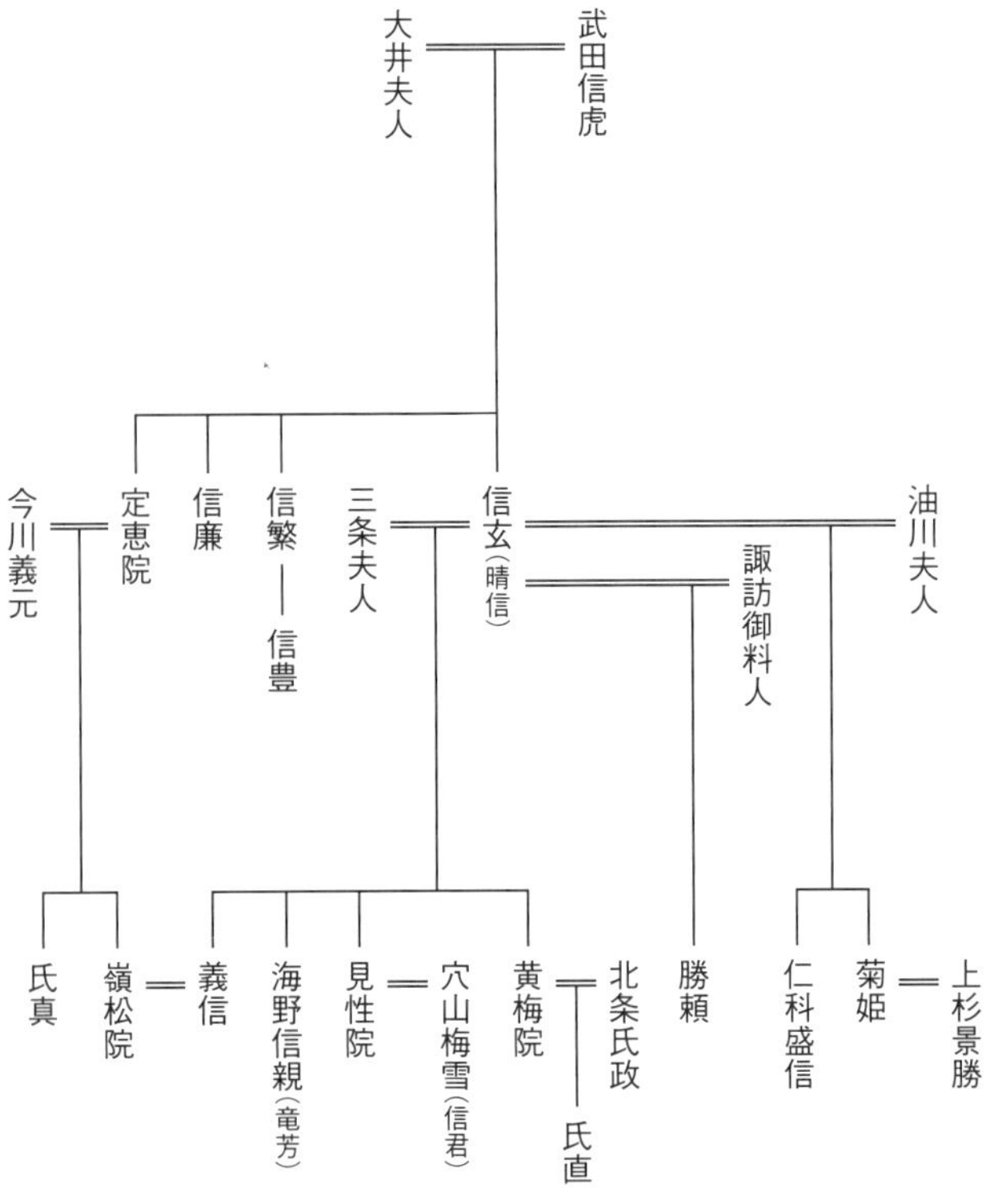

武田信虎
大井夫人
信玄（晴信）
油川夫人
諏訪御料人
三条夫人
信繁
信豊
信廉
定恵院
今川義元
上杉景勝
菊姫
仁科盛信
勝頼
北条氏政
氏直
黄梅院
穴山梅雪（信君）
見性院
海野信親（竜芳）
義信
嶺松院
氏真

武田信玄　略年表

元　号	西暦年	出来事
大永元年	1521	武田信虎の嫡男として甲斐で誕生。幼名は太郎
天文5年	1536	元服して「晴信」と名乗る 初陣で海ノ口城を落とす(『甲陽軍鑑』)
天文10年	1541	父・信虎を駿河に追放し、武田家の家督を相続する
天文11年	1542	信濃の諏訪領を制圧
天文14年	1545	高遠城の高遠頼継を滅ぼす 今川氏と北条氏の間で起きた対立を仲裁
天文16年	1547	分国法の『甲州法度之次第』を制定 小田井原の戦いで上杉・笠原連合軍に勝利
天文17年	1548	上田原の戦いで村上義清に敗れる
天文19年	1550	砥石城攻めで敗れる(砥石崩れ)
天文20年	1551	真田幸隆の調略で砥石城を攻略
天文22年	1553	村上義清を越後に追いやり、信濃の大半を平定 第一次川中島の戦い
天文23年	1554	甲相駿三国同盟を締結
弘治3年	1557	第三次川中島の戦いの後に出家し、「信玄」と号する
永禄4年	1561	第四次川中島の戦い。弟の信繁が討死
永禄9年	1566	箕輪城を攻略し、上野国西部を領する
永禄10年	1567	嫡男の義信が幽閉中の東光寺で亡くなる
永禄11年	1568	駿河の今川領に侵攻する
永禄12年	1569	三増峠の戦いで北条氏に勝利
元亀2年	1571	北条氏と和議を結ぶ
元亀3年	1572	甲斐を出発し、西上を開始 三方ヶ原の戦いで徳川家康を破る
元亀4年	1573	三河の野田城を攻略 軍を甲斐に引き返す途中で死去

COLUMN 4

伊《い》賀《が》衆・甲《こう》賀《か》衆

現代の漫画やアニメで大人気の「バトルもの」の原型は、山田風太郎先生の『甲賀忍法帖《こうがにんぽうちょう》』に求められると思います。忍者として口からかまいたちを飛ばしたり、顔が自由自在に変わったり、透明人間になったりと、その奇想天外な着想にエンターテインメントとして圧倒されます。こうした物語の主役が、伊賀と甲賀の忍者たちなのですが、もちろん実際の忍者はエキセントリックな技を繰り出したわけではありません。

「忍者」は戦後に入ってから普及した呼称で、それ以前は「忍《しの》び」と呼ばれるのが一般的でした。呼び方は地方によって異なり、「乱破《らっぱ》」「素破《すっぱ》」などとも呼ばれます。忍者は敵の様子を探って味方に報告する間諜《かんちょう》の役割を担い、戦国期には放火や破壊、夜討ち、待ち伏せなどの任務もこなしました。

「忍者」と呼ばれる集団は、後北条氏が使ったとされる「風魔《ふうま》一党」、長野県の「戸隠《とがくし》衆」、伊達政宗が組織したといわれる「黒脛巾《くろはばき》組」、島根県の「鉢屋衆」など、各地で知られています。なかでも有名なのが伊賀国の伊賀衆（現在の三重県伊賀市、名張《なばり》市）、近江《おうみ》国の甲賀衆（現在の滋賀県甲賀市、湖南市）で、両者は一つの山を隔てて存在しました。小説や映像作品ではライバルとして扱われがちですが、実際は両者で連携をとっていたといわれています。

どちらかといえば、甲賀衆は一人の主君に忠誠を尽くす武士的な働き方をしており、戦国期は南近江の六角氏の下で働いていました。これに対し、伊賀衆は金銭によるフリーランス的な契約を結んでいました。それぞれの雇い主が敵同士でもお構いなしで、伊賀忍者が敵味方に分かれて戦うことも珍しくありませんでした。

伊賀や甲賀で忍術が発達したのは、どちらも自然豊かな山野に位置していたことが大きな要因でしょう。山間部という土地柄から、ゲリラ戦の技術が磨《みが》かれていきました。農業生産力が低かったので、自然を相手に磨いた技術と知識を活かして〝出稼ぎ〟をしたわけです。

絶大な知名度を誇る伊賀と甲賀の忍者ですが、有名な「服部半蔵」は伊賀に属します。ただし、私たちがよく知る半蔵（服部半蔵正成《まさなり》）は徳川家の家臣で、忍者として活躍したわけではありません。甲賀衆でパッと誰かを思いつく人は少ないかもしれませんが、多羅尾《たらお》氏は家康の伊賀越えを助けています。真田信繁《のぶしげ》（幸村）に仕えて活躍したという猿飛《さるとび》佐助（三雲佐助）は、甲賀出身とされています。

創作の世界でさらに脚光を浴びることになった忍者ですが、そのミステリアスな存在感は後世の人々に、彼らが超越的な身体能力と忍術を持っていたと思わせるに十分です。

第5章 上杉謙信——軍神の栄光と心痛

謙信と信玄はお互いをどう見ていたか

上杉謙信といえば、一般的には「義を重んじた将」や毘沙門天《びしゃもんてん》の化身《けしん》「軍神」のイメージをまとっています。欲望が渦巻く乱世において正義を希求したストイックな武将としてドラマや映画で描かれることが多いのも、数多の戦国武将の中でも高い人気を誇る理由でしょうか。戦国期から江戸時代中期にかけての武将・大名のエピソードをまとめた『名将言行録《めいしょうげんこうろく》』でも、「謙信は勇敢、無欲、清浄、廉潔《れんけつ》、明敏《めいびん》、器量広く、慈悲《じひ》深く、少しも隠すところなし」と称賛されています。

しかし、こうした謙信の人物像は、近世の米沢藩上杉家や越後《えちご》流軍学者によって形成されたものも多少加味されていると考えたほうがよいでしょう。江戸時代は武田信玄ゆかりの甲州流が幕府公認の軍学となったことは信玄の章で記しましたが、上杉由来の越後流は押され気味でした。そこで、謙信を「義に厚い軍神」とすることで、軍学の振興をはかったのです。

また、米沢藩上杉家にとって、始祖謙信は藩《はん》の誇りであり、精神的な拠《よ》り所として神格化され、崇敬《すうけい》の対象でした。家督を継いだ謙信の甥《おい》である上杉景勝《かげかつ》は関ヶ原の合戦後、西軍に与《くみ》したため、戦後に石高《こくだか》を会津120万石から米沢30万石に大減封《げんぽう》されました。さらに米沢藩三代藩主の上杉綱勝《つなかつ》が嗣子《しし》のないまま急死し、上杉家は無嗣断絶《むしだんぜつ》の危機に陥ります。縁戚関係のあった高家《こうけ》の吉良《きら》家から養子を迎えることで存続が許されましたが、石高は15万石まで減らされました。これによって米沢藩は慢性的な財政不足に陥《おちい》り、かつての名門のプライドは残酷にも切り裂かれることになったのです。こうした経緯もあり、上杉家の人々の謙信に対する想いは、もはや信仰に近いものになっていったと考えられます。いい伝えでは、甲冑《かっちゅう》を着せた謙信の遺骸《いがい》は甕《かめ》に納められ、漆《うるし》で密閉され、転封のたびに移送されて米沢城本丸の御堂に安置されたといいます。

後世の神格化があったとはいえ、謙信が戦に滅法《めっぽう》強かったことは疑いようがありません。大きな戦いだけでも70余回経験していますが、生涯で敗れた戦いは永禄4年（1561）の生野山《なまのやま》（生山）の戦い、永禄9年（1566）の臼井《うすい》城合戦だけとされています。謙信の合戦歴には、武田信玄との五度に及ぶ川中島の戦い、頻繁《ひんぱん》に行った関東遠征、そして北条氏の本拠地である小田原城の包囲なども含まれていますが、非常に高い勝率を誇りました。

それでも、攻城戦は意外と苦手だったとされています。永禄12年（1569）には大軍を率いて椎名康胤《しいなやすたね》が守る越中《えっちゅう》の松倉城を攻めましたが、100日経っても落とすことができませんでした。ただし、謙信が攻めた城の多くは堅城であり、たとえ「軍神」でも攻略は難しく、無理な力攻めによる損耗《そんもう》を避けたともいえます。

謙信は軍略に優れ、戦上手なうえに、さらに信義に厚かったことは、ライバルの証言からも明らかです。『甲陽軍鑑《こうようぐんかん》』では、信玄が臨終に際し、息子の勝頼に「謙信と和睦《わぼく》せよ」と伝えたとされます。そのうえで、「謙信は勇将だから心配はいらない。若いお前の弱みにつけ込むこともないだろう。私は大人げないことに、最後まで謙信に頼るといい出さなかった。お前は必ず謙信を頼りとするがよい。謙信はそのような男である」とも述べています。これは謙信の武勇はもちろん、人間性も高く評価していたことがうかがえます。信玄は謙信との対峙、対戦の過程で謙信という人間を知悉《ちしつ》してゆき、信頼に足る大将だと評価していたのです。

両者が激しくぶつかった川中島の戦いは明確な決着がつきませんでしたが、後に信玄が北信濃《しなの》を手中に収めたことから、「信玄の勝ち」と主張する人がいます。しかし、謙信は信濃国の支配にはほぼ関心がなかったので、領土の支配だけで勝敗を論じるのは難しいでしょう。

謙信が信玄をどう思っていたかについては諸説あり、『日本外史《がいし》』には、信玄の死を聞いた謙信が箸《はし》を落として号泣したという逸話があります。一方で、謙信は父親を追放した信玄をかなり嫌っていたともいわれています。謙信と信玄はどちらも北信濃をめぐって譲りませんでしたが、お互いにこの地をめぐるこだわりが相当強く、それゆえに何度も川中島で干戈《かんか》を交えました。

川中島での両雄の対戦はじつに12年で5回にもわたり、早々に衝突を避ける方針に転じていれば、上杉も武田も違った方向に進んでいたかもしれません。一方で、仕事盛りの情熱と実力をお互いにぶつけ合った名勝負は戦国時代を代表する無二《むに》の合戦ともされ、謙信も信玄もそこにある種の充実を感じていたのではないでしょうか。

結局のところ、謙信の信玄に対する感情は、一つではなかったと思われます。最強のライバルとして戦ってきたからこそ生まれた、信玄を認める気持ちは抑えがたくあったのでしょう。信玄の死を聞いて謙信が号泣したという逸話も、まったくのフィクションとはいえないと思います。

『戦国武将伝　東日本編』の新潟県では謙信を主人公とする掌編「蒼天《そうてん》の代将」を書いていますが、ここでは織田軍と戦う手取川《てどりがわ》合戦において、謙信が抱いていた信玄との絆が重要な鍵を握るという設定です。

北国下剋上《げこくじょう》をなした父・為景

信玄は謙信を「日本無双之名大将」として評価する一方で、信玄は謙信を上杉姓では呼ばず、「長尾」と呼び続けたそうです。武田氏は甲斐《かい》守護を代々務めてきた武家の名門ですが、上杉氏は関東管領《かんれい》の家柄であり、東国の武家社会の頂点に立つ家。本来なら家格は上杉の方が上なのですが、謙信は元々は長尾氏であり、弱体化した上杉宗家の養子に入ったので、家格の逆転を認めないために信玄はあえて「長尾」と呼び続けたとみられます。

謙信の出身家である長尾氏は三条長尾氏、上田長尾氏、古志《こし》長尾氏の三家に分かれており、謙信は享禄《きょうろく》3年（1530）、三条長尾氏の家に生まれました。三条長尾氏は越後守護の上杉氏に仕える守護代の家で、越後府中に居住したことから府中（府内）長尾氏とも表記します。

謙信の父・長尾為景《ためかげ》は主筋である越後上杉氏と対立し、永正4年（1507）には守護の上杉房能《ふさよし》を自害に追い込んでいます。その後、上杉定実《さだざね》を傀儡《かいらい》の当主として擁立し、越後の実権を握りました。為景は主君を廃したことから下剋上の代表的な人物とみなされ、生涯で100回以上も出陣し、戦の鬼という異名まであります。一方で、朝廷や室町幕府といった権威は尊重し、帝の即位費用などの献金も行っています。こうした古くからの権威や秩序を重んじる姿勢は、子の謙信にも受け継がれました。

上杉定実を擁して越後の実権を掌握した為景ですが、これを関東管領の上杉宗家は黙って見過ごしませんでした。永正6年（1509）、自害した房能の兄で関東管領の上杉顕定《あきさだ》が大軍を率いて越後に侵攻します。顕定は中越・上越地方を制し、為景は越中に逃れます。しかし、翌年には態勢を立て直して越後に戻り、長森原の戦いで顕定を敗死させました。

これで一件落着かと思いきや、永正9年（1512）には揚北衆《あがきた》の鮎川氏が反乱を起こします。揚北衆は越後北部に割拠した国衆《くにしゅう》で、鮎川氏の他に本庄氏、色部《いろべ》氏、中条《なかじょう》氏、黒川氏、新発田《しばた》氏、竹俣氏、安田氏、水原《すいばら》氏などがいます。歴史シミュレーションゲーム「信長の野望」で上杉氏をプレイしたことがある人なら、見たことがある名字がいくつかあると思います。ゲームでは最初から上杉家臣として扱われていることが多いのですが、実際には独立勢力であり、為景や謙信もその対処に苦しめられました。また、為景は一向《いっこう》宗にも手こずり、無碍光《むげこう》衆禁止令を出して一向宗の信仰を禁じています。

その後、為景は越中への侵出をはかりますが、上条《じょうじょう》上杉家の当主・上条定憲《さだのり》や越後国衆の反乱に手を焼き、隠居しました。没年は諸説ありますが、近年発見された『越後過去名簿』では、天文10年（1541）12月24日に供養されたという記録があります。越後では戦乱が絶えず、為景の葬式が行われた際には、謙信も含め参列者が甲冑《かっちゅう》姿で臨んだといわれています。

越後守護を傀儡化し、謙信が戦国大名として飛躍する地ならしをした父・為景ですが、彼をもってしても越後国衆を統制することはできませんでした。越後には他の長尾氏がおり、関東管領の上杉氏もにらみを利《き》かせていたからです。さらに越中には一向一揆《いっき》勢が居座るといった具合で、統一的な支配には程遠い状況でした。尾張《おわり》の織田信長はもちろん、甲斐の信玄よりも厳しい状況から、謙信の戦国武将としてのキャリアは始まったといえます。

謙信を「義」の将とするなら、為景は下剋上の将で、戦いに強いこと以外は共通点が少ない親子のように思えます。謙信は嫡子でなく、7歳で寺に入ったので、父との接点は少なかったようです。謙信は性格的に繊細《せんさい》な面がうかがえますが、為景は豪胆で、性格もあまり似ていなかったように想像します。

戦だけでなく、卓越した経済センスの持ち主

謙信は為景の四男ともいわれますが、21歳年上の兄・晴景が長尾氏の後継者だったこともあり、林泉寺《りんせんじ》に預けられ育てられました。謙信は末子だったので、そのまま寺の住職に就《つ》かせる狙いがあったのかもしれません。謙信の母・虎御前（青岩院《せいがんいん》）は信心に篤《あつ》く、謙信の信仰にも影響を与えたとされています。

謙信の戦国武将としての下地は、林泉寺時代に育まれたものです。禅宗の名僧・天室光《てんしつこう》育《いく》の厳しい教えの下、虎千代（謙信の幼名）は篤い信仰心と文武の素養を培《つちか》いました。用兵学に興味があった謙信は、城郭と人形の模型で遊んでいたそうです。後年、謙信の後を継いだ上杉景勝が、この模型を武田勝頼の子・信勝に贈ったといわれています。

一方で、謙信は戦国武将の中でもひときわ教養が高い人物でした。有名なのが和歌や

書、琵琶《びわ》で、和歌は上洛の際、近衛稙家《このえたねいえ》から奥義を伝授されています。武骨なイメージがありますが、『源氏物語』なども愛読していました。書は流麗《りゅうれい》な御家《おいえ》流の書体で、他にも能楽や茶道《さどう》などを嗜《たしな》んでいました。

現代でもそうですが、幼少期から青年期の教育はその人物の能力、優秀さに影響を及ぼします。大名家に才能がある人物が多いのも、しっかりと教育を施されたことが大きいでしょう。なかには、秀吉のように自らの才覚で低い身分からのし上がり、自ら学んだ人物もいますが、それは例外中の例外です。

為景の後を継いだ晴景は当主としての力量に劣り、他の長尾氏や越後上杉氏、揚北衆などの国衆が台頭していました。越後の国は常に戒厳令《かいげんれい》が敷かれているような状態で、幼い謙信も家中のゴタゴタを目《ま》の当たりにしていました。そこで何を考えていたのかは定かでないですが、林泉寺にいた頃の謙信は、自分が間もなく俗世に戻るとは考えていなかったようです。

そのため、まずは仏に仕える身として、修行に励みました。一方で、兵法に興味津々だったことから、「自分も戦で活躍したい」という思いもあったはずです。今川氏に仕えた太原雪斎《たいげんせっさい》、本願寺の坊官として信長を苦しめた下間頼廉《しもつまらいれん》など、当時は合戦で活躍する僧も多くいたので、それは決して珍しいことではありませんでした。

天文12年（1543）、謙信は元服して長尾景虎《かげとら》と名乗りました。その後も上杉政虎《まさとら》、上杉輝虎《てるとら》と名を改め、謙信は晩年に称した法号ですが、本章では謙信の呼び名を用います。

謙信は林泉寺を出て還俗《げんぞく》し、三条城、次いで栃尾《とちお》城に入り、戦国デビューを果たすことになります。翌年、反長尾派の勢力が栃尾城を攻撃。15歳の謙信を若輩《じゃくはい》と侮《あなど》っての攻撃でしたが、謙信は敵を撃退し、見事に初陣を飾りました。

天文14年（1545）には、越後上杉氏の老臣・黒田秀忠が謀反《むほん》を起こし、兄・晴景の居城である春日山城まで攻め込みました。晴景から鎮圧を命じられた謙信は黒田一族を討伐し、謙信の武名が一躍高まりました。しかし、やがて晴景に代わって謙信を擁立しようとする動きが出てきて、兄弟の仲がギクシャクし始めます。

謙信には揚北衆の中条藤資《ふじすけ》や北信濃の高梨政頼《たかなしまさより》、古志長尾氏の長尾景信、与板《よいた》城主の直江実綱らが味方します。天文17年（1548）、晴景は謙信に家督を譲って隠居しました。越後上杉氏の当主である上杉定実が天文19年（1550）に亡くなると、謙信は室町幕府から越後国主としての地位を認められます。

ただし、これで越後国が治まり、謙信のもとに一致団結したわけではありません。晴景方だった上田長尾氏の長尾政景（上杉景勝の父）が謙信の家督継承に不満を抱き、反乱を起こします。謙信はこれも鎮圧し、越後国内の争乱はひとまず収束しました。

越後は為景の代から争いが絶えませんでしたが、それゆえに兵士が実戦で鍛えられ、経験値を積んで屈強な上杉軍が誕生したと考えられます。謙信が「軍神」と呼ばれた背景には、幼い頃からの国内のゴタゴタで兵が練られていたことも関係していました。

また、謙信は領国経営でも優れた手腕を発揮しています。今でこそ「米どころ」といわれる越後ですが、それは寒さに強い稲が品種改良された昭和に入ってからのこと。当時は潟《かた》や沼が広がり、稲作のためには未整備な土地が多い国でした。慶長3年（1598）の越後の石高は約39万石で、隣国の越中（約38万石）とほぼ同じ。越中より越後のほうが面積が断然広いことを考えると、越後が「米どころ」とはいいがたい国であったことがうかがえます。

また、謙信が越後の国主だからといって、すべての収穫物が謙信のものになるわけではありません。他の戦国大名もそうですが、領国内には在地領主である国衆が治める土地もあるので、謙信の取り分は限られていました。そこで、名産品を流通させたり、鉱物資源を獲得したりするなど、さまざまな手段で収入を得ていました。

なかでも越後は衣服、越後上布《じょうふ》の原料となる、カラムシ（苧）と呼ばれる植物からとった麻糸である「青苧《あおそ》」が名産品でした。謙信は青苧の流通を統制し、商人から青苧税を徴収したとされます。

山間部ではさまざまな鉱物資源が獲得でき、これによって交易で財を得ました。戦乱で荒れ果てた直江津《なおえつ》や柏崎《かしわざき》の港を整備し、港を出入りする船に関税をかけたといいます。上洛の折には公家や寺院と交流し、越後上布の販路を拡げていきました。度重なる出兵や二度の上洛ができたのは、謙信がこうした財力を確保していたからでした。

「義将」という括りでいいのか

謙信が「義将」と位置づけられるのは、私利私欲の戦いを行わなかったからとされています。天文22年(1553)、二度にわたり信玄を破っていた村上義清でしたが、ついに北信濃の居城葛尾《かつらお》城を捨て、謙信を頼って越後へ逃げてきました。謙信はこれを受け入れて信濃に出陣し、荒砥《あらと》城や虚空蔵山《こくぞうさん》城などを攻略しました。信玄も出陣しましたが決戦には至らず、謙信は秋には越後へ引き揚げました。これが第一次川中島の戦いです。

謙信には、そもそも領土拡大の野心がなかったともいわれています。江戸時代後期に成立した『白河風土記《ふどき》』に記載されている「依怙《えこ》によって弓矢は取らぬ。ただ筋目《すじめ》をもって何方《いずかた》へも合力す(私利私欲で合戦はしない。ただ道理をもって、誰にでも力を貸す)」という言葉が、「謙信=義将」のイメージを補強しています。ただし、第一次川中島の場合は、緩衝《かんしょう》地帯にいた村上義清を駆逐《くちく》した武田の進撃を止める防衛戦という意味合いが強く、北信濃の国衆のために戦ったかどうかは判然としません。

そして、謙信を義将と位置づけることに貢献しているのが、有名な「敵に塩を送る」エピソードです。永禄10年（１５６７）、信玄との関係が悪化した駿河《するが》の今川氏真《うじざね》は、対抗策として甲斐・信濃への塩の供給をストップさせます。塩が領内に入らなくなれば、領民の生活が窮《きゅう》することになります。これを聞いた謙信は氏真の行いを非難し、武田の領民を救うために日本海側の塩を信玄に送りました。

この逸話が、「敵に塩を送る」という故事成語《こじせいご》の由来になっています。この話が出てきたのは江戸時代に入ってからで、頼山陽《らいさんよう》の『日本外史』で美談として取り上げられたことから、広く知られるようになりました。しかし、謙信が信玄に塩を送ったことを伝える一次史料は、見つかっていません。実際は、謙信が甲斐に塩を売りにゆく商人の往来を禁じなかっただけともされます。

謙信の「義将」に関するエピソードは、江戸時代に入ってから伝えられたものが多く占められます。謙信は私利私欲の戦いを行わなかったともいわれますが、戦国時代でも戦にあたっての「義」や「大義名分」は重要視されていました。

例えば、織田信長が上洛する際には足利義昭を奉じ、室町幕府再興という大義を掲《かか》げています。また、関ヶ原の戦いでは石田三成だけでなく、徳川家康も「豊臣家のため」という大義名分の下で戦っています。大義名分があったほうが、味方を集めたり、敵対勢力を降伏させたりするのに都合がよいからです。謙信も「信玄に領地を奪われた信濃の国衆を助けるため」という大義名分を掲げ、信玄と戦いました。当時においても、謙信が義を掲げる武将であるというイメージは広く知られていき、義将というブランドが確立されていきました。

関東の鎮定を託された謙信

謙信が他国からの援軍要請を受けて出陣した回数が多かったことは事実ですが、そこには、謙信が足利将軍家を頂点とする秩序を重んじる保守的な思想を持っていたことも影響しています。

室町時代の東国には鎌倉府が置かれ、足利将軍家の一族である鎌倉公方《くぼう》がその頂点に君臨していました。その補佐役として関東管領が置かれ、14世紀後半からは上杉氏が世襲していました。その後、永享《えいきょう》10年（1438）に起きた永享の乱で鎌倉公方が途絶え、関東管領が東国の兵権を握る存在になりました。

しかし、宗家筋の山内《やまのうち》上杉氏と庶流から台頭した扇谷《おうぎがやつ》上杉氏の争いが激しくなり、関東管領の上杉氏は衰退。伊勢氏をルーツとする北条氏（後北条氏）の台頭を招くことになります。山内上杉氏の関東管領・上杉憲政《のりまさ》は扇谷上杉氏と結び、北条氏康に攻撃を仕掛けますが、天文15年（1546）の河越夜戦《かわごえ》で大敗を喫します。これ以降、憲政は劣勢になり、関東の国衆は次々と北条に帰順《きじゅん》しました。

天文21年（1552）、憲政は上野国《こうずけ》にある居城の平井城を去り、謙信のもとへ身を寄せます。謙信は関東管領である憲政を帰還させるため、越後から関東へ越山し何度も出兵しました。永禄4年（1561）には北条氏の本拠である小田原城を包囲しています。

朝廷や幕府といった権威、秩序を重んじた謙信は、天文22年（1553）、上洛して後奈良天皇に拝謁《はいえつ》し、天盃《てんぱい》と御剣《ぎょけん》を賜《たまわ》ります。天皇から「住国や隣国の敵を討伐し、威名を子孫に伝え、勇徳を万代に施し、いよいよ勝を千里に決し、忠を一朝に尽くすべし」という戦乱鎮定の綸旨《りんじ》を頂戴《ちょうだい》しますが、これは謙信にとっては最高の栄誉だったでしょう。

さらに、室町幕府十三代将軍の足利義輝にも拝謁《はいえつ》しています。堺で鉄砲などの珍品を購入し、高野山にも参詣しました。十分な成果を残して帰国しますが、翌年には家臣の北《きた》条高広《じょうたかひろ》が武田と通じて謀反を起こすなど、越後の情勢は相変わらず不安定でした。

永禄2年（1559）には二度目の上洛を果たし、正親町《おおぎまち》天皇と足利義輝に拝謁します。謙信は内裏《だいり》修理の資金を献上し、義輝からは塗輿《ぬりごし》、菊桐《きくきり》の紋章、屋形号など関東管領としての待遇を与えられました。義輝は凋落《ちょうらく》した幕府の権威回復を目指していましたが、関東管領の上杉憲政を保護する謙信に並々ならぬ期待を抱き、関東の平和回復を託したのです。

将軍のお墨付きを得た謙信は永禄4年（1561）、鎌倉の鶴岡八幡宮で上杉憲政から関東管領を正式に相続します。山内上杉家の家督も継いで上杉姓を名乗ることになったこの日は、謙信にとって人生最良の日だったのではないでしょうか。

このように謙信は既存の権威を重んじ、保守的な行動をとることが多かった人物です。ただし、謙信がそうした動機だけで行動したとはいい切れない面もあります。彼は越後国内をまとめるための大義名分を必要としており、上洛したり、関東管領を保護したりするなどの行動に出たと見ることもできます。皆をまとめる強力な「看板」、その一つが関東管領でした。関東への出兵も、自らが関東管領であることを示すためのものでした。

謙信は関東の秩序を回復するため、北条氏と何度も戦いました。それだけだと北条氏が権威を蔑《ないがし》ろにする無法者のように思えますが、北条氏は関東管領の上位である古河《こが》公方（足利義氏《よしうじ》）を奉《たてまつ》っていました。謙信は「義」を掲げて関東を攻めたのかもしれませんが、北条もそれに対抗する「義」を掲げていたのです。謙信も独自に古河公方（足利藤氏《ふじうじ》）を擁立し、お互いに譲らない戦いが永禄12年（1569）まで続きました。

謙信と信玄の対決ばかりが注目されがちですが、謙信と北条氏康も、戦国屈指のライバル関係として名将同士、激しく干戈を交えています。関東管領を助け、さらに管領職を相続した以上、関東を支配する北条氏とは戦わなければならない宿命にありました。北条を攻めなければ上杉家のスローガンが根幹から崩れてしまうので、謙信もなかなか難しい立場にあったといえそうです。

落とせなかった小田原城

「謙信には領土拡大の野心がなかった」ともいわれますが、拡げようとしてもできなかったという面も否めません。その一つが、越後の地理的な制約です。

日本はおろか、世界でも有数の豪雪地帯である越後は、雪の時期までに自領に引き揚げるのが戦の鉄則でした。冬の三国《みくに》峠（群馬県と新潟県の境にある峠）を越えるのは容易ではなく、撤退が遅れると越後への帰還は難しくなるので、上杉軍が関東で活動できる時期には限りがあったのです。そのため、北条側は上杉軍が来る時期を、ある程度読むことができました。実戦で鍛えられた上杉軍は強力でしたが、冬になれば引き揚げるので、北条側は時間稼ぎに徹することもありました。

ただし、油断をすると冬でも攻めてくるのが上杉軍で、永禄5年（1562）には上杉方である武蔵の松山城を守るために雪の三国峠を越えて駆けつけています。また、上野の厩橋《うまやばし》城で越年し、越後に戻らず関東で戦い続けたこともあります。とはいえ、越後から関東への遠征は移動距離が長かったので、兵站《へいたん》輸送でも苦労を強《し》いられています。

北条の戦い方の真骨頂ともいえるのが、永禄4年（1561）に起きた小田原城の戦いです。前年8月、謙信は安房《あわ》の里見義堯《よしたか》からの救援要請を受けて出陣し、上野の城を次々と攻め落とします。このとき、謙信は関白職にありながら越後に下向《げこう》していた近衛前嗣《さきつぐ》（前久《さきひさ》）を奉じ、関東の諸勢力を味方に取り込みます。その軍勢は10万人にも膨れ上がったともいわれ、ついに北条氏の本拠である小田原城を包囲しました。

しかし、小田原城は天下屈指の堅城《けんじょう》で、容易に落とせる城ではありませんでした。上杉軍は城下に火を放って挑発しますが、北条軍は誘いにのってきません。北条氏は城に籠《こ》もる一方で、同盟相手である武田信玄に救援を要請しました。

こうなってくると、戦況は次第に上杉軍が不利となります。10万超の軍勢といっても寄せ集めの連合軍であるため、まとまりに欠けていました。しかも、兵糧《ひょうろう》はそれぞれの軍の負担だったので、滞陣が長引くにつれて不満の声が高まります。長く領国を留守にしていると隣国から攻められたり、家臣が反乱を起こしたりする懸念もあったので、各軍の謙信に対する不信感は高まる一方でした。

もちろん謙信も、その辺りは薄々察知していたと思います。しかし、当時の彼は上洛を果たして将軍から激励され、関白を奉じ、鶴岡八幡宮で関東管領職と上杉姓を継承するなど、一種の無双状態に突入していました。さすがの謙信も、諸将への配慮が行き届いていなかったのかもしれません。

結局、一部の軍が撤退を始めて足並みが乱れたことで、小田原城の攻略には至りませんでした。武田軍が北信濃に進出して海津《かいづ》城を築いたこともあり、上杉軍は越後への撤退を余儀なくされます。この後、同年中に謙信は信濃に出陣して信玄と戦いますが、これが両者の最大の激戦となった第四次川中島の戦いです。

謙信が領土を拡げられなかった要因としては、謙信の出兵スタイルも挙げられます。直属の家臣団を使って少しずつ領地を削り取るのが戦国風とするならば、謙信は大軍を動員して一気に攻め寄せる南北朝や室町初期風の戦い方をしていました。どちらかといえば、土地の面よりも政治的な意味合いでの出兵のほうが多かったと思われます。領土拡大も視野には入れていましたが、両立は厳しかったようです。

家臣団の統制に苦しみ出奔《しゅっぽん》まで

「信長の野望」などの歴史シミュレーションゲームでは、領土を拡大し、過半数の国を支配し、上洛するのがいわゆるゲームクリアの基本的な条件になっています。しかし、当時のすべての戦国大名が天下統一を目指していたわけではありません。というよりも、天下取りを目指した大名は、ほとんどいなかったのが実情です。作家の誰もが「文学界の頂点に立つ」とは考えていないことと同じです。

とはいえ、作家なら「直木賞を受賞する」「ベストセラーを出す」などの一大目標を持って頑張る人はたくさんいます。それと同じように、「一国の主になる」「東国の覇者になる」などの目標を掲げて奮闘した戦国武将は少なくないでしょう。謙信は将軍から「関東の秩序を回復してほしい」と頼まれていたので、それを叶えるために奮戦していたのです。

しかし、そんな謙信の前に立ちはだかったのが冬の三国峠でした。かつて山内上杉氏が治めていた上野に腰を据えるという選択肢もありましたが、そういうわけにもいきませんでした。なぜなら、謙信を悩ませたもう一つの理由が、領国において国衆や家臣が反乱を起こすリスクがあったからです。長く越後を空けていると国を乗っ取られるリスクがあり、本格的な関東進出の妨げになっていました。

謙信は22歳で越後を統一しましたが、その後も家臣同士の争いや国衆の反乱などが相次ぎ、その対処に追われます。「謀反を起こされた回数が多い戦国大名」のランキングをつくったら、織田信長と双璧《そうへき》をなすでしょう。越後には実戦経験豊かなアクの強い武将がたくさんいましたが、それゆえにトラブルが絶えなかったのです。越後は国衆の〝粒〟が大きいので、なおさら統治は大変でした。

謙信は大の酒好きでしたが、躁鬱《そううつ》気質だったともいわれています。謙信が馬上で酒を飲んでいたことを示す遺品（馬上杯《ばじょうはい》）も見つかっています。若くして当主の座につき、家臣団の統制に苦しみ、酒はストレス解消に欠かせなかったのかもしれません。

弘治2年（1556）6月、当主としての役目を果たす我慢の限界に達した27歳の謙信は突如出奔します。謙信は師である天室光育に次のような手紙を送っています。

「私は若輩ではありますが、国内の平和を取り戻して五穀豊穣《ごこくほうじょう》になりました。しかし、安閑《あんかん》と過ごすうちに再度混乱することがあれば、今までの功績が水の泡になることを恐れています。古人《こじん》も『功成り名を遂げたら、身を退《ひ》くものだ』といいますが、私もこの言葉を受け、国主の座を退いて仏の道に進もうと思います」

この文面からは、「自分を認めてほしい、褒《ほ》めてほしい」という思いも見え隠れします。幼少の頃からの師だからこそ、本音が出てきたのだと思われます。

出奔した謙信は高野山に向かったとも、比叡山《ひえいざん》に行ったともいわれています。前々から「これ以上いうことを聞かないなら、もう出ていくぞ」という〝警告〟を発していた可能性もあるでしょう。

謙信の出奔後、家臣の大熊朝秀《おおくまともひで》が信玄と内通して反旗を翻《ひるがえ》します。主君がいなくなった越後は混乱に陥り、長尾政景らが説得して出家を押しとどめました。帰還した謙信は大態を撃破し、越後は安寧を取り戻しました。謙信は家臣から誓詞《せいし》をとりつけ、支配体制を強めます。

しかし、これで家臣や国衆が謙信に完全に臣従したわけではありません。永禄10年(1567)には厩橋《まやばし》城代の北条《きたじょう》高広が北条方につき、翌年には本庄繁長《ほんじょうしげなが》が信玄と通じて反乱を起こしています。謙信はこうした部下の謀反には意外と寛容で、高広も繁長も帰参を許されています。一方で、永禄7年(1564)には重臣である長尾政景が舟遊びの最中に溺死《できし》していますが、これは謙信による謀殺だったという説もあります。

謙信が国衆の反乱を鎮めても、別の国衆が敵対するなど、モグラ叩きのように反乱が起きていました。謙信はこうした問題の根幹にある要因をなかなか取り除くことができず、大義名分を掲げて、どうにか同じ方向を向かせようとしたのです。

越後という雪に閉ざされた国が本拠であったことが、謙信にとっては地理的に大きな不利だったことは否《いな》めません。しかし当時、生まれ育った土地の特性は、その人間性にも反映されたと考えます。謙信の軍才や性格も越後の地域性によって育まれたものです。越後という場所・環境で育ったからこそ、「軍神」と称される英雄・上杉謙信が誕生したのです。

越中平定と信長との対立

若い頃の謙信は禅宗の名僧である天室光育から教えを受けたことは先に記しましたが、上洛の際には臨済《りんざい》宗大徳寺の徹岫宗九《てっしゅうそうきゅう》から宗心居士の法号を授かりました。晩年は真言宗に傾倒し、高野山金剛峯寺《こんごうぶじ》法印で無量光院《むりょうこういん》住職の清胤《せいいん》から伝法灌頂《でんぽうかんじょう》を受けています。

また、謙信は武神の毘沙門天《びしゃもんてん》を信仰し、「毘」の軍旗を用いましたが、これも林泉寺時代の教育の影響とされています。毘沙門堂に日夜参籠《さんろう》して国内の安定と戦勝を祈願し、自らを毘沙門天の化身だと信じていました。これは越後の国衆や他国勢力へのアピールでもありましたが、謙信は信仰の世界が存外嫌いではなかったようです。

信長や信玄もそうですが、戦国のリーダーは多かれ少なかれ孤独なもの。謙信もその一人として、内憂外患《ないゆうがいかん》に疲弊し、仏道に救いを求めていたのかもしれません。

ライバルの武田信玄も信心深い人物でしたが、大きく異なるのが、謙信は一向一揆に苦しめられたということです。謙信にとっては祖父の代からの因縁で、武田や北条に次ぐ難敵でした。

謙信と一向一揆の因縁が始まったのは、永正3年(1506)のこと。謙信の祖父・長尾能景《よしかげ》は越中守護・畠山尚順《ひさのぶ》の要請を受け、越中の般若野《はんにゃの》で一向一揆と戦いましたが、途中で一揆勢と通じた神保慶宗《じんぼうよしむね》が戦場を離脱。能景は一揆勢に討ち取られてしまいます。後を継いだ為景は永正17年（1520）、越中に侵攻して父の仇である慶宗を滅ぼしました。領内での一向一揆の発生を防ぐため、翌年には一向宗の信仰を禁止しました。

その後、越中では慶宗の子・神保長職《ながもと》が武田方、椎名康胤が上杉（長尾）方に付き、武田と上杉の代理戦争のような様相を呈していきます。謙信の攻撃で神保方は戦力を大きく削られますが、永禄11年（1568）、武田の調略を受けた椎名康胤が一向一揆と結んで謙信に敵対します。武田は本願寺と縁続きで関係が深く、しばしば加賀や越中の一向一揆を煽動《せんどう》し、謙信の目を武田領に向けさせないようにしたのです。

謙信は越中方面に目を向けざるをえず、信玄の領土拡大を許す一因になりました。また、上杉勢が越中の奥深くまで侵攻しても、武田軍が上杉との国境を脅《おびや》かしたため、何度も途中帰国を余儀なくされました。当時、同盟関係にあった信長からは、「信玄の所行は前代未聞の無道さであり、侍の義理を知らぬことだ。未来永劫《えいごう》、信玄と手を結ぶことはないだろう」という旨の書状が送られています。

信玄が亡くなると、最大の後ろ盾を失った加賀・越中の一向一揆は衰退していきます。この頃には織田信長が勢力を拡げ、各地の一向一揆を圧迫したため、本願寺は上杉との和睦を模索します。そして天正4年（1576）、謙信は一向一揆と和睦し、越中を平定します。北陸における最大の敵がいなくなり、領土拡大の道を歩むことになりますが、最後に立ちはだかったのが信長でした。

元々、謙信と信長は協調路線を歩んでいます。謙信は信玄の煽動で蜂起《ほうき》した越中の一向一揆に手を焼き、信長は本願寺、信玄らの「包囲網」に苦しめられていました。お互いに信玄という共通の敵がいたので、その対抗策として同盟を結んだのです。

二人は手紙や贈り物をする仲で、特に信長が謙信に配慮していることがうかがえます。信長は謙信の気を引くため狩野永徳《かのうえいとく》作の「洛中洛外図屛風《らくちゅうらくがいずびょうぶ》」や南蛮《なんばん》の赤いビロードのマントなどを謙信に贈っていました。

しかし、信玄が西上の途中で亡くなり「信長包囲網」の一角が崩れると、信長と謙信の関係にも変化が生じます。織田の勢力が加速度的に増し、国境線を接するようになったことで、その脅威を直接的に感じるようになります。もはや外交で切り抜けるのは難しくなり、謙信は信長と敵対していた本願寺や毛利と手を組んで、再び信長包囲網が構築されました。越中から能登《のと》や加賀に侵出した謙信は、天正5年（1577）9月、加賀の手取川の戦いで柴田勝家率いる織田軍を破ります。合戦後は春日山城へ帰還し、次の遠征に備えて英気を養いました。

手取川の勝利をもとに、「謙信が長生きしていたら、信長を倒して上洛していたかもしれない」と推測する人もいます。しかし、織田と上杉との間には歴然とした国力の差があり、長期戦になれば、さすがの謙信でも勢力を維持するのは困難だったでしょう。

死後、二人の養子が争うことに

謙信のしくじりは、後継者を明確に定めなかったことです。武田信玄の章でも同様のことを述べていますが、名将と謳《うた》われた二人の残念なポイントを挙げるとすれば、ここに尽きるのではないでしょうか。秀吉も後継者問題では失敗をしているので、現代の私たちが思っている以上に頭を悩ませる問題でした。

家庭環境によって子どもの人生が左右されることを現代では「親ガチャ」といいますが、戦国時代は、後を継ぐ子の才覚や能力によって家が左右される「子ガチャ」の面もあったかもしれません。歴史に名を残す名将でも、家の引き継ぎは難しかったと思われます。

謙信の場合、天正6年（1578）3月9日に厠《かわや》で倒れ、そのまま意識が回復しないまま亡くなりました。こうした亡くなり方から、糖尿病性高血圧による脳血管障害（脳出血や脳梗塞）ではないかと推測されています。

謙信は3月15日に遠征を開始する予定だったとされ、突然の死だったことはほぼ間違いありません。49歳という年齢から、「まだ自分は現役でやれる」と思っていたのかもしれません。しかし、戦国の世では明日何が起こるかわからないもの。急死であるため仕方ない面もありますが、生前に辞世の句も用意していたと考えられるため、後継者を前もって明確にしておくべきでした。

生涯独身だった謙信には実子がなく、景勝と景虎という二人の養子が後継候補でした。二人の間には長幼の序がなかったので、謙信死後の混乱に拍車をかけました。

景勝は長尾政景と謙信の姉・仙洞院《せんとういん》の間に生まれた子で、謙信の甥にあたります。一方、景虎は北条氏康の七男で、上杉と北条が同盟を結んだ際、人質として北条から送られた子です。通称は三郎で、謙信の養子となって「景虎」の名が与えられました。自分の初名を名乗らせたことから、謙信が景虎を相当気に入っていたことがうかがえます。氏康の死後、氏政の代となり北条との同盟は手切れとなりますが、景虎はそのまま越後にとどまりました。

血統的にみれば、謙信の甥である景勝が後継者に相応《ふさわ》しいですが、景虎は景勝の姉を妻に迎えており、年齢も景虎が2歳年上でした。しかも、景虎は前関東管領の上杉憲政、上杉景信、北条高広、さらに実家の北条氏や武田氏の支持を受けていました。そのため、当初は景虎が優勢でしたが、景勝がいち早く春日山城を奪取し、景虎に対峙します。景勝を支持したのは越後の国衆で、家中が真っ二つに分かれる大乱(御館《おたて》の乱)に発展しました。

最終的には武田を味方につけた景勝方が優勢になり、景虎は自害しました。しかし、これによって上杉と北条は敵対関係となり、武田も北条との同盟関係が破綻するなど、さまざまな禍根《かこん》が残りました。この内紛の間に織田信長の勢力は着実に増しており、西からは柴田勝家らに攻め込まれます。壮絶な籠城戦ののち、越中の重要拠点である魚津《うおづ》城は落ち、南からは森長可《ながよし》に越後国境を侵され、上杉景勝は追い詰められていきます。

こうした情勢のさなか、本能寺の変が起きました。もし信長が死んでいなければ、おそらく武田と同じように、上杉は信長によって滅ぼされる可能性が高かったと思われます。それを踏まえると、謙信が後継者を明確に定めていなかったことは、上杉家を滅亡の淵《ふち》に立たせてしまった大きな「しくじり」だったといえるでしょう。

謙信の辞世の句として伝わる「四十九年　一睡《いっすい》の夢　一期《いちご》の栄華　一盃の酒」。49年のこの人生は夢のようにはかなく、わが身の栄光も一杯の酒のようであった――。

謙信は、自分が死んでからのビジョンは、ほとんど描いていなかったと思われます。その象徴としてあるのが後継者問題で、自分一代で何とかしようというマインドが強かったようです。一国の主としては少々身勝手に映るかもしれませんが、自らが退場したのちは、後の者でよろしくやってほしい――。こうした謙信の考え方も一人の人間として見るならば、自然なのかなと思います。

また、石高は減らされたとはいえ、上杉の家は景勝によって保たれ、江戸時代、米沢藩として存続しました。謙信の遺徳は藩の誇りとして、人々の胸に生き続けたといえるでしょう。

【上杉謙信の喜怒哀楽】

喜……関東管領として大軍を率いて関東へ出兵

山内上杉の名跡《みょうせき》と関東管領職の相続は、謙信の自尊心を満たすのに余りあるものでした。関東の諸勢力を率いて小田原に向かっているとき、大いなる喜びを感じていたと思います。

怒……何度も攻めても再び立ち上がる敵

何度攻めてもあきらめない敵に対して、謙信は怒りを感じていたと思います。謙信は躍起になって叩きに行き、同じ相手と戦います。例えば、謙信は常陸《ひたち》の小田氏治《おだうじはる》を攻めて城から追いだしますが、小田氏は地元民や家臣団に支えられながら城を何度も奪い返しています。

哀……弘治2年（1556）の出奔

家臣同士の争いや国衆の反抗などで謙信は疲弊《ひへい》し、諦めと哀しさから越後を後にします。その後、家臣の説得で越後に戻りますが、これ以降は外に敵をつくり、その打倒を掲げて国内をまとめる路線に切り換えました。

楽……川中島の戦い

謙信は義を掲げたため、常に大義名分に縛られた戦いを強いられたともいえますが、川中島の戦いは武田の侵攻に対してシンプルに自国を守る意味合いもありました。好敵手である信玄を相手として意気揚々と会戦に挑んだのではないでしょうか。

【上杉謙信の乾坤一擲《けんこんいってき》】

第四次川中島の戦いで妻女山《さいじょさん》から出撃する決断

謙信は布陣していた妻女山を夜半にひそかに下り、千曲川《ちくまがわ》を渡ります。翌朝、霧が晴れると八幡原《はちまんばら》にいた武田本隊に車懸《くるまがか》りの戦法で総攻撃を仕掛けます。機を逸すれば武田の別働隊から挟み撃ちにあうので、いかに早急に武田本隊を打ち破れるかが勝敗の大きな分かれ目でした。一世一代の大勝負で、さすがの謙信も手に汗握ったことでしょう。

上杉謙信　系図

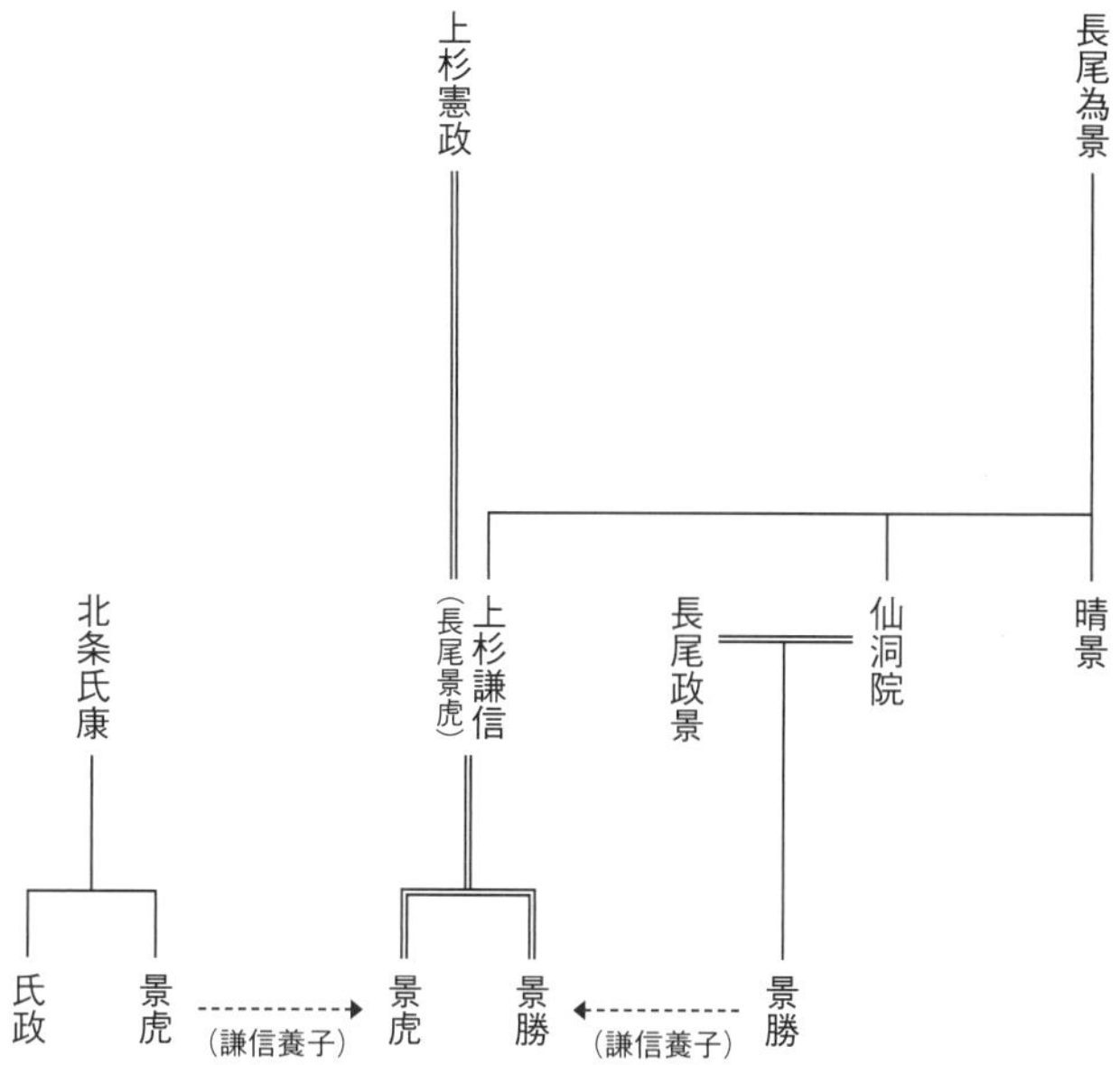

上杉謙信　略年表

元　号	西暦年	出来事
享禄3年	1530	長尾為景の子として越後で誕生。幼名は虎千代
天文5年	1536	林泉寺に入り、天室光育の教えを受ける 兄・晴景が長尾家の家督を相続
天文10年	1541	父・為景が死去
天文12年	1543	元服して「景虎」と名乗る
天文13年	1544	栃尾城の戦いで初陣を飾る
天文14年	1545	越後上杉氏の老臣・黒田秀忠の謀反を鎮圧(翌年、再び鎮圧)
天文17年	1548	晴景が隠居し、長尾家の家督を相続
天文19年	1550	上杉定実が死去(越後上杉氏の断絶) 室町幕府から越後国主としての地位を認められる
天文21年	1552	北条氏康に敗れた関東管領・上杉憲政を越後に迎え入れる 従五位下弾正少弼に叙任
天文22年	1553	第一次川中島の戦い 初めて上洛し、後奈良天皇と十三代将軍足利義輝に拝謁
弘治2年	1556	高野山に出奔するが、家臣の説得で帰国
永禄2年	1559	再度上洛し、足利義輝に拝謁。関白・近衛前久と血書を交わす
永禄4年	1561	上杉家の家督と関東管領職を相続し、名を「上杉政虎」に改める(後に「輝虎」と改名) 北条氏の本拠・小田原城を包囲 第四次川中島の戦い
永禄11年	1568	越中の一向一揆と戦う
永禄12年	1569	北条氏康と同盟を結ぶ
元亀元年	1570	法号「謙信」を称する
天正4年	1576	一向一揆と和睦を結んで越中を平定
天正5年	1577	手取川の戦いで織田軍に勝利
天正6年	1578	遠征の準備中に急死

COLUMN 5

黒鍬衆《くろくわ》

黒鍬衆は戦国時代、戦場において陣地をつくったり橋をかけたりといった土木作業を行うなど、いわゆる「工兵」隊的な役割を担っており、多くの大名家が召し抱えた縁の下の力持ちです。『塞王《さいおう》の楯《たて》』でも、立花宗茂《むねしげ》軍の黒鍬衆が大津城攻めで活躍する場面があります。フリーランスで雇ったり、内部で育成したりするなど雇用形態はさまざまで、人手が足りないときは強制的に徴発することもありました。黒鍬衆の由来は、柄《つか》を黒く塗った土木用の「鍬《くわ》」を持って働く者とされています。

戦場では、予定戦場までの道を事前に見に行き、狭い場合は拡張工事を行いました。戦《いくさ》が終わった後には死体を片付けたり、遺棄《いき》兵器を始末したりするなど、戦場を掃除するのも黒鍬衆の仕事です。戦争がない時期は城の普請《ふしん》や治水工事などに従事し、戦国期の築城や治水技術のレベルアップにも貢献しました。

また、戦国時代には「院内《いんない》」という人々がいて、表向きは土着の陰陽師《おんみょうじ》でしたが、実際は治水工事のアドバイザーのようなことをしていました。この人たちが黒鍬衆に知識や技術をもたらし、その技能を高めていったのだろうと推測します。

江戸時代になると幕府の職制として組み込まれ、作事奉行の下で江戸城の警備や防火、掃除や荷物運搬などの雑務に従事していきます。当初は苗字帯刀《みようじたいとう》を許されていませんでしたが、三河譜代の黒鍬は世襲が認められ、御家人《ごけにん》の待遇を得ていました。

一方で、黒鍬衆は民間にも存在し、川普請や新田開発を行う土木のスペシャリストでした。尾張《おわり》国知多《ちた》半島出身の黒鍬がよく知られています。各地に出稼ぎをして土木や治水の工事や新田開発にも携わりました。

黒鍬の歴史は明治時代に入っても続き、熱田と武豊《たけとよ》港を結ぶ資材の運搬線である国有鉄道武豊線の建設工事にも携わっています。

第6章 伊達政宗——成熟への歩み

疱瘡《ほうそう》により右目を失明

伊達政宗の少年時代に起きた最大の出来事といえば、右目の失明です。隻眼《せきがん》になった政宗には著名な「独眼竜《どくがんりゅう》」という異名があることはご存じの方も多いでしょう。独眼竜は江戸時代後期の儒学者・頼山陽《らいさんよう》の漢詩が初出ともされていますが、元々は唐の名将、李克用《りこくよう》の異名でした。ただし、漢籍の教養を身につけた政宗が、独眼竜・李克用を自らになぞらえていた可能性も指摘されています。

のちの政宗、梵天丸《ぼんてんまる》は5歳のときに疱瘡（天然痘《てんねんとう》）を患い、一命は取り留めたものの、右目を失明してしまいます。ウイルス性の感染病である疱瘡は致死《ちし》率が高く、40度前後の高熱とともに吐き気や意識障害などをもたらし、助かっても顔や体に痕が残ることから恐れられていました。今はWHOが世界疱瘡根絶宣言（1980年）を行い、人々の記憶からも忘れられつつある病ですが、かつては地球上の人々を襲った重い伝染病でした。「米百俵」のエピソードで有名な幕末の長岡藩大参事・小林虎三郎《とらさぶろう》も、疱瘡で左目の視力を失っています。梵天丸も茹《う》だるような高熱に苦しみ、生死の境を彷徨《さまよ》い、右目を失明したものと思われます。

5歳の梵天丸にとって、失明が大きな心の傷になったであろうことは想像に難《かた》くありません。小林虎三郎も痘痕《あばた》と左目の失明という後遺症に生涯苦しみ、妻帯しませんでした。

将来の当主であり、人前に出ることが多い立場である幼少期の政宗が抱えたコンプレックスも、相当なものだったのではないでしょうか。

戦国の世では、戦いの傷は勲章でもあったので、政宗もそんなに隻眼を気にしていなかったという見方もありえます。しかし、政宗の肖像画を見ると、失明したはずの右目が描かれているのです。これは、政宗に「親からもらった身体に欠けがあるのは親不孝」なため、両目を入れるようにという生前の意向があったからとされています。

政宗といえば刀の鍔《つば》の眼帯をつけた姿が想起されますが、これは現代の映画やドラマ、ゲームなどで出てきたもの。白い布などで右目を隠していたという記録は残っているものの、史料や肖像画でも、政宗が刀鍔形の黒い眼帯をつけている姿は確認できていません。

政宗の人格形成を助けた者たち

外見的な美醜《びしゅう》によって人を評価する考え方を「ルッキズム（外見至上主義）」といい、容貌による差別や自分の見た目、見目形《みめかたち》に悩む人は少なくありません。政宗も自分の容貌が片目となったことを気にして、幼少の頃はとくに他人に恥じらいを見せることが多かったといわれています。周囲も政宗に気を遣ったと思われますが、それも彼にとっては苦痛だったかもしれません。

そんな政宗に、父の輝宗は学問の師として虎哉宗乙《こさいそういつ》を美濃《みの》からわざわざ招聘《しょうへい》して、教育にあたらせます。

虎哉は、美濃《みの》出身で武田信玄の師である岐秀元伯《ぎしゅうげんぱく》に学び、得度。甲斐《かい》で信玄が帰依し、「心頭滅却《しんとうめっきゃく》すれば、火も自《おの》ずから涼し」の言葉でも有名な高僧、快川紹喜《かいせんじょうき》に師事したこともある臨済《りんざい》宗の僧です。虎哉は6歳の梵天丸に仏教や漢学、五山文学の教養などを教えてゆきます。彼は美濃や甲斐などにいたこともあるので、信玄や斎藤道三、織田信長などの話も梵天丸にしたのではないでしょうか。

大河ドラマ「独眼竜政宗」(87年)では大滝秀治《ひでじ》さんが虎哉宗乙を演じましたが、梵天丸のほっぺを強くつねり、「痛いか」「痛とうございます」「痛いときには痛くないといえ」と指導するくだりは印象的です。ほかにも「人前で横臥《おうが》してはならない」など、将たる者の心得を説いたとも伝わります。

政宗が抱えていたコンプレックスを克服する方法についても、虎哉はアドバイスしていたのではないでしょうか。黒で統一され、鴉軍《あぐん》と呼ばれる精鋭を率いた、先の隻眼である唐の猛将、「独眼竜」李克用の話を政宗にしていた可能性も高いと思います。

虎哉は天正14年(1586)に覚範寺《かくはんじ》を開山し、政宗が仙台に移った際にも付き従いました。政宗は虎哉が慶長16年(1611)に82歳で亡くなるまで、師と仰ぎ続けました。

政宗の人格と教養は、虎哉によって育まれたといえますが、政宗が壮年期に達してからは、虎哉は教育係というより良き相談相手になったのではないでしょうか。

もう一人、政宗の人格形成に影響を与えたのが乳母の片倉喜多《きた》です。政宗股肱《ここう》の臣として名高い片倉小十郎景綱の姉ですが、生い立ちには少し複雑な背景がありました。喜多の父は左月斎《さげつさい》の号名で知られる鬼庭《おにわ》良直、母は本沢真直の娘・直子ですが、直子は嫡男を産めなかったという理由で夫から離縁されます。その後、直子は片倉景重に再嫁《さいか》して景綱を産んでいます。

こうした境遇も影響したのか、喜多は文武に通じた聡明な女性として成長します。政宗の誕生後、父・輝宗は喜多を政宗の乳母としますが、実際は教育係だったとされています。喜多の才女ぶりはのちに豊臣秀吉からも認められ、「少納言《しょうなごん》」と誉められています。

喜多は政宗だけでなく、政宗の傅役《もり》を務めた弟の小十郎景綱も厳しく育てています。その甲斐あってか、景綱は政宗を支える知勇兼備の軍師となりました。天正12年（1584）に妻が身籠《みごも》ったときには、当時まだ嫡子がいなかった政宗への後ろめたさから、景綱は我が子を殺そうとしたとも伝わります。政宗の説得で思い留まりましたが、景綱の忠臣ぶりがうかがえるエピソードです。

他にも、輝宗は槍術《そうじゅつ》の師として岡野春時、儒学の師として相田康安《こうあん》を政宗につけています。武田信玄もそうですが、伊達家のような鎌倉時代から続く武家の名門では、当主に相応しい英才教育が施されました。型破りなイメージがある政宗ですが、万事に通じた教養人でもあったのです。ただし、若い頃の政宗は戦いに追われ、文化を嗜《たしな》む余裕はほとんどなかったでしょう。彼が芸事を極めるのは、泰平の世に入ってからのことでした。

また、政宗は筆まめな人物で、生涯に書き残した自筆の手紙は相当数に上りますが、これは父の輝宗から受け継がれた気質といえそうです。輝宗の自筆の日記も残っており、そこには織田信長との交流を示す記述もあります。輝宗は奥州にあっても中央の動向をうかがい、信長や徳川家康らと音信を交わしていました。能や舞、連歌《れんが》や漢詩、将棋などにも興じており、政宗の美的センスが父譲りだったことがうかがえます。

政宗にかけられた期待値

父・輝宗が政宗にかけていた期待は、元服後の名乗りからもうかがえます。

天正5年（1577）、梵天丸は11歳で元服して「藤次郎《とうじろう》政宗」と名乗ります。戦国時代の元服年齢はさまざまでしたが、信長が13歳頃、家康が14歳頃と伝わるので、政宗はやや早かったといえるでしょう。輝宗は伊達家のことを考えて、家督を誰に譲るかを早めにはっきりさせておきたかったのだと思います。諱《いみな》の「政宗」は、伊達家中興の祖といわれる九代当主・大膳大夫《だいぜんのだいぶ》政宗にあやかって名付けたものです。政宗はこの諱を最初固辞《こじ》しましたが、輝宗の命に従う形で名乗りました。伊達氏は足利将軍家から一字を拝領していましたが、当時は十五代将軍の足利義昭が京都から追放されていたので、中興の祖の名を名付けたのです。

また、真偽のほどはわかりませんが、政宗にはさまざまな生誕伝説があります。

永禄10年（1567）、政宗は鎌倉以来の名門である伊達氏の嫡男として、出羽《でわ》国米沢で十六代当主の輝宗、最上義守《もがみよしもり》の娘・義姫《よしひめ》のもとに生まれましたが、江戸時代に編纂《へんさん》された伊達家の正史『伊達治家《じけ》記録』には、次のような記述があります。

義姫は文武両道の世子誕生を湯殿山《ゆどのさん》に祈願し、ある夜、白髪の僧が夢枕に現れます。彼は幣束《へいそく》（梵天）を差し出し、これを胎育《たいいく》するよう求め、それからまもなくして義姫は懐妊。そうして生まれたのが政宗で、「梵天丸」という幼名が名付けられた――。

この逸話は創作であると思われますが、政宗が神仏の加護を受けて生まれたという話は、広く信じられていました。「政宗公が右目を失われたのは、隻眼の行者・萬海《まんかい》上人の生まれ変わりだからだ」という説もあります。

天正7年（1579）、政宗は13歳で三春城主・田村清顕《きよあき》の娘・愛姫《めごひめ》と結婚します。田村氏は坂上田村麻呂《さかのうえのたむらまろ》の末裔とされる武家の名門ですが、当時は周辺諸氏と対立し、危機に陥《おちい》っていました。そこで、田村氏は一人娘の愛姫を政宗に嫁がせることで、伊達氏の後ろ盾を得ました。

ちなみに、系図をたどると愛姫の曾祖父《そうそふ》は伊達稙宗《たねむね》（政宗の曾祖父）となり、政宗と愛姫は又従兄弟《はとこ》の間柄になります。奥州は大名家の政略結婚が多い土地柄でしたが、稙宗は子だくさんで息子や娘を他家に数多く送り出したので、周辺勢力のほとんどが親戚関係にありました。それは他家も同じで、東北ではすべての大名が縁戚といっても過言ではない状況でした。

政宗は天正9年（1581）に初陣を飾りましたが、相手の相馬氏も親戚の間柄です。また、政宗が奥州の覇権をかけて戦った会津の蘆名《あしな》氏にも、輝宗の妹・彦姫が嫁いでいました。奥州の戦国大名は当時、親戚同士で小競《こぜ》り合いを続け、適当な落とし所を見つけては手打ちにしていました。すでに中央では織田信長が覇権を確立し、信長が斃《たお》れた後は豊臣秀吉が天下人への道を突き進んでいましたが、奥州は戦国初期のような隣国同士の小競り合いが続いていたのです。

伊達家の父子相克《そうこく》を反面教師として

天正12年（1584）、政宗は父・輝宗の隠居にともない、18歳で伊達家の家督を継ぎます。政宗は年少を理由に固辞しますが、親類衆や老臣らの強い勧めでこれを受け入れます。当主が存命のうちに家督を譲るのは珍しいことではありませんが、輝宗はまだ41歳でしたので、異例の若さでの家督継承でした。

戦国大名にとって、優れた後継者を育てることはとても重要な課題です。先にも述べたように上杉謙信や武田信玄は後継者問題でしくじり、後退を余儀なくされました。一方で、徳川家康は三男・秀忠への政権移行を完璧に済ませ、260年余に及ぶ泰平の世を打ち立てています。

輝宗が翌年に亡くなってしまったので、早期の家督継承の判断が正しかったかどうかを検証するのは困難です。しかし、輝宗にはそれなりの意図があって、政宗に家督を譲ったと考えられます。

輝宗が早い段階で政宗に家督を譲ったのは、伊達家中で過去に起きた父子間の対立も関係していたとみられます。その中心人物の一人が、政宗の曾祖父にあたる十四代当主・伊達稙宗です。

稙宗は長享《ちょうきょう》2年（1488）生まれで、多くの子女を近隣勢力に送り込んで勢力を拡げていきました。ついには陸奥守護職を獲得し、天文《てんぶん》年間には奥州の諸大名をけん引する存在になります。しかし、稙宗の野心はこれにとどまらず、三男の実元を越後上杉氏の養子に送り込もうとします。これに反発したのが稙宗の長男・晴宗《はるむね》で、天文11年（1542）、稙宗を西山城に幽閉しました。

ところが稙宗は城から脱出し、縁戚関係を結んだ諸勢力を味方につけて晴宗に対抗します。一方で、晴宗に味方する勢力もいて、伊達氏の内紛は奥州諸大名を巻き込む「天文の乱」にまで発展しました。当初は稙宗方が優勢でしたが、徐々に晴宗方が盛り返し、最終的には稙宗が晴宗に家督を譲るという形で和睦《わぼく》が成立します。しかし、この乱によって奥州における伊達氏の影響力は大きく低下しました。

その後、伊達家中の主導権を握ったのは家臣の中野宗時で、特権を与えられて権勢を振るいます。また、晴宗は子の輝宗に家督を譲りましたが、実権を手放さなかったので、晴宗と輝宗の間でしばしば対立が起こりました。元亀《げんき》元年（1570）、中野宗時が出奔《しゅっぽん》すると十六代の輝宗が実権を握り、晴宗は杉目城に閑居《かんきょ》しました。

輝宗が政宗に家督を譲ったのは、これまで伊達家で繰り返されてきたような父子対立を避けるためだったとも考えられます。一方で、戦国期の奥州を研究した小林清治・福島大学名誉教授は、輝宗が次男の小次郎政道を蘆名家当主に据えようとして失敗し、隠居に追い込まれたという説を展開しています。どちらが真実かは定かでないですが、少なくとも輝宗と政宗の間に深刻な父子相克がなかったのは確かでした。

なぜ奥州の膠着《こうちゃく》した状況を打破できたのか

政宗にとって幸運だったのは、父が輝宗というよき理解者であったことです。隠居した輝宗は舘山《たてやま》城に移りましたが、後見役としても、政宗のやり方にあまり口を出さないようにしたのではないでしょうか。自分が口を出せば伊達家中が再び揉《も》めることをよく知っていたので、ある程度は政宗のやり方を容認していたと思われます。

一方で、政宗は家督相続から早々に「自分は他の大名とは違うぞ」という姿勢を鮮明にしています。

天正12年（1584）冬、小浜城主の大内定綱が伊達氏の本拠地である米沢城を訪問し、伊達氏に奉公したいという旨を政宗に伝えます。しかし、定綱は蘆名方につき、伊達に仕えるという約束を反故《ほご》にします。まだ若年の政宗を侮《あなど》っていたのかもしれません。

わずか18歳で家督を譲られた政宗は、おそらく不安でいっぱいの状況だったのでしょう。現代でいえば、新卒でいきなり社長になるようなものですから、当然といえば当然です。この頃、傅役の片倉小十郎景綱に宛てた手紙にも、「将来のこともおぼつかない」という不安を吐露しています。しかし、片倉景綱や伊達成実《しげざね》、叔父《おじ》の留守政景《るすまさかげ》などが若い政宗を支え、盛り立てていきました。

そんな中で、「なめられたくない」という思いもあったのでしょう。翌年閏《うるう》8月、大内方の支城である小手森城《おでもり》を落とした際には、見せしめ的に城中の者を女・子どもに至るまでなで斬りにしました。

一連の合戦の過程を、政宗は伯父《おじ》で山形城主の最上義光《よしあき》に自筆の手紙で報告しています。自分の強さを自筆でアピールする姿には、承認欲求の強い、未熟な若者らしさを感じます。義光宛の手紙には「この上は須賀川《すかがわ》まで打って出て、関東を手に入れることも容易《たやす》いことだ」とも書かれており、家督を継いだ政宗の意気盛んな様子が見て取れます。

しかし、この戦いは奥州の諸勢力が政宗を警戒するきっかけにもなりました。それまでの奥州の戦いは、一方が一方を皆殺しにするまで戦うことはなく、程よいタイミングで手打ちにするのが一般的でした。それゆえに大きな領地変動もなかったのですが、政宗はその一線を越えて、奥州全域を従えようと動き始めたのです。何をするかわからない政宗に、周辺の武将たちも不気味さを感じ始めたと思われます。

次に政宗の標的になったのは、大内定綱と姻戚《いんせき》関係にある二本松城主の畠山義継です。義継は隠居した輝宗に講和を申し出ますが、政宗は断固拒否します。領地の大半を没収するという厳しい条件を突きつけますが、最終的には輝宗の取りなしで、多少緩和された状態で講和が成立しました。政宗は義継を厳しく追い詰めることで周辺勢力を威嚇《いかく》したのですが、これが悲劇を招くことになります。

天正13年（1585）10月、義継は講和の御礼として輝宗に面会しますが、帰り際に突然、輝宗を拉致《らち》しました。明らかに無謀な行動ですが、それほど義継は追い詰められていたのです。

畠山義継は輝宗を二本松城に連れ帰ろうとしますが、途中で狩りに出かけていた政宗と家臣たちが駆けつけます。しかし、どうすることもできず、阿武隈川《あぶくまがわ》畔の高田原に至ります。政宗はやむなく鉄砲による一斉射撃を命じ、輝宗は義継一行とともに撃たれ、壮絶な最期を遂げました。

伊達家が作成した『伊達治家記録』では、輝宗が「早く義継を撃て。自分を顧《かえり》みて家の恥を残すな」と叫んだと述べられています。一方で、伊達成実が記した『成実記』では、輝宗は叫んでおらず、政宗も現場にいなかったとされています。他にも、義継が輝宗を殺害したとか、政宗が父を殺すために仕組んだという説まであります。

このように輝宗の死には諸説ありますが、いずれにせよ、19歳で父を失ったことは政宗にとって大きな痛手でした。若さゆえにしばしば暴走しがちだった政宗を止めてくれる貴重な存在だったからです。輝宗は畠山義継の件でも、政宗の意向をできる限り尊重する一方で、義継の説得もしていました。

仮に輝宗が義継に襲われるようなことがなかったら、政宗のハード路線と輝宗のソフト路線で伊達家は突き進んでいたと思います。ただし、輝宗は万事に慎重な人物だったので、いずれは考え方の相違で政宗と対立していた可能性もあるでしょう。輝宗がいなくなったことで政宗を制止する者がいなくなりましたが、それによって、若さと勢いで奥州の膠着した状況を打破できたとみることもできます。

22歳で南奥州の覇者に

後年、政宗は子の忠宗（仙台藩二代藩主）に「御家の大事のためには親を見捨てる覚悟も必要だ」と述べたといわれていますが、当時はそれどころではありませんでした。父の初七日を済ませた政宗はすぐに二本松城に攻め込み、救援に駆けつけた佐竹や蘆名ら約3万の南奥州諸勢力の連合軍と激突しました。政宗の生涯の中でも屈指の激戦となった人取橋《ばし》の戦いです。敗色濃厚な状況でしたが、殿《しんがり》を務めた鬼庭良直《おににわよしなお》（左月斎）らの命を賭した奮戦もあり、どうにか引き分けに持ち込みました。

蘆名にとっての大きなしくじりは、ここで政宗を仕留めきれなかったことです。相模《さがみ》の三浦氏の一族である佐原義連《さわらよしつら》を祖とする蘆名氏は伊達氏と並ぶ奥州の武家の名門ですが、当時は当主が相次いで亡くなり、混乱の真っ只中にありました。政宗はあっという間に態勢を立て直し、天正14年（1586）7月には二本松城を攻略しました。

そして天正17年（1589）6月、政宗は摺上原《すりあげはら》の戦いで宿敵、蘆名義広を破り、その勢いで蘆名氏の本拠である黒川城に入城します。佐竹方だった石川昭光や岩城常隆《いわきつねたか》らが政宗に服属し、政宗は伊達氏の最大版図《はんと》を築きました。このとき、政宗は満年齢で22歳。現代であれば大学4年生の年齢で、南奥州の覇者に君臨しました。

しかし、中央では豊臣秀吉が関白に就任し、各地の大名を併呑《へいどん》していました。秀吉が天下人であることは誰の目にも明らかで、秀吉に従わない大勢力は関東の北条氏と政宗だけになっていました。

天正18年（1590）、北条氏が領地をめぐって真田氏と諍《いさか》いを起こしたのがきっかけで、秀吉は諸大名を動員して北条攻めを敢行します。奥州の大名の対応はまちまちで、すぐに豊臣の陣営に参陣する者もいれば、秀吉を軽んじて参陣しない者もいました。政宗は北条氏と同盟関係にあったので、ひとまず様子を見ることにします。

このとき、政宗は自分が奥州に生まれたこと、秀吉より遅れて生まれた己の運命を悔やんでいたのではないでしょうか。遅れてきた英雄は、生年が遅れたがゆえに覇道を食い止められてしまったのです。

当時の苦しい胸の内を、政宗は側近の鬼庭綱元に手紙で打ち明けています。

「関白（秀吉）との事さえ上手くいけば、他には何も心配はない。関白との間に行き違い

図　伊達政宗が家督を相続した天正12年(1584)末の南奥羽の戦国大名図

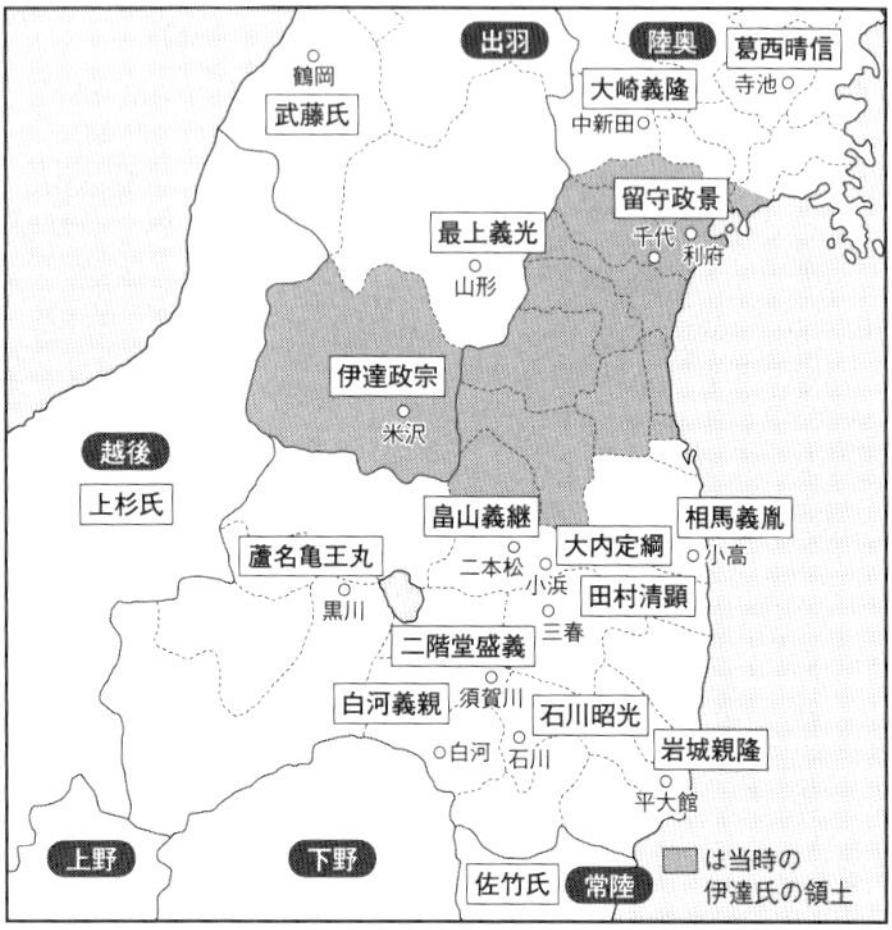

(仙台市博物館図録『伊達政宗と家臣たち』をもとに作成)

があれば、切腹は免れまい。只々、明けても暮れても、このことで頭が一杯だ」

また、片倉家の歴史をまとめた『片倉代々記』には、政宗が小十郎景綱の屋敷を訪れ、寝所で意見を聞いたという話が記されています。このとき、景綱は秀吉の大軍を夏に大量発生する蠅《はえ》にたとえ、「秀吉の勢い莫大なり。譬《たと》えば夏蠅のごとし。一度に二、三百打ち潰し、二度、三度までは相防げども、いや増しに生じ来たり、その時の至らざれば尽きず、今敵対すること、御運の末か」と答え、関白秀吉に降るほかないことを示しています。

図　天正17年（1589）末の伊達政宗の領土

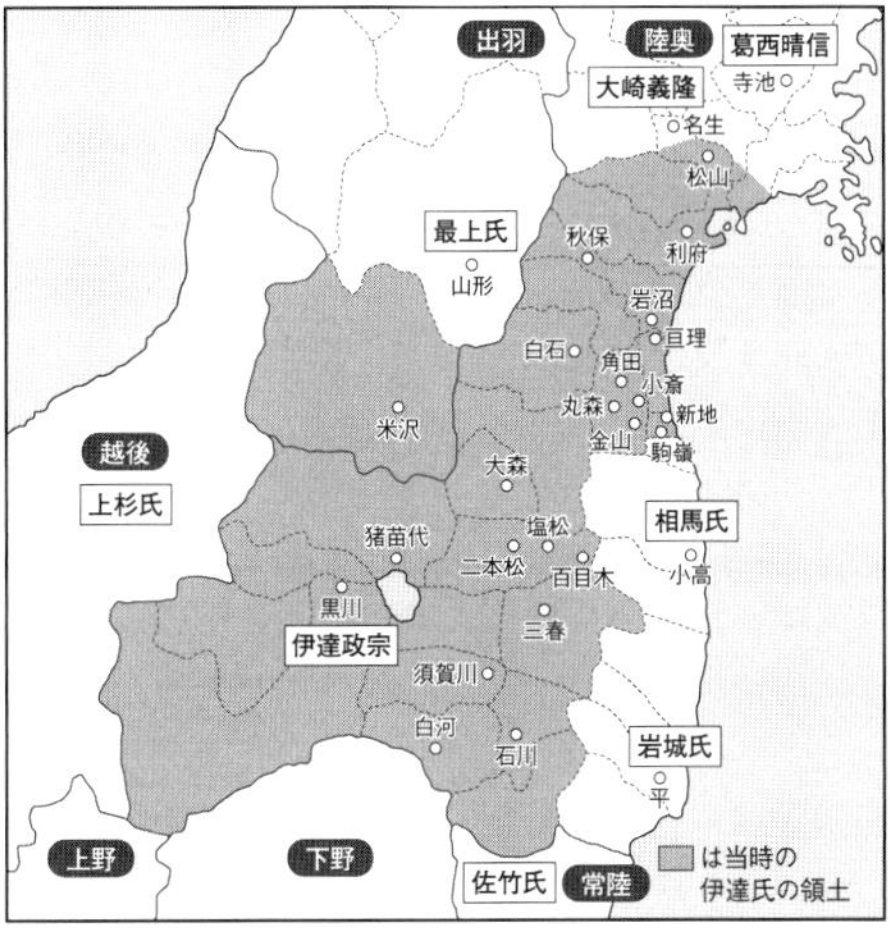

（仙台市博物館図録『伊達政宗と家臣たち』をもとに作成）

政宗は頭の中で、「北条の本拠である小田原城は天下の堅城なので、もしかしたら北条が粘ってくれるかもしれない」という微《かす》かな希望というか願望を抱いていたかもしれません。一方で、政宗は前田利家や浅野長政ら秀吉の側近とも音信を交わしていたので、楽観的な見通しが通用しないこともある程度は察していました。そしてついに、政宗は秀吉がいる小田原への参陣を決意します。

政宗と母の本当の関係性

ところが、その直前となる天正18年（1590）4月、弟の小次郎政《まさ》道《みち》が急死します。通説では、兄の政宗によって誅殺《ちゅうさつ》されたといわれています。

伊達家の正史『伊達治家記録』では、母の義姫が最上義光（義姫の兄）にそそのかされ、政宗を毒殺しようとしたことが書かれています。政宗は一命を取り留めますが、母が溺愛《できあい》する小次郎政道に伊達家を継がせようとしたこと、裏で義光が糸を引いていたことを感じ取り、小次郎を誅殺します。このとき、政宗は「弟に罪はない。母を害することはできないので、やむをえない」と述べたとも伝わります。

しかし、本当にこの話が正しいのかどうかというと、私は疑問を抱いています。義姫は事件後に実家である最上家に出奔したとされていますが、実際はその後しばらく伊達家に留まっていたからです。母子で親しく手紙のやり取りをしていることから、「政宗と義姫が共謀して小次郎を殺した」という説を唱える専門家もいます。

小次郎政道は政宗から七代の勘当《かんどう》をいい渡され、寛政5年（1793）にようやく勘当を解かれているので、小次郎には誅殺される何かしらの理由があったはずです。あるいは最上義光が小次郎を利用して、伊達家を乗っ取る計画があったのかもしれません。政宗の父・輝宗も、小次郎を蘆名家当主の座に送り込み、蘆名氏を乗っ取ろうとしたことがあるので、その線がないとはいい切れません。

通説では、義姫が長男の政宗を疎《うと》んじ、次男の小次郎を寵愛《ちょうあい》したとされています。今の世の中でも、母親が上の子よりも下の子をかわいがることもあったりしますが、そういうことが戦国時代にもあったのかもしれません。特に政宗は名門伊達家の嫡子なので、義姫が育児に関わる機会は少なかったと思われます。とはいえ、そのためだけに政宗を殺し、弟の小次郎を後継ぎにしようとしたと考えるのは難しいのではないでしょうか。

母・義姫からの子・政宗に対する思いは複雑だったと思われますが、政宗は母親が大好きだったと考えられます。朝鮮出兵の後、政宗は京都で流行っていた小袖を義姫に贈っています。このとき、一緒に手紙も書き送っていますが、細やかな気遣いが感じ取れる内容になっているからです。政宗はたびたび小袖を贈っていたようで、義姫もリクエストをしていたようです。

こうしたやり取りから、母子の関係は順調そうに見えますが、政宗の師である虎哉宗乙が大有康甫《だいゆうこうほ》（伊達稙宗の十三男、政宗の大叔父）に宛てた手紙には、義姫が文禄3年（1594）11月に出奔したことが記されています。行き先は実家の最上家で、その理由は謎に包まれています。義姫が政宗と再会したのは28年後の元和《げんな》8年（1622）で、最上家が改易《かいえき》されてからのことです。

義姫は元和9年（1623）7月、76歳で世を去りました。亡くなる前に政宗へ宛てた手紙では、政宗の道中の無事や孫への気遣いを記しています。毒殺未遂の件もあって悪女のイメージがある義姫ですが、残された手紙からは、子や孫を愛する優しい女性だったことがうかがえます。

白装束姿で小田原に参陣した理由

天正18年（1590）5月、政宗は片倉小十郎景綱ら少数の供を連れて出立し、小田原に向かいました。いざというときの備えとして、本国には戦上手の伊達成実を残しました。そして、小田原に参陣した政宗は、白装束姿で秀吉と面会します。

大名間の私的な領土争いを禁じる惣無事令《そうぶじれい》が出た後に会津の蘆名を滅ぼした政宗は、その場で改易や切腹を命じられてもおかしくない立場にありました。一方で、政宗は事前に秀吉の性格や好みを研究して、派手なパフォーマンスが好きなことを把握していたと思われます。そこで、自分が秀吉に臣従するという意味合いを対外的に最も効果的に見せるために、白装束姿で現れたのではないでしょうか。

秀吉はこの政宗のパフォーマンスをどう感じたのか。巷間《こうかん》、秀吉は喜んだとも伝えられていますが、秀吉は内心「ややあざといな」と受け止めたのではないかと思います。ただ、決して悪い気はしなかったのでしょう。政宗は会津四郡・岩瀬郡・安積《あさか》郡の没収にとどまり、取り潰しは免れました。奥州を統治する上で、政宗が必要であると冷静に判断されたとも読めます。一方で、葛西氏や大崎氏といった奥州の大名は改易され、最上氏や相馬氏は所領を安堵されました。

歴史のif（もしかしたら）として、「政宗がもう少し早く生まれていたら、天下を統一できていたか」という話が出てくることがあります。しかし、政宗が仮に20年早く生まれていたとしても、上洛の途上には信玄や謙信、信長など「戦国オールスター」がいたので、おそらく天下に覇を唱えることは厳しかったのではないでしょうか。

さらに、戦国時代の奥州は経済や教育の面で後れをとっていたことも否めません。当時の最先端地域は畿内や九州であり、現代でいえば、優秀な塾や大学があちこちにあるような状況でした。堺や博多などの貿易港も多く、アジアや南蛮《なんばん》ともつながっていました。

ただそうした中でも、政宗は輝宗の後押しですばらしい教育を受けることができました。幼少時に経験した疱瘡や衝撃的な父の死、当主としての厳しい日々が、政宗を一流の〝戦国武将〟に鍛えあげたのです。

一揆《いっき》煽動《せんどう》の弁明のために上洛

若い頃の政宗は、ある種「俺は他の連中とは違う。将来ビッグになる」というような全能感を丸出しにした青年に近いイメージを醸《かも》し出しています。しかし、秀吉というとてつもなく巨大な存在を前にして、ヤンチャな面が徐々に削ぎ落とされ成熟していきます。

政宗の「大人としての振るまい」は、小田原参陣の際に早くも表れています。小田原に到着した政宗は前田利家や浅野長政などから詰問《きつもん》を受けましたが、その際に、千利休《せんのりきゅう》から茶道の教授を受ける斡旋《あっせん》を依頼しています。これを聞いた秀吉は、「田舎育ちに似ぬ奇特さと、危機の最中にそのような申し出をするとは」と、政宗の器量を褒めたそうです。北条氏滅亡後の奥州仕置では先導を務め、秀吉の接待もしています。

とはいえ、当時まだ20代半ばだった政宗のヤンチャの虫が、完全に収まったわけではありません。天正19年（1591）、改易された葛西氏と大崎氏の旧臣が一揆を起こし、政宗は新たに会津の領主となった蒲生氏郷《がもううじさと》とともに鎮圧にあたります。ところが、一揆を裏で煽動していたのが政宗であることが露見し、政宗は弁明のために上洛します。

このとき、政宗は白装束に加えて、金箔《きんぱく》を貼った磔柱《はりつけばしら》（十字架）を担いで参上したといわれています。今回はさすがに許されないかと思われましたが、秀吉は政宗の命を奪うことはありませんでした。その代わりに米沢から旧葛西・大崎領への転封を命じ、石高《こくだか》も72万石から58万石に減らされました。新たに岩出山《いわでやま》城を拠城とし、一揆で荒廃した新領の統治に追われることになったのです。

政宗は一揆を「煽動していない」と弁明しましたが、私はやっていたと推測します。秀吉に隠れてそのようなことをしたら、それを理由に潰されるのは目に見えており、家康など歴戦の武将はそのような行為を絶対やらないのですが、政宗はまだ「これぐらい大丈夫だろう」という詰めの甘さがあって、やってしまったのではないでしょうか。

中央には中央、奥州には奥州のやり方があって、政宗は奥州のやり方で一揆を煽動しました。秀吉に歯向かうとか、そういう意識でやったわけではなく、小石を投げるような感覚でやったのだと思います。奥州ならどこかのタイミングで幕を引いて終わるところですが、中央では許されない行為でした。

まだ中央の世界をよく知らないこともありましたが、政宗には旧蘆名領を召し上げられたことに対する不満が燻《くすぶ》っていたのでしょう。「少しでも領地を拡げたい」という欲から一揆を煽動したと考えられますが、損切りできない政宗の若さが招いた失敗でした。

意外と馬が合った政宗と秀吉

数々の修羅場《しゅらば》をくぐり抜けた秀吉にとって、親子ほど年が離れた政宗は、そこまで脅威《きょうい》には感じなかったのかもしれません。あるいは、この頃の秀吉は朝鮮出兵を間近に控えていたので、政宗を改易するのは得策でないと考えていた可能性もあります。いずれにせよ、政宗は再び窮地《きゅうち》を脱しました。

政宗は秀吉の動向に振り回されましたが、二人の関係性は決して悪くなかったと思われます。むしろお互いに気質的に似た面もあり、心情的にも通い合うものがあったように感じます。

秀吉が政宗を気に入っていた証左として、長船光忠《おさふねみつただ》作の名刀「燭台切光忠《しょくだいきり》」にまつわるエピソードがあります。慶長元年（1596）、大坂、伏見を行き来する船を献上した政宗は、秀吉から光忠の刀を下賜《かし》されます。翌日、政宗が光忠を帯びて普請場に来たところ、秀吉は「政宗に刀を盗まれた。取り返してまいれ」と小姓《こしょう》たちに命じます。これは秀吉の冗談でしたが、小姓たちは政宗から刀を取り返そうとします。すると政宗は城内を逃げ回り、秀吉はその姿を見て大笑い。結局、秀吉は政宗を許し、刀はそのまま政宗のものになりました。

こうした一連の政宗と秀吉のエピソードをもとに、『戦国武将伝　東日本編』の宮城県では伊達政宗を主人公とした掌編「頂戴致す《ちょうだい》」を書いています。

政宗と秀吉の関係性を現代風にいうならば、叩き上げで日本一の大企業に育て上げた経営者（秀吉）と、子会社化した地方の老舗企業の若手経営者（政宗）といった感じです。政宗が母の義姫に宛てた手紙にも、「太閤《たいこう》秀吉様、関白秀次様の覚えめでたく、日々懇《ねんご》ろなお言葉をかけていただき周囲にも鼻が高い」という記述があります。

文禄2年（1593）、政宗は朝鮮出兵のために上洛しますが、その出陣式でも、政宗は爪痕《つめあと》を残しています。

伊達家の正史『伊達治家記録』によると、伊達隊の馬上騎はいずれも毛色華麗で、黒母衣《くろほろ》に金の半月印をつけ、馬には豹《ひょう》・虎・熊の皮あるいは孔雀《くじゃく》の尾などが飾られていました。足軽隊の具足は黒塗りで前後に金星をつけ、笠は三尺に及ぶ金のとがり笠だったそうです。京都の人たちは伊達隊の華美な戦装束に拍手喝采《かっさい》し、派手な振るまいをする人を「伊達者」と呼ぶようになったといわれています。北野大茶会で「黄金の茶室」を披露した秀吉も、さぞかし喜んだことでしょう。

若くして家督相続をした後、政宗が電光石火の勢いで南奥州の覇者に君臨できたのは、家臣の裏切りがほとんどなかったことも大きかったといえます。

しかし、豊臣政権下の時代には重臣の鬼庭綱元《つなもと》が一時高野山に去り、伊達成実も待遇への不満から出奔しています。この二人は後に帰参することになりますが、この頃は岩出山への本拠移転、朝鮮出兵、母の出奔などが立て続けに起こり、政宗にとって前途が明確に描けない時代でもありました。家臣たちの焦りや苛立ちも相当なものだったと推測されます。表面的には華やかでしたが、苦難と忍従の日々だったのではと推考します。

また、以下のような「五常訓《ごじょうくん》」とされる言葉が伝わり、儒教の五つの徳「仁・義・礼・

智・信」をバランスよく取ることの大事さを政宗流に説いています。ただし、政宗による作なのかは疑問も呈されています。

「仁に過ぐれば弱くなる。義に過ぐれば固くなる。礼に過ぐれば諂《へつらい》となる。智に過ぐれば嘘を吐く。信に過ぐれば損をする。

気長く心穏やかにして、よろずに倹約を用い金銀を備ふべし。倹約の仕方は不自由なるを忍ぶにあり。この世に客に来たと思へば何の苦しみもなし。朝夕の食事はうまからずとも褒めて食ふべし。元来客の身に成れば好き嫌ひは申されまじ」

「この世の中に客として来ている」、そう考えれば、確かに「轗軻不遇《かんかふぐう》（ことが思うようにならないこと）」も受け入れられ、心穏やかに平静を保てるかもしれません。

関ヶ原当時、まだ野心を抱いていたか

慶長3年（1598）に秀吉が亡くなると、時代が大きく動き始めます。主役は五大老の筆頭・徳川家康で、六男の松平忠輝と政宗の長女・五郎八《いろは》姫（天麟院）の婚約を成立させます。政宗は豪商・今井宗薫《そうくん》を通じて家康に接近し、関ヶ原の戦いでも東軍に属しました。

戦いの前、家康は政宗に「百万石の御墨付き」の約束を取り交わしています。かつて秀吉に没収された旧領を返すことを約束したものです。政宗はこの約束が反故にされる可能

性があると感じつつも、西軍に属した上杉景勝の足止め役を担いました。あるいは、諸大名が関ヶ原に集中している間に、兵を進めて領土拡張を狙っていたかもしれません。政宗は関ヶ原の戦いが長引くほど、自身に有利な状況になると踏んでいたのでしょう。

ところが、慶長5年（1600）9月15日に始まった関ヶ原の戦いは、その日のうちに終わってしまいます。家康も政宗の動きを警戒していたのか、当日中に勝利の報《しら》せを政宗に送っています。政宗も矛を収めざるをえなくなり、東北の戦いも終結しました。

合戦後、「100万石の御墨付き」の約束は履行されず、加増は刈田郡2万5000石のみでした。その理由は明らかでないですが、政宗が南部氏の領内で発生した一揆を煽動したのが原因ともいわれています。いずれにせよ、政宗の100万石の夢は水泡《すいほう》に帰《き》したのです。

これにはさすがの政宗も懲《こ》りたのか、これ以降は領国経営に力を入れるようになります。領土拡張など野心家のイメージが強かった政宗ですが、この辺りから堅実な大名、太平の世のリーダーへと変身を遂げていきます。

慶長18年（1613）に政宗は、支倉常長《はせくらつねなが》ら慶長遣欧使節をイスパニア（スペイン）等へ派遣したことから、「ヨーロッパの国と手を組んで幕府を転覆《てんぷく》させる狙いがあった」ともいわれますが、これはそもそも幕府の許可を得た上での使節派遣でした。当時は、慶長16

年（１６１１）に起きた慶長三陸地震による津波被害からの復興を計っており、実際は海外との貿易が主たる目的だったと考えられています。

内政重視の堅実路線にシフトしたこともあってか、政宗の後半生で語られるエピソードはそれほど多くありません。しかし、居城を仙台に移して町づくりを進めたり、大規模な開拓を行って実質的には１００万石といわれるほど石高を上げ、北上川や阿武隈川などが流れる仙台平野を豊かな穀倉《こくそう》地帯にしたりするなど、現代の東北の礎となる事業を行っています。

創作の世界では、政宗は大阪の陣の頃まで天下取りの野心があったように描かれていますす。実際に政宗がどう思っていたのかは定かでないですが、政宗が娘を家康の六男・松平忠輝に嫁がせていたこと、数年で奥州の大半を制した実力が、野心を抱き続けたという人物造型に一役買いました。

関ヶ原の頃には中央の事情にも精通していたので、天下取りはさすがに厳しいと感じていたと思います。「家康と三成が両方倒れたら面白いことになる」と内心考えていたとしても、自ら積極的に仕掛けることはありませんでした。

天下を意識していたとされる政宗だけに、もし戦国の勝者は天下人ただ一人、残りはそれに従う敗者という見方をするならば、海外へ船を出したり、趣味を満喫したりするなど、後年の政宗は戦国の敗者としての日々を楽しんだといえそうです。政宗は外様《とざま》大名ではありましたが、年齢と経験は他の大名より抜きん出ており、将軍家光も政宗を「伊達の親父殿」と呼んで慕《した》っていました。

輝宗が家督を政宗に譲ったのは41歳のときですが、政宗は高齢になっても江戸参府を続けました。これは将軍家の意向もあったとされ、寛永13年（1636）、江戸の上屋敷において70歳で亡くなるまで、隠居せず生涯現役であり続けました。

辞世《じせい》の句「曇《くも》りなき　心の月を　さきたてて　浮世の闇を　照らしてぞ行く」。政宗が何を大切にしていたのかがわかる句です。この世には辛《つら》いこと（浮世の闇）がたくさんあるけど、それを私は「心の月」で照らしていく。太陽の光ではなく「月の光」にしているところに、政宗のセンスの良さを感じます。大きな金色の三日月の前立てがある筋兜《すじかぶと》も政宗のトレードマークとなっていますが、こうした政宗の美意識と生き方は後世多くの人に愛される要因となり、今も人気武将の地位を不動のものとしているのでしょう。

【伊達政宗の喜怒哀楽】

喜……蘆名氏を倒して会津を手に入れたとき

天正17年（1589）、政宗は蘆名領を手に入れました。家督継承からわずか5年での快挙に、政宗は大きな達成感を得たでしょう。政宗はよく「10年早く生まれていれば……」といわれがちですが、本当に10年早く生まれていたら、奥州は完全に政宗のものになっていたかもしれません。

怒……天正13年（1585）の小手森城攻め

裏切った大内定綱を倒すため、政宗は大内領の小手森城を攻めます。このとき、政宗は近隣勢力への見せしめとして撫《な》で斬りを行い、女子どもも容赦なく殺しました。自分を裏切った定綱への怒りが感じられますが、後に定綱の帰参を許し、所領を与えています。

哀……小田原へ向かう途上

宿敵蘆名氏を倒して奥州に114万石の領土を有するに至った政宗を待ち受けていたのは、豊臣秀吉の圧力でした。観念した政宗は秀吉に会うために小田原へ向かいますが、切腹を命じられる可能性もあり、憂鬱な道中だったと思われます。

楽……平和な世になった晩年

波乱に満ちた前半生とは打って変わって、後半生は料理などの趣味を満喫してゆとりある日々を過ごしました。年下の将軍や諸大名からは尊敬の眼差《まなざ》しで見られ、自尊心も満たされたことでしょう。

【伊達政宗の乾坤一擲《けんこんいってき》】

慶長遣欧使節の派遣

徳川幕府の基盤が固まりつつあるなか、大型帆船を建造して太平洋を横断させ、イスパニア（スペイン）国王およびローマ教皇に使節を派遣するのは奇想天外な発想と挑戦でした。晩年の野心の向け方としても、己の方向性を良い方向に変えていった象徴的な出来事でもありました。

伊達政宗　系図

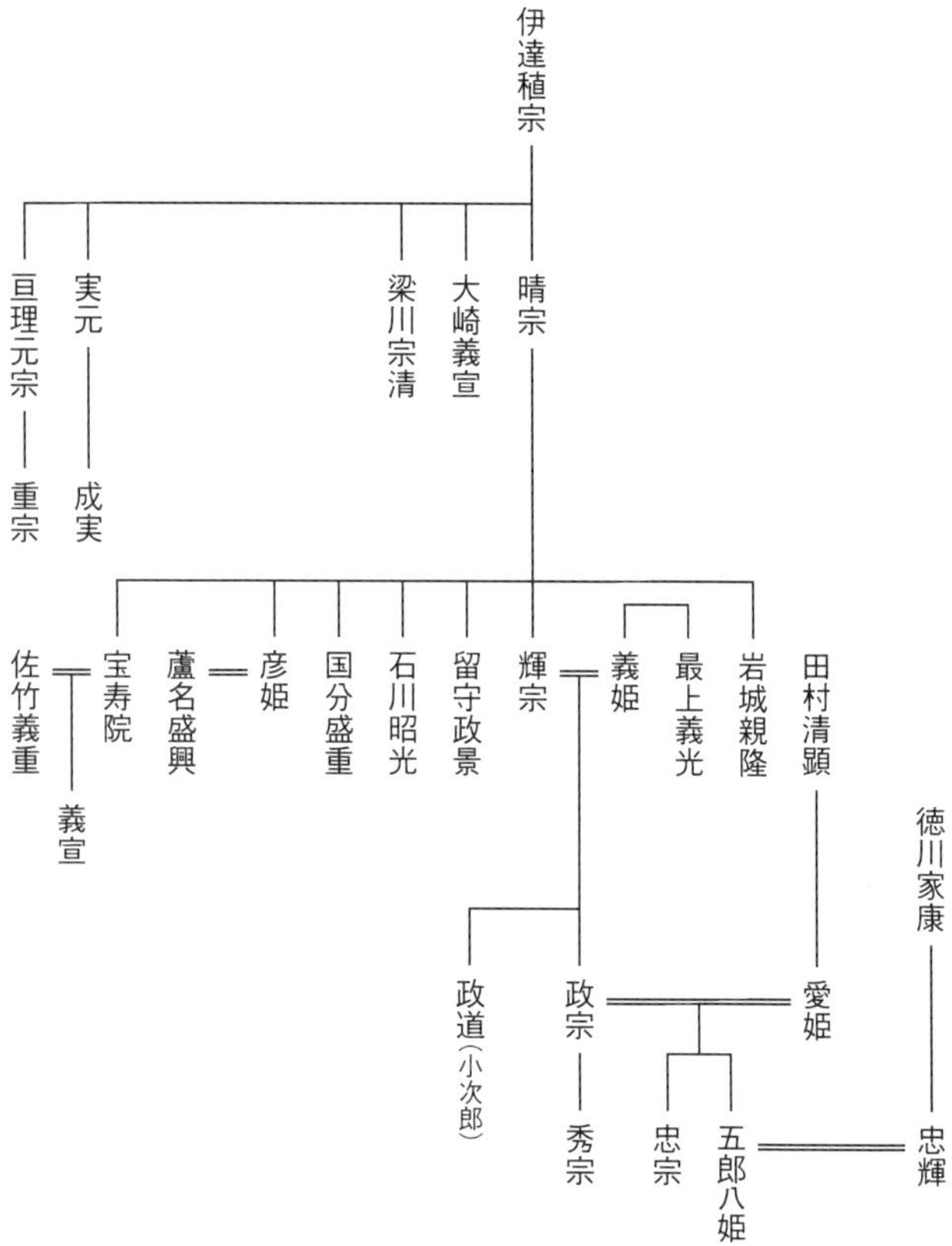

伊達稙宗
亘理元宗
重宗
実元
成実
梁川宗清
大崎義宣
晴宗
宝寿院
佐竹義重
義宣
彦姫
蘆名盛興
国分盛重
石川昭光
留守政景
輝宗
義姫
最上義光
岩城親隆
田村清顕
愛姫
政道（小次郎）
政宗
秀宗
忠宗
五郎八姫
徳川家康
忠輝

伊達政宗　略年表

元　号	西暦年	出来事
永禄10年	1567	伊達輝宗の嫡男として出羽国米沢で誕生。幼名は梵天丸
元亀2年	1571	疱瘡(天然痘)を患い、右目の視力を失う
天正5年	1577	元服して「政宗」と名乗る
天正7年	1579	田村清顕の娘・愛姫と結婚
天正9年	1581	初陣を飾る
天正12年	1584	父・輝宗の隠居に伴い家督を相続
天正13年	1585	小手森城攻めで撫で斬りを行う 父・輝宗が死去 人取橋の戦いで南奥州諸侯連合軍と激突
天正14年	1586	二本松城を攻略
天正17年	1589	摺上原の戦いで蘆名氏に勝利
天正18年	1590	弟・小次郎政道が死去 豊臣秀吉に臣従し、会津領他を没収される
天正19年	1591	葛西大崎一揆の煽動疑惑が浮上し、上洛して秀吉に弁明する 米沢72万石から岩出山58万石に減転封
文禄2年	1593	文禄の役(朝鮮出兵)に従軍
文禄4年	1595	関白・豊臣秀次が謀反の疑いをかけられて切腹。政宗も謀反への関与を疑われる。
慶長4年	1599	長女の五郎八姫と徳川家康の六男・忠輝との婚約が成立
慶長5年	1600	関ヶ原の戦いで東軍につく
慶長6年	1601	居城を仙台に移し、城と城下町の建設を開始
慶長16年	1611	虎哉宗乙が死去 慶長三陸地震が発生。津波被害を受ける
慶長18年	1613	仙台領内で大型帆船サン・ファン・バウティスタ号を建造 慶長遣欧使節を派遣
慶長19年	1614	大坂冬の陣に幕府軍として従軍(翌年の夏の陣にも従軍)
元和9年	1623	母・義姫が死去
寛永13年	1636	70歳で江戸の屋敷にて死去

COLUMN 6

金山《かなやま》衆・金掘《かなほり》衆

戦国期には領国内の金山を開発し、軍資金などに充てる大名がいました。その代表格が甲斐の武田信玄で、甲州金を鋳造して朝廷や幕府への献上、寺社への奉幣《ほうへい》、家臣への褒美などに活用しました。

甲斐には多くの金山がありましたが、その開発を担ったのが金山衆です。彼らは金山の経営に携わり、実際に鉱山の労働に従事する技術者集団を金掘衆といいます。金山衆は金掘衆を金山に送り込み、採金を行っていました。

金山の経営形態には、大名が金山全体を直接経営する方式と、金山の経営や採掘を金山衆に委託する方式があります。前者の場合は採掘した金を大名が収取し、後者の場合は金山衆が一定の金を上納する形で大名に金がもたらされました。

かつては、金山衆が武田氏と被官《ひかん》関係を持っていたと考えられていました。しかし、信玄時代に金山衆に知行を与えた文書は存在せず、信玄が金山を直接統治したという通説には疑問が持たれています。とはいえ、金山で採掘された金が武田家中に入ったのは確かで、信玄の快進撃の原動力になりました。

甲斐で最も知名度が高い金山は黒川金山で、近年の発掘調査から、信玄の父・信虎の時代には開発が始まっていたことが明らかになっています。信玄の時代には灰吹法《はいふきほう》と呼ばれる新技術が導入され、金の産出量が増加しました。

金山衆の動向は不明な点が多いですが、彼らは単に金の採掘をしていたわけではなく、商業活動や農業経営も行っていたことがわかっています。さらに、戦場に駆り出されたことが、武田氏の文書から明らかになっています。

元亀元年（1570）、信玄は北条方が守る駿河の深沢城を攻撃しますが、金山衆、金掘衆を動員し、坑道を掘って城を破壊する「もぐら攻め（穴攻め）」を行ったと伝わります。これが大きな戦果を挙げ、北条方は開城撤退しました。彼らは見返りとして、税免除などの特権を得たといいます。また、金山衆の掘削技術は土木技術の発達も促し、河川の氾濫《はんらん》を防ぐために築かれた「信玄堤《しんげんづつみ》」にもその技術が活かされたそうです。

黒川金山は勝頼の代になると衰退し、武田氏は天正10年（1582）に滅亡します。甲斐は徳川家康の支配下となりますが、黒川の金山衆は武田時代の特権が引き続き認められました。

第7章 松永久秀——なぜ梟雄《きょうゆう》とされてきたか

なぜ『じんかん』の主人公として描いたのか

戦国時代には、「三大梟雄《きょうゆう》」と称されるダーク・ヒーローが存在します。美濃《みの》の国盗《くにと》りを行った斎藤道三、謀略《ぼうりゃく》を駆使して備前《びぜん》を支配した宇喜多《うきた》直家、そしてこの章でとりあげる松永久秀です。「梟雄」とは残忍で勇猛な英雄を指し、三人は小瀬甫庵《おぜほあん》の『太閤記』に悪人として紹介され、そのまま梟雄としてのイメージが定着していきました。

松永久秀は拙作『じんかん』の主人公とした武将で、非常に思い入れが強い人物です。彼を小説の主人公に取り上げたのは、主君を殺し、将軍をも暗殺し、東大寺の大仏殿を焼き尽くしたという強烈な「悪」のイメージで塗り固められたこの人物が、はたして後世に伝えられたような極悪人だったのか、最新研究なども十分踏まえながら、偏見を持たずに等身大の姿で描いてみたいと思ったからです。

私が歴史小説の主人公を決めるとき、まずは世の中にある現代的なテーマを一つピックアップします。『じんかん』執筆の際は、インターネット上の誹謗《ひぼう》中傷で亡くなる方もおられる状況で、「人はなぜこんなにも他人を叩くのだろうか?」と思ったことがきっかけです。芸能人でいえば不倫や税金の滞納、闇営業などをした人が暴走した正義感によって「バッシング」の標的になっていました。

さらにはイメージが先行して、特に悪いことをしていなくても叩かれる人がいます。寄附をしても偽善者呼ばわりされるなど、負のレッテルが一度つくと、それを払拭《ふっしょく》するのは至難です。

会ったこともない人を一面的に悪者と決めつけ、粗探《あらさが》しをしてあげつらい非難の対象にする。こうした正義に溺れ、罰することに悦びを感じる風潮はなぜ起きるのかということを考え抜いたときに、ふと思い浮かんだのが、戦国時代の悪評の被害者とも思える松永久秀でした。私は久秀が治めていた京都府木津川《きづがわ》市の出身だったこともあり、小説を書く以前から久秀という人物に興味を持っていました。

出来上がった小説『じんかん』は、数々の賞をいただくとともに、「松永久秀がこれほど魅力的に描かれるとは」など、読者の反響もとても大きい手応えのある作品となりました。

「悪人」像はどのようにして定着したか

『じんかん』刊行時（2020年）の公式な内容紹介は以下のようなものです。

仕えた主人を殺し、天下の将軍を暗殺し、東大寺の大仏殿を焼き尽くす——。「民を想い、民を信じ、正義を貫こうとした」青年武将は、なぜ稀代の悪人となったか？

時は天正五年（1577年）。ある晩、天下統一に邁進する織田信長のもとへ急報が。信長に忠誠を尽くしていたはずの松永久秀が、二度目の謀叛を企てたという。前代未聞の事態を前に、主君の勘気に怯える伝聞役の小姓・狩野又九郎。だが、意外にも信長は、笑みを浮かべた。やがて信長は、かつて久秀と語り明かしたときに直接聞いたという壮絶な半生を語り出す。

貧困、不正、暴力……。『童の神』で直木賞候補となった今最も人気の若手歴史作家が、この世の不条理に抗う人すべてへ捧ぐ、圧巻の歴史巨編！

作中では信長に仕える小姓頭の狩野又九郎に、「天下の悪人という印象を持っている以外、己は松永久秀という男について、何も知らないことに気付かざるを得なかった」と述べさせています。

久秀の「大悪人」像がいつ頃完成したのか、原型とされるのは、久秀と同年代を生きた太田牛一《ぎゅういち》の『太かうさまくんきのうち（太閤様軍記の内）』の記述です。

曰《いわ》く、「久秀は将軍・足利義輝を討ち、主君の三好長慶の子・義興を毒殺し、東大寺の大仏殿を焼いた。最期は信長にも叛《そむ》いて焼死したが、これは過去の行いが招いた因果《いんが》応報によるものだ」。

しかし、太田牛一は強烈な秀吉シンパで、豊臣秀頼が徳川家康と二条城で会見した際にも秀頼方として供奉《ぐぶ》しています。前掲書では秀吉の徳を賞賛し、甥《おい》の豊臣秀次を自刃させた事件を「秀次の乱行と秀吉への謀反《むほん》によるもの」と述べています。そして、主君に対して反旗を翻《ひるがえ》した者を列挙していますが、その中に久秀も名を連ねています。

江戸時代には現代の私たちがよく知る「武士道」が確立され、主君に対して忠義を尽くすことが武士の正しい振るまいとされるようになります。その結果、実力があれば上位の者を打倒してもよいとする「下剋上《げこくじょう》」の考え方は否定され、中でも久秀は「武家の秩序を乱した者」として扱われます。江戸時代中期に成立した戦国武将の逸話集『常山紀談《じょうざんきだん》』に、信長が久秀を「悪人」として紹介する有名な逸話が記されています。

「徳川家康が信長に対面したとき、織田家臣になっていた久秀が傍《かたわ》らにいた。信長は『この老翁は世の人の成しがたきことを三つも成した。一つは将軍殺し、一つは主君の三好（義興）殺し、そしてもう一つが南都（東大寺）の大仏殿の焼き討ちだ』と言い、久秀は汗を流して赤面したという」

この話は後世の創作である可能性が高いのですが、イエズス会の宣教師ルイス・フロイスの著書には、久秀について次のように記されています。

「久秀はさして高い身分ではないが、その知力と手腕によって、自らは家臣であるにもかかわらず、将軍と三好殿を掌握していた。彼は巧妙、裕福、老獪《ろうかい》で、将軍や三好殿は、彼が欲するこど以外何もなし得ない」

このフロイスによる評価が「客観的な目を持つ外国人の久秀評」となり、『太かうさまくんきのうち』や『常山紀談』の久秀像の裏付けになってしまったと考えられます。

新肖像画からうかがえる人物像

江戸時代後期、漢学者の頼山陽《らいさんよう》が記した『日本外史《がいし》』には、信長が欲していた茶釜「平《ひら》蜘蛛《ぐも》」を久秀が破壊し、自害する最期が描かれています。『日本外史』は歴史的事実に忠実とはいいがたい記述も散見されますが、幕末から明治にかけてのベストセラーになり、勤皇思想にも大きな影響を与えました。

この『日本外史』には久秀の「三悪」のエピソードも記されていたので、久秀の悪人イメージは庶民層にも広く知られるようになります。戦国武将の人物像は江戸時代に創作されたものの影響を受けており、久秀の悪人像もその一つといえるでしょう。

極めつけは、「血みどろ絵」で知られる浮世絵師の月岡芳年《よしとし》が明治16年（1883）に描いた久秀の錦絵《にしきえ》です。描かれたのは、古天明平蜘蛛《こてんみょうひらぐも》という大名物《おおめいぶつ》の茶釜を柱に叩きつけて粉々にして、燃え盛る炎の中で自害する姿。あまりにインパクトが強すぎて、久秀の梟雄のイメージが人々の脳裏にしっかりと焼きつけられました。

後北条氏の礎《いしずえ》を築いた伊勢宗瑞《そうずい》（北条早雲）も、かつては、久秀や斎藤道三と共に梟雄の一人に数えられていました。しかし、戦国時代の一次史料による実証的な研究が進んだことで、人物像が大きく変わっています。宗瑞は「出自がわからない素浪人」から、「室町幕府政所《まんどころ》執事伊勢氏の一族」に変容。生年も永享《えいきょう》4年（1432）から康正《こうしょう》2年（1456）が有力な説となり、かつての「遅咲きの名将」のイメージは薄れつつあります。もう一人の梟雄である道三も一代ではなく、親子二代による国盗りであることが明らかになっています。

月岡芳年による「芳年武者无類　弾正忠松永久秀」

一方で、畿内の戦国研究は立ちおくれ、最近ようやく久秀の実像が語られるようになってきました。

令和2年（2020）3月には、久秀の新たな肖像画が見つかったことが発表されました。東京都内の古美術商が所有していたものを高槻《たかつき》市が購入し、調

松永久秀像（所蔵：高槻市立しろあと歴史館）

査を行って久秀の肖像画であることが判明したのです。筆致や紙の材質などから、没後間もない時期に描かれた原画を江戸時代に模写したものと考えられています。

新たな肖像画は前歯が出ているなど、人物の特徴をよく捉えて描いた可能性が高いといえます。極悪人風に描かれた錦絵とは一線を画した官僚風のこの画は、再評価を進めるうえでも貴重な資料です。『じんかん』を上梓《じょうし》したタイミングでこの肖像画が出てきたので、何となく運命めいたものを感じたことを憶《おぼ》えています。

「久秀さん、思っていたよりもかわいらしいな」というのが、新しい肖像画を見たときの率直な感想です。パリッとした格好で、理知的な雰囲気もあり、「悪人」のイメージとはかけ離れたものです。私が『じんかん』を執筆する際にはこういう久秀を想像していたので、肖像画を見たときは「やはりそうか」という感慨を抱きました。

とはいえ、久秀の悪人のイメージが完全に払拭されたわけではありません。大河ドラマ「麒麟《きりん》がくる」(20年)の久秀は近年の新説を多く採用し、平蜘蛛を抱えての派手な爆死シーンはありませんでした。しかし、SNSには「それでも爆死が見たかった」という声も多く見られ、従来のイメージの根強さをひしひしと感じました。

出自にまつわる三つの説を融合させた理由

三好家に仕えるまでの久秀の生涯は謎に包まれています。興福寺多聞院《こうふくじたもんいん》の英俊《えいしゅん》が記した『多聞院日記』の記述から、永正5年(1508)の生まれとされています。

出自も山城国西岡(京都府京都市西京区、向日市《むこう》、長岡京市)の商人説、阿波国《あわ》市場(徳島県阿波市)の土豪《どごう》説、摂津国五百住《せっつよすみ》(大阪府高槻市)の土豪説などがありますが、現在は摂津説が有力視されています。

山城国西岡説は、「斎藤道三が西岡の油売りの出身だった」という話を援用したものと思われます。久秀は京都の事情にも通じていたので、「京都近辺の出身者に違いない」というバイアスがかかったのかもしれません。

阿波説は、加賀出身の松永氏が阿波にやってきて、犬墓《いぬのはか》村に城を構えたという地元の由緒書に基づくものです。ただし、三好元長《もとなが》が阿波国から畿内に入る際に連れて行った武士の中に、松永氏の名はありません。阿波から来た武士は三好長慶《ながよし》の次弟・実休《じっきゅう》に従って行動しているので、阿波説の実証も難しい。

これに対し、摂津説にはいくつかの傍証《ぼうしょう》があります。享保《きょうほう》年間に成立した『摂津志』には、久秀の故居《こきょ》が摂津国の東五百住村にあると記載されています。これが後世の史料にも受け継がれ、大正時代に刊行された『大阪府全志』にも採用されています。

享保2年（1717）に刊行された『陰徳太平記《いんとくたいへいき》』、大和で作成された『和州諸将軍伝《わしゅうしょしょうぐんでん》』にも、久秀の出自の記述で「五百住」という地名が出てきます。高槻市にある本山寺《ほんざんじ》が作成した『本山寺霊雲院掟《れいうんいん》』には、久秀の寄進田《きしんでん》が五百住にあったと記されています。

久秀は本山寺とのゆかりが深く、天文《てんぶん》末頃には朝鮮王朝の硯《すずり》（葡萄日月硯《ぶどうにちげつけん》）を奉納したともいわれています。古くは室町幕府八代将軍・足利義政の所蔵で、久秀が本山寺の毘沙《びしゃ》門天《もんてん》を篤《あつ》く信仰したところ、霊夢《れいむ》の恩恵で武門の名誉が得られたことから、田地と家宝である硯《すずり》を奉納したことが、江戸時代に刊行された『摂津名所図会《ずえ》』に記されています。

この説に従えば、久秀は摂津国五百住の武士の出身ということになります。しかし、『じんかん』を執筆する際は、西岡説と阿波説、そして摂津説の三つを全部取り入れて描きました。この三つの説にはそれぞれ支持する人たちがいて、そうした人たちの気持ちを裏切りたくないという思いもありましたし、三つを合わせたときに魅力的な久秀が生まれると感じたからです。その結果、西岡出身で、摂津で人格形成がなされ、青年期に阿波へ逃れたという話が生まれました。

久秀が生まれたのは戦国時代の黎明期《れいめいき》で、出自がよくわからない人物もたくさんいました。久秀が仮に摂津国の土豪出身だったとしても、父親はどんな人物だったのかがわかっていないので、本当に武士だったかどうかも怪しいものがあります。もしかしたら、『じんかん』で描いたような流浪の孤児《こじ》だったかもしれません。

久秀が残した書状などを読むと、民を想う優しい人物だったことがうかがわれます。母親とのエピソードからも、その片鱗《へんりん》を知ることができます。

弘治2年（1556）頃と推定される安井宗運《そううん》への書状には、久秀の母親が病気療養のために堺に滞在していたこと、程なく平癒《へいゆ》したことが記されています。しかし、久秀のほうが心配のあまり倒れてしまい、宗運が贈った薬で回復しました。

『多聞院日記』によると、久秀の母は永禄11年（1568）に83歳で亡くなりました。2年後、久秀は三回忌の追善供養として千部経《せんぶきょう》を催しました。心配するあまり倒れたり、手厚く供養をしたりなど、久秀は母親想いの子だったとみられます。

久秀はどのようにしてのし上がったのか

久秀が生まれた時代の畿内は足利将軍や管領《かんれい》細川家が軸となって争いが続き、混乱の極みにありました。永正4年（1507）に管領の細川政元が暗殺されると、養子だった澄《すみ》之《ゆき》・澄元《すみもと》・高国による家督争いが勃発。高国が澄元を支援し、澄之を滅ぼしました。しかし、今度は澄元と高国が対立し、久秀の出身地とされる摂津も争いの舞台になります。『じんかん』で久秀が仕えた三好元長は細川氏の家臣で、享禄4年（1531）には病死した澄元の子・晴元と共に高国を滅ぼします。ところが、元長の軍事力を恐れた晴元が本願寺と結び、一向一揆《いっこういっき》に元長を攻めさせます。一揆勢に攻められた元長は享禄5年（1532）に自害し、長男の三好長慶（千熊丸《せんくままる》）が後を継ぎます。

その後、晴元と一向一揆の間で不和が生じ、三好長慶の斡旋《あっせん》で和睦《わぼく》が成立します。長慶は父・元長の仇《かたき》である晴元に仕え、しばらく雌伏《しふく》の時代を過ごします。ただし、その間に交通の要所である西宮、兵庫津や尼崎《あまがさき》といった要港、さらには摂津国衆《くにしゅう》の池田氏や伊《い》丹《たみ》氏などを支配下とし、着実に力をたくわえていきました。

久秀の史料上における初見は天文9年（1540）6月で、西宮神社で行われる千句講《せんくこう》を構成する門前寺院に対し、長慶が千句田二段を寄進する旨を、久秀が官途名の弾正忠《だんじょうちゅう》で伝えています。同年12月には、長慶が商人の正直屋樽井甚左衛門尉《たるいじんざえもん》に買得地を安堵《あんど》する判物を与えましたが、久秀も副状を発給しています。当時の久秀は、奉行職にあったと考えられています。

摂津の土豪とされる久秀が三好政権で活躍できたのは、三好長慶が戦国大名の中で革新的で柔軟な発想ができる人物だったからです。久秀の持つ能力を家格秩序にとらわれることなく評価し、久秀を家臣団の最上位に位置付けました。

三好長慶も以前は「久秀の下剋上を許した凡庸《ぼんよう》な君主」という偏見がありましたが、近年は再研究によって、畿内を制圧した「最初の天下人」「織田信長以前の先駆者《せんくしゃ》」など、才気あふれる人物として再評価されています。長慶はキリシタンを庇護《ひご》したり、合戦に鉄砲を導入したりするなど、新たな文化や技術を積極的に取り入れました。

久秀も城門と櫓《やぐら》を一体化させ防御力を高めた新しい城郭建築を創始したり、茶の湯の文化の発展に貢献したりした革新的な人物です。畿内といえば京都のイメージが強いですが、ほかにも国際貿易都市・堺など、新しい文化や技術に触れる機会が多い先進的な地域でした。評価が低くなりがちな戦国期の近畿地方ですが、じつは優秀な人物をたくさん輩《はい》出《しゅつ》していたのです。

久秀がどのような過程で三好氏に仕えたのかはわかりませんが、最初は文章の代筆を職務とする祐筆《ゆうひつ》を務めたといわれています。つまり字が上手かったわけです。

当時は今と違って識字率も高くなく、字が上手いのは教養がある人間の証でもありました。父親の素性もわからないような土豪の家に生まれた久秀が、どこで高度な教養を身につけたのか。出身地に近い本山寺に大量の寄進をしていることから、元々はお坊さんだったというプロファイリングも可能です。

また、あまりイメージにはありませんが、久秀は意外と戦上手です。例えば、天文11年（1542）には、同年3月に起きた木沢長政《きざわながまさ》の乱の後処理のため、久秀が大和に入って残党を討伐しています。

天文18年（1549）、長慶は江口の戦いで勝利。細川晴元や室町幕府十三代将軍の足利義輝は京から退去し、長慶は三好政権を樹立します。しかし2年後、細川軍も巻き返しをはかって京都に攻め入りました。久秀はこれを弟の長頼と共に相国寺で打ち破り、大軍を指揮する手腕があることを示しています。

久秀は大和にも出陣し、永禄2年（1559）には大和に拠点を置く筒井順慶の本拠・筒井城を攻略し、翌年には大和を平定。この頃には弾正忠の唐名である「霜台《そうたい》」を称し、三好政権内でも重要な役割を担っていきます。和解が成立して京に戻った足利義輝から御《お》供衆《ともしゅう》に任じられ、永禄4年（1561）には朝廷から従四位下《じゅしいのげ》に昇叙されています。久秀が飛躍的な出世を果たすことができたのは、政治や文化に通じていただけでなく、武将としての実力も備わっていたからだと思われます。のちに、石田三成に仕えた猛将、島左近は、「今は松永久秀や明智光秀のような、決断力と知謀を兼ね備えた人物がいない」と語ったといいます。

戦国時代は下位の者がのし上がって上位に君臨する下剋上の世でしたが、久秀はその中でも代表格と呼べる人物です。貴族と庶民をくっきりと区別する西洋社会ではあり得ない出世だったので、フロイスも久秀を「狡猾《こうかつ》」と評したのではないでしょうか。

ちなみに、フロイスは豊臣秀吉に対しても「身長が低く、醜《みにく》い容姿で、髭《ひげ》が少なくて目が飛び出していた」と外見を悪く述べています。彼が秀吉をこき下ろしたのは伴天連《ばてれん》追放令を出したこともありますが、庶民から天下人になる姿が彼らの常識から見て、極めて異質だったからなのかもしれません。

とはいえ、フロイスは久秀について「博識と辣腕《らつわん》を持つ」とも述べており、その能力は認めていました。秀吉もそうですが、低い出自からのし上がる人は、やはり能力的に相当抜きん出たところがある人物であることは間違いないでしょう。

久秀に着せられた濡れ衣

久秀の従四位下の官位は主君の長慶と同格で、桐御紋《きりごもん》や塗輿《ぬりごし》といった特権も主家と同じタイミングで認められています。つまり、久秀は朝廷と幕府から長慶と同等の扱いを受けていたということになります。久秀は武家伝奏《てんそう》である広橋国光《くにみつ》の妹・保子《やすこ》を妻としたことで、朝廷とも太いパイプを築いていました。三好家臣であると共に将軍の御供衆でもあった久秀は、足利将軍家と三好氏をつなぐ大事な役割を担っていました。

一方で、この頃から三好家中に不幸が次々と襲いかかります。永禄4年（1561）3月、長慶の末弟であり、「鬼十河《おにそごう》」とも呼ばれた勇将、十河一存《かずまさ》が病死します。『足利季世記《きせいき》』や『続応仁後記《ぞくおうにんこうき》』には、次のようなエピソードが伝えられています。

「有馬温泉で湯治《とうじ》をしていた一存が葦毛《あしげ》馬に乗ろうとしたとき、久秀が『有馬権現は葦毛を好まないので、その馬に乗らないほうがいいです』と忠告した。しかし、一存はその忠告を無視して乗馬しようとしたが落馬し、それが原因で亡くなってしまった」

この逸話から、「久秀が何か罠《わな》を仕掛けたに違いない」という久秀による暗殺説も湧《わ》いてきましたが、これは完全に濡《ぬ》れ衣です。三好氏研究の先駆《さきが》けである長江正一氏も、「病の身だった一存がわざわざ馬に乗るだろうか」と疑問を述べています。

永禄5年（1562）3月には長弟の三好実休が戦死し、翌年6月には長慶の嫡子・義興が病に倒れます。このとき、久秀は岩成友通《いわなりともみち》に「敵が出てきたら三好家のために討死する覚悟だ」という三好家への忠節を誓う旨の書状を送っています。しかし治療の甲斐《かい》なく、義興は22歳の若さで亡くなってしまいました。後世に創作された『足利季世記』では義興の死因を黄疸《おうだん》とし、久秀の仕業とする風聞があったと記しています。しかし、一次史料には久秀が義興を毒殺したという記述はなく、まったくの事実無根です。

相次ぐ親族の死は長慶の心を狂わせ、永禄7年（1564）5月には次弟の安宅冬康《あたぎふゆやす》を飯盛山城《いいもりやま》に呼び寄せて誅殺《ちゅうさつ》します。軍記物には「久秀が半ば狂乱していた長慶をそそのかした」とも書かれていますが、長慶が自ら手を下したと思われます。相次ぐ重要人物の死に久秀が巻き込まれているのは、低い出自から将軍の御供衆まで上り詰めた久秀に対するやっかみがあったのかもしれません。

長慶は弟である冬康を殺害したことを後悔し、病がさらに重くなったといわれています。そして7月4日、長慶は42歳で死去しました。その後、久秀は三好三人衆（三好長逸《ながやす》・三好宗渭《そうい》・岩成友通）と共に、後を継いだ義継（長慶の甥）を支えますが、永禄8年（1565）、義継や三好三人衆が十三代将軍・足利義輝を急襲して殺害します（永禄の変）。松永久秀研究の第一人者である天理大学の天野忠幸氏は、義継と三好三人衆が将軍を殺した目的を「足利将軍家を必要としない政治体制の構築」と推論しています。

将軍襲撃の首謀者を久秀とする説もありますが、現場にいたのは子の久通です。久秀はすでに久通へ家督《かとく》を譲っており、事件当日は大和にいました。ただし、義輝を討つことを久通から聞かされていた可能性はあります。

むしろ主家に対して忠義を貫いた

事件後、久秀は足利義輝の弟である覚慶《かくけい》（後の足利義昭）を興福寺に幽閉《ゆうへい》します。ただし、幽閉といっても行動は比較的自由だったとされています。久通は同じく義輝の弟である周嵩《しゅうこう》を殺害しており、親子で行動に違いがみられます。当然、親子でも人格は別なので、これは別段変わったことではないでしょう。

ところが、覚慶は義輝の近臣だった細川藤孝らの手引きで興福寺を脱出。各地で反三好勢力が蜂起《ほうき》し、久秀は三好家中で孤立してゆきます。三好三人衆と久秀の抗争が始まり、その過程で東大寺の大仏殿が焼失しました。

後世の軍記物では、まるで久秀が大仏殿を焼き払ったかのような記述も散見されます。しかし、東大寺に陣取ったのは三好三人衆なので、久秀だけが罪をかぶるのは理不尽でしょう。諸説ありますが、最も有力視されているのは三人衆陣営による失火説です。

当初は苦境に立たされていた久秀でしたが、当主の三好義継が久秀方についたことで息を吹き返します。義継が山城の国衆に宛てた書状では三人衆を「悪逆非道」と罵《のの》り、「久秀の三好宗家に対する『大忠』を見放すことができない」と述べています。久秀は三好氏に対しては忠義を貫き、若き当主もそれを認めていたのです。

とはいえ、三人衆に対する劣勢は続き、美濃を平定して勢いにのる織田信長と手を組むことになります。久秀は早くから信長と通じており、永禄9年（1566）の時点で信長と交信していました。

京に大勢力が現れたら、それに付き従うのが当時の畿内武将の戦い方でした。応仁の乱がその代表例で、細川勝元と山名宗全《そうぜん》という二大勢力に畿内勢力がそれぞれ付き従っています。周防《すおう》の大内義興が十代将軍足利義稙《よしたね》を奉じて上洛した際も、畿内勢力は従っています。久秀もその一人で、上洛した信長に従うのも抵抗がなかったと思われます。畿内の武将はプライドも高く、「信長ごときが……」という思いも当初はあったでしょう。しかし、久秀には、そういう思いはあまりなかったようです。一方で、信長に対するハードルが低かった分、謀反を起こすことにも抵抗がなかったのかもしれません。

信長が久秀を重用したのは、彼が京にさまざまな人脈、ツテなどを有していたからです。久秀は文化人としても高名だったので、人脈もバラエティに富んでいました。信長は村井貞勝や木下藤吉郎を京の奉行として派遣するなど自前でも人材を育てましたが、それまでのつなぎとして、久秀や明智光秀など外部の人材を活用したのです。

永禄11年（1568）、信長は足利義昭を奉じて上洛し、三好三人衆は阿波に退きました。

久秀は茶器の大名物「九十九髪茄子《つくもかみなす》」を差し出し、大和一国の支配を認められました。三人衆に与《くみ》していた筒井順慶は没落し、苦境に立たされました。

初期の義昭政権は信長だけでなく、久秀や三好義継、畠山秋高《あきたか》などの畿内勢力も加わった連合政権でした。軍事力は信長が圧倒的に上でしたが、形式上は対等という立場でした。久秀は金ヶ崎《かねがさき》の退き口《の》では近江《おうみ》国朽木谷《くつきだに》城主の朽木元綱を説得して信長の退却を助けたり、三好三人衆との和睦《わぼく》をまとめたりするなど、さまざまな形で義昭や信長を支えました。しかし、元亀《げんき》2年（1571）に義昭が久秀の宿敵である筒井順慶を赦免《しゃめん》すると、義昭と久秀・久通父子の関係が悪化し、敵対します。義昭と信長の協力関係はまだ続いていたので、結果的には信長とも敵対することになります。この年、久秀は織田方に転じた筒井勢と戦いますが、大敗を喫して重臣や歴戦の部将を失います（辰市《たついち》城の戦い）。

元亀4年（1573）2月、義昭が信長と決別して挙兵すると、久秀は義昭と和睦を結びます。東では武田信玄が三方ヶ原《みかたがはら》の戦いで徳川家康を破り、信長は窮地《きゅうち》に陥《おちい》っていました。しかし、4月に信玄が亡くなると信長の反撃が始まり、7月には義昭を降して京都から追放します。三好三人衆も瓦解《がかい》し、三好義継も織田軍に攻められて滅びました。久秀は居城である多聞山城を差し出して信長に降伏し、翌天正2年（1574）正月、岐阜を訪れて信長に拝謁《はいえつ》しました。信長はおそらく久秀のことが嫌いではなかったのでしょう。

久秀を厳しく罰することはありませんでした。

私は長編の『じんかん』を書く前に、松永久秀を主人公に「生滅《しょうめつ》の流儀」という短編（『戦国の教科書』所収）を書いています。そこでは、久秀が信長に降伏し、岐阜城で久秀の弁明を聞いた後の二人のやりとりを以下のように描きました。


「もう十分名を刻んだのではないか？」

信長は己の顔をまじまじと確かめた後、口を尖らせながら訊いた。

「まだまだ」

「怪老め。この場で退治してくれようか」

小姓の持った太刀に手を掛けた。だがその目は確かに笑っている。

「私を生かせば、上様にも利が。この爺《じじい》が悪名を一手に引き受けまするぞ」

信長も比叡山《ひえいざん》を焼き払い、女子供までなで斬りにするなど、己に負けぬ悪評を世に撒《ま》き散らしているのだ。

「ふふ……であるか。堪忍《かんにん》してやろう」

「ありがたき幸せ」

これまで信長に反逆した者はいずれも、烈火の如き怒りを受けて滅ぼされている。

信長の対応が意外だったようで、居並ぶ諸将、侍る小姓までもが瞠目《どうもく》していた。

「達者な爺よ。存分に刻め」

「そのつもりでござる」

まるで、次の機会があればいつでも謀反しろ、そう言っているように聞こえた。

一生の短さ、家の儚《はなか》さ、自分のために全力を賭す尊さを、この男もまた解っている。故に己が生きるかもしれなかった、もう一つの人生を見ているような心地なのかもしれない。

二度目の謀反の真相を推測する

天正3年（1575）、信長は塙《ばん》（原田）直政を大和守護に任じ、筒井順慶ら国衆を支配下に置きます。一方、信貴山《しぎさん》城に移った久秀には目立った動きが見られません。主君の三好義継はすでに亡く、精魂を込めて築いた多聞山城も破却され、不満が蓄積されていきました。

しかし、久秀にとって許しがたかったのは、塙直政が討死したあと、信長が大和支配を筒井順慶に任せたことだったと思います。当初は「京に太いパイプがある人材」として重宝された久秀ですが、自前の人材が育ってきて、久秀を重用する理由も薄れてきたのです。

久秀にとって大和国は心血を注《そそ》ぎ、築き上げた結晶のようなもので、それを因縁の相手に奪われるのは、筆舌《ひつぜつ》に尽くしがたい悔しさだったに違いありません。何とか大和国だけは失いたくないという思いが、久秀を最後の謀反に向かわせたのではないでしょうか。

このとき、久秀は数え年で70歳。主君の三好長慶や義継、弟の長頼、母や妻はすでにこの世になく、もはや失うものは何もない心境だったのでしょう。信長はなぜ久秀が謀反を起こしたのかを知るために、堺の代官である松井友閑《ゆうかん》を信貴山城に派遣しました。信長から歩み寄り久秀を許そうとしたのは、久秀に憎しみを持っていなかったからだと思います。

友閑は久秀を説得しようとしますが、彼の決意が揺らぐことはありませんでした。天正5年（1577）9月、久秀の説得を断念した信長は、嫡子の信忠、明智光秀、細川藤孝、そして筒井順慶を信貴山城に向かわせます。10月5日には、信長の人質になっていた久通の二人の子が六条河原で斬られました。戦上手な久秀は、子の久通と共に奮戦しますが、多勢に無勢で10月10日、信貴山城で自害しました。10年前に東大寺大仏殿が焼失した日と同月同日だったことが、大仏殿の焼失が久秀と因縁付けられる一因になりました。

落城の際、久秀が平蜘蛛の釜と共に爆死した逸話は、徐々に話が誇張されて生まれたのでしょう。

『多聞院日記』では、落城の翌日に四つの首が安土城の信長のもとに送られたことが記されています。また、『松屋名物集』には、多羅尾《たらお》光信が落城した信貴山城から平蜘蛛の破片を集めて復元したという話があります。

しかし、江戸時代初期に成立した『老人雑話《ざつわ》』や『川角太閤記』では、久秀の首と平蜘蛛が鉄砲の火薬で木っ端微塵《こばみじん》になったとし、後世の軍記物もそれが踏襲《とうしゅう》されました。天理大学の天野忠幸氏は、「久秀と平蜘蛛の最期を爆死とするのは、第二次世界大戦後に生まれた俗説」と結論づけています。

小説『じんかん』では、久秀が最後に抱いた心境も描いていますが、未読の方はぜひ作品で味わっていただきたいと思います。さらに、『じんかん』では描き切れなかった久秀をめぐる場面についても、今後スピンオフ、あるいは外伝的に描くことを検討しています。

物語の舞台としては本能寺の変を想定しており、カギを握るのは二本の刀です。一本は久秀が信長に渡したもの、もう一本が多聞丸（『じんかん』で久秀の人生に大きな影響を与える野盗団のリーダー）から久秀を経て狩野又九郎（信長の小姓、本能寺の変で討死）に渡ったもので、二本の刀が本能寺に居合わせることになります。これをテーマにして短編を書ければと思っています。

【松永久秀の喜怒哀楽】

喜……多聞山城の築城

久秀が大和支配の拠点として建てた城で、当時の史料から、壮麗《そうれい》な城郭《じょうかく》だったことがわかっています。茶会も開かれており、久秀は心血を注いだこだわりの城の完成をさぞかし喜んだことでしょう。

怒……仏教勢力との戦い

久秀が支配を任された大和は寺社勢力が強く、久秀も相当手こずりました。これに三好三人衆や筒井順慶との争いも加わり、老練な久秀もイライラしっぱなしだったと思います。信長も仏教勢力との戦いでは散々な目に遭《あ》っており、そうした点で久秀と共感する面も多かったはずです。

哀……弟・長頼の死

長頼は兄の久秀よりも早く出世しましたが、久秀が嫉妬《しっと》したという逸話はありません。長頼は永禄8年（1565）に討死しますが、久秀の唯一の親類だった可能性もあるので、大きなショックを受けたものと思われます。

楽……趣味を楽しんでいるとき

久秀は茶道のほかに、料理もかなり嗜《たしな》んでいました。自分が完全にプロデュースして包丁も握り、料理の記録も数多く残っています。多聞山城の築城にも相当こだわっている点からも、久秀が凝《こ》り性《しょう》だったことがうかがえます。

【松永久秀の乾坤一擲《けんこんいってき》】

最後の反乱を起こすとき

すでに隠居してもいい年代なのに、まだひと旗上げてやろうという気力と体力、情熱があることが、久秀という人物の底知れぬ力を物語っています。これだけのバイタリティがあるからこそ、久秀は歴史に名を刻む（残す）ことができたのだと思います。

松永久秀　系図

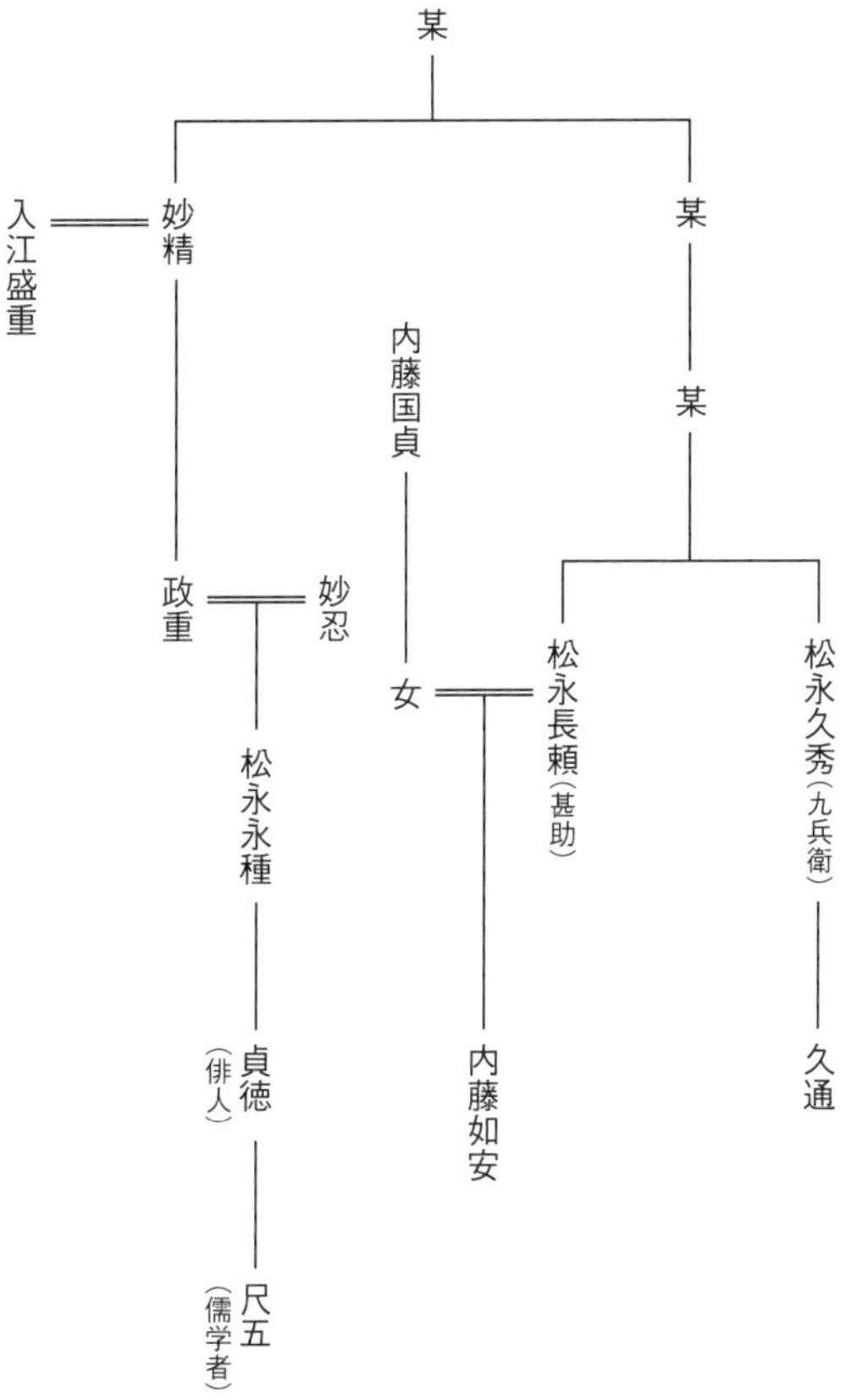
某
妙精
入江盛重
某
某
内藤国貞
政重
妙忍
女
松永長頼（甚助）
松永久秀（九兵衛）
松永永種
貞徳（俳人）
内藤如安
久通
尺五（儒学者）

松永久秀　略年表

元　号	西暦年	出来事
永正5年	1508	『多聞院日記』の記述から、この年に生まれたとされる
天文9年	1540	西宮神社で行われる千句講を構成する門前寺院に対し、長慶が千句田二段を寄進する旨を、久秀が官途名の弾正忠で伝える(史料上の初見)
天文11年	1542	木沢長政の乱の後処理のため、山城南部に在陣
天文20年	1551	弟の長頼と共に、相国寺で細川晴元軍を打ち破る
永禄2年	1559	大和に拠点を置く筒井順慶の本拠・筒井城を攻略
永禄3年	1560	興福寺に勝利して大和を平定 十三代将軍足利義輝から御供衆に任じられ、弾正少弼に任官
永禄4年	1561	従四位下に昇叙
永禄5年	1562	多聞山城を築城
永禄7年	1564	主君の三好長慶が病死
永禄8年	1565	足利義輝の暗殺に子の久通が関与する 弟の長頼が討死
永禄10年	1567	三好三人衆との戦いで東大寺大仏殿が焼失
永禄11年	1568	茶器「九十九髪茄子」を差し出し、織田信長に臣従
元亀元年	1570	金ヶ崎の退き口で信長を助ける
元亀2年	1571	十五代将軍足利義昭・織田信長と敵対 辰市城の戦いで筒井順慶に大敗を喫し、重臣や歴戦の部将を失う
天正元年	1573	信長と決別した足利義昭と和睦を結ぶ
天正2年	1574	岐阜城で信長に謁見
天正5年	1577	反信長勢力と呼応して信貴山城で挙兵 織田信忠軍の攻撃を受けて落城。城内で自害する

COLUMN 7

海賊衆

ここまでさまざまな衆を紹介してきましたが、歴史が最も古いのが海賊衆です。「水軍」ともいわれますが、古文書には「海賊」とあります。「海の盗賊」というマイナスな印象があるので、「水軍」という呼称が考え出されたとみられます。瀬戸内海の村上水軍、九州の松浦《まつら》党、紀伊の熊野水軍などが有名です。

海賊が古くから存在したのは、日本が四方を海に囲まれた島国だったからです。特に陸上交通が未熟だった古代には、阿曇部《あずみべ》や海人部《あまべ》、津守氏などの海の氏族が水上兵力として幅を利かせていました。

平安時代には水上輸送中の官物を強奪する海賊たちが現れ、朝廷はたびたび鎮圧を命じます。平忠盛のように海賊退治で名を高めた者がいる一方で、藤原純友《すみとも》のように海賊の頭領《とうりょう》に転じる者もいました。

中世に入ると海賊衆の活動はさらに盛んになり、日本だけでなく朝鮮半島や中国大陸の沿岸部を荒らしまわり、「倭寇《わこう》」として恐れられます。ただし、すべての海賊衆がギャング的な活動をしていたわけではありません。例えば、瀬戸内海西部の村上水軍は因島《いんのしま》や弓削島《ゆげしま》を中心に、水先案内人の派遣や海上警固などを請《う》け負っています。

戦国時代になると各地に地域権力が出現し、海賊衆は戦国大名の家臣団に組み入れられていきます。村上水軍も一部が毛利氏に臣従し、第一次木津川口《きづがわぐち》の戦いでは織田水軍と戦いました。織田水軍の中心は熊野水軍の流れを汲む九鬼《くき》水軍で、第二次木津川口の戦いでは鉄甲《てっこう》船《せん》を率いて毛利水軍を破っています。

武田信玄は駿河を手に入れて水軍を組織しますが、内陸国の武田氏が水軍をゼロからつくるのは大変なので、今川氏の旧臣だった岡部貞綱《さだつな》を総司令官に任じて、水軍の編成を始めました。伊勢水軍の小浜景隆《おはまかげたか》などを味方に引き入れ、武田水軍は急ピッチで強化されました。

また、豊臣秀吉は淡路や四国を平定した後、沿海部の領主に子飼《こが》いの武将を送り込んで水軍を編成させています。拙著『八本目の槍』のメインキャラである「七本槍」の中でも、加藤嘉明《よしあき》と脇坂《わきざか》安治が水軍を編成し、小田原攻めなどに参加しています。

天正16年（1588）に秀吉は海賊停止令を発布し、それまで海賊衆に与えられていた警《けい》固《ご》料を徴収できる権利などが禁止されます。海賊衆の存在そのものを否定するような命令で、その後、海賊衆は急速に衰退していきました。

第8章 石田三成——義を貫く生き方

「義」の人、三成

20歳の頃、今はもう引退された市長さんと京都の料亭で食事をする機会がありました。とても朗《ほが》らかな人でしたが、一瞬だけ真顔になって、「自分の人生を漢字一文字で表すなら何かね」と訊《き》かれたことがあります。このとき、私が挙げたのが義理の「義」でした。

人が生きていくうえで大切な八つの徳目は「八徳《はっとく》」と呼ばれ、これは『南総《なんそう》里見八犬伝』の八つの玉として描かれてもいます。「義」はその一つ、人の歩むべき正しい道を意味します。他の七つ（仁・礼・智・忠・信・孝・悌《てい》）は現代の日本人の中にも比較的あると思うのですが、「義」は形骸化《けいがいか》して、相当抜け落ちているのかなと考えています。忘れてしまいがちだからこそ、自分の中にある「義」は大事にしないといけないと感じています。

戦国時代に「義」と聞いてピンとくるのは上杉謙信、そして石田三成――。私は滋賀県で活動していることもあり、三成に対しては並々ならぬ思い入れがあります。三成の生き様から学ぶこと、感じることも多く、第41回吉川英治文学新人賞、第8回野村胡堂《こどう》文学賞などを受賞した『八本目の槍』は、賤ヶ岳《しずがたけ》七本槍の武将たちを各章の語り手にして、彼らから浮かび上がる八本目の槍＝三成を描いた作品です。

昨今は、三成について人物像の見直しも進んでいますが、「理屈っぽい」「小賢《こざか》しい」「策謀家」「君側《くんそく》の奸《かん》」など、まだ三成に対してあまり良いイメージを持っていない人も少なくありません。一方で、三成の出身地である滋賀（近江《おうみ》）では、豊臣に忠義を尽くした「義」の人として人気が高い。

とはいえ、三成がキラキラしたイケメン忠義男というのも行き過ぎており、善悪どちらかの方向に極端に振れることなく、一人の人間としての三成を描けないかと思い、小説『八本目の槍』の執筆に至りました。「週刊新潮」で連載した『五葉《ごよう》のまつり』も、五奉行の活躍を描く三成を主人公にした作品です。そしてさらに三成を中心にした小説案（三成三部作の三作目）もあたためています。

才能を育んだ近江という土地

私は滋賀にまつわる小説、登場人物を描くことが多いのですが、それは滋賀県在住という理由だけでなく、その気にさせられる何かがこの地にあるからです。滋賀県は歴史小説の題材の宝庫で、この地に住んで知ったこと、出合った資料も数多くあります。

第166回直木三十五《さんじゅうご》賞を受賞した『塞王《さいおう》の楯《たて》』は舞台の9割が滋賀県で、登場人物も多くが近江出身です。『八本目の槍』では片桐且元《かつもと》や脇坂《わきざか》安治、『五葉《ごよう》のまつり』では長束《なつか》正家や大谷吉継などの近江出身者（諸説あり）が登場します。

近江出身者を描くことが多いのは、戦国、織豊《しょくほう》期に活躍した人物を多く輩出《はいしゅつ》しているからでもあります。近江は政治や経済、文化の中心である京都のすぐ隣にあり、時代の最先端に触れることができる土地でした。

戦国武将たちの特性や能力は、生まれ育った土地柄に左右されることが多いといえます。近江は琵琶湖《びわこ》の水運（湖運）での物流が盛ん。すなわち、日本の大動脈のような場所でした。近江が三成や長束正家のような優れた吏僚《りりょう》を輩出したのは、高度な物流経済を間近で見ていたことと無縁ではないはずです。

近江が経済の中心地の一つだったことは、織田信長の行動からも見て取れます。永禄11年（1568）、上洛して足利義昭を室町幕府十五代将軍に擁立《ようりつ》した信長は、義昭から斯波《しば》家の家督継承と管領《かんれい》（または副将軍）への就任を推挙されます。しかし、信長はこれを固辞《こじ》し、代わりに草津と大津、堺に代官を置くことを認めてもらいました。

草津は現在の大津市と守山市の間にある交通の要衝《ようしょう》で、大津は京都の外港、堺は国際貿易都市として畿内経済を支えており、信長の経済センス、先見性の高さを示すエピソードです。天正4年（1576）に築城を開始した安土城も琵琶湖の水運が利用でき、岐阜城よりも利便性が高いことが特徴でした。

一方で、近江は戦国期・織豊期を通して合戦が絶えない場所でした。元々は佐々木氏が近江の守護職を務めていましたが、京極《きょうごく》氏や六角《ろっかく》氏に分かれ、戦国時代は江北（近江北部）を浅井《あざい》氏、江南（近江南部）を六角氏が支配していました。同じ近江でも江北と江南では風土や気風が異なり、中世から近代にかけて活躍した近江商人は江南のイメージです。江北は北陸との関係が深く、戦国期に北近江を治めた浅井氏も、越前《えちぜん》の朝倉氏と同盟関係にありました。

近江では姉川の戦いや賤ヶ岳の戦い、そして『塞王の楯』で描いた大津城の戦いなど、有名な合戦がいくつも繰り広げられました。紛争地帯ということで数多くの城が築かれ、城跡が1300カ所以上もある「城の国」でした。安土城や佐和山城、坂本城、小谷《おだに》城、長浜城など、名城を数えあげればキリがないほどです。比叡山《ひえいざん》の麓《ふもと》・坂本には穴太衆《あのう》と呼ばれる石垣づくりのプロ集団もいて、近世城郭《じょうかく》の発展に多大な貢献をしています。

合戦が多いということは、実戦のスキルが磨《みが》かれやすいということ。活発な経済活動も含めて、優秀な戦国武将を育《はぐく》むにはうってつけの国でした。三成は若くして秀吉の側近となり、豊臣政権の奉行として活躍しましたが、才能の下地は生まれ育った土地、近江にあったのです。

「三献《さんけん》の茶」エピソードは実際にあったか

三成は永禄3年（1560）、近江国坂田郡石田村（現在の滋賀県長浜市石田町）で生まれたとされています。幼名あるいは若年時の名前は「佐吉《さきち》」。「左吉」という表記もあります。
父は石田郷の土豪・藤右衛門正継《とうえもんまさつぐ》（為成とも）で、祖先については諸説あります。また、京極氏の被官《ひかん》とする説もあります。正継は単なる地侍ではなく、文武に通じた才人だったとされ、かつて京都妙心寺寿聖院《みょうしんじじゅしょういん》にあった石田隠岐守《おきのかみ》正継画像の賛（伯蒲恵稜《はくほえりょう》）には、「学問の志が深く、『万葉集』を誦《そらん》じて和歌を詠《よ》む風流人だった」とされています。醒ケ《さめが》井《い》の松尾寺から60巻の書籍を借りて読破し、三成にも読ませようとしたという逸話も残っているくらいです。

三成の母・瑞岳院《ずいがくいん》は、浅井氏の家臣・土田氏の娘と伝えられています。妙心寺寿聖院に伝わる『霊牌日鑑《れいはいにっかん》』には、三成の母が文禄3年（1594）に亡くなったことが記録されています。法要で導師を務めた春屋宗園《しゅんおくそうえん》は母の人柄について、「信仰心が篤《あつ》く、俗世の雑念を避け、自分を失わずに悟りの境地に達し、尚《なお》も修養を怠《おこた》らない」と述べています。三成はこうしたしっかりした両親のもとで育ち、秀吉が器量を見込むような人物に成長しました。

幼少の頃の三成に関する具体的な記述はなく、どんな教育を受けていたのかは定かでありません。しかし、三成が秀吉に仕えるきっかけになった「三献の茶（三杯の茶）」の舞台が寺であることから、幼い頃から寺で学んでいたと思われます。

三成には正澄《まさずみ》という兄がいて、三成は石田家の継嗣《けいし》ではありませんでした。当時の非継嗣の男子は寺に入ったり、養子に出されたりしましたが、三成も寺に入って学んでいたのでしょう。織田信長や徳川家康、上杉謙信など、当時は僧から学問を教わる武家の子弟も少なくありませんでしたが、三成もその一人だったと考えられます。

滋賀県米原《まいばら》市の観音寺《かんのんじ》には、秀吉が鷹狩りの最中に訪れ、そこで三成少年と出会ったという伝承があります。

のどの渇きを覚えた秀吉が茶を所望したところ、寺小姓《てらこしょう》だった佐吉（三成）は大きめの茶碗にぬるめの茶を淹れて出しました。次に、一杯目よりもやや小さい茶碗にやや熱めの茶を淹れて出し、最後に小さな茶碗に熱々の茶を出します。最初にぬるめの茶でのどの渇きを癒やし、それから順をおって熱い茶を堪能してもらうという気遣いに感銘を受けた秀吉は、三成を家臣に取り立てたのです。

これが俗にいう「三献の茶」のあらすじで、法華寺三珠院《ほっけじさんじゅいん》もしくは飯福寺《はんぷくじ》での話だったともいわれています。この話の初見とされるのは正徳《しょうとく》6年（1716）成立の『武将感状記』で、三成の死から100年以上経って初めて出てきました。さきの『霊牌日鑑』には三成が秀吉に仕えた時期を「18歳のとき、姫路において」と記されているので、「三献の茶」が創作であった可能性も否定できません。ただし、「三献の茶」の話が仮になかったとしても、三成が秀吉に仕える際、それに近いエピソードはあったと考えています。

私が書いた『五葉のまつり』でも、法華寺三珠院で倫恵《りんけい》という僧が三成の師となって、その成長を見守っており、秀吉と三成の出会いは「三献の茶」であるというように描いています。『戦国武将伝　西日本編』では、「四杯目の茶」という掌編を書いています。

当時の秀吉は北近江三郡を与えられて城持ちとなりましたが、低い身分から成り上がったこともあり、深刻な家臣不足に悩まされていました。そのため、近江一帯で幅広く人材のスカウト活動を行い、秀吉も自ら足を使って有為《ゆうい》の人物を探したといわれています。そこで見つけたのが三成や大谷吉継、片桐且元、田中吉政、小堀正次《こぼりまさつぐ》（小堀遠州《えんしゅう》の父）などで、彼らは秀吉子飼《こが》いの家臣として重用されました。

仮に秀吉が取り立てていなければ、三成がここまで歴史上に名を残すことはなかったと思います。だからこそ、三成は最初に取り立ててくれた秀吉、そして豊臣家に対する「義」を貫いたのです。ちなみに私もこうした三成の生き方を見習って、「出版の世界にいられる原点は何か」ということを忘れずに、作家活動のみならず、書店経営や書店でのイベントなどにフィードバックするようにしていこうと思っています。

知られざる武功

秀吉が北近江の領主になったことで、三成の人生も大きく変わっていきます。彼の活動が史料的に確実になるのは、天正11年（1583）のこと。称名寺《しょうみょうじ》に宛てた書状に「石田三也（三成）」の名が見られます。この頃、秀吉は柴田勝家との決戦を控えており、三成は寺僧に柴田軍の情報を集めてほしいと記しています。三成は敵情視察を担当し、秀吉の側近としてそれなりの地位にあったことがうかがえます。

ただし、史料には現れていませんが、三成はそれ以前から秀吉軍団で活躍していたものと思われます。三成は遅くとも天正5年（1577）までには秀吉に仕えたと考えられていますが、当時の秀吉は中国路方面の攻略を任され、多忙を極めていたためです。

秀吉の天下人の基礎が築かれたのもこの頃でした。黒田官兵衛《かんべえ》から譲り受けた姫路城を拠点とし、備前《びぜん》・美作《みまさか》を治める宇喜多《うきた》直家を服属させて、摂津《せっつ》で起きた荒木村重の反乱を鎮圧しました。その後、播磨《はりま》国三木城や因幡《いなば》国鳥取城を兵糧攻めで攻略し、淡路《あわじ》も平定しました。

天正10年（1582）には備中《びっちゅう》高松城を包囲しますが、その最中に本能寺の変の報を受けます。ここで秀吉は如才なく毛利方と和睦《わぼく》を結び、中国大返しで畿内へ戻り、山崎の戦いで明智光秀を破って信長の仇討《あだう》ちを果たしました。

この間、三成は秀吉のもとで従軍。秀吉は、相変わらず家臣の絶対数が不足気味だったので、若い三成にさまざまな任務を与えていたと思われます。秀吉は天下人としての基礎を築きましたが、三成も武将としての器量を高めていきました。本能寺の変の頃には、若手のホープ格になっていたとみられます。

三成は「武」と「文」でいえば「文」のイメージが強い人物ではありますが、合戦でも手柄を挙げています。日本の戦国時代には武官と文官の区分がなく、戦いになれば、誰もが刀槍《とうそう》を手にして戦いました。

天正11年（1583）の賤ヶ岳の戦いでは、「七本槍」と呼ばれた七人の武将（加藤清正・福島正則・加藤嘉明《よしあき》・脇坂《わきざか》安治・平野長泰・糟谷《かすや》武則・片桐且元）が武功を挙げたことで知られています。しかし、江戸時代初期に成立した『一柳家記《ひとつやなぎかき》』は、一番槍の功名は先駆《せんく》衆の一柳直盛、大谷吉継、そして三成だったと述べています。

後年、関ヶ原の戦いで三成軍は、黒田長政・細川忠興・加藤嘉明らの攻勢を自軍で一手に引き受けることで、初期の西軍優勢の流れをつくりました。決して「武」の才能が劣っていたわけではなく、「文」の才能があまりに抜きん出ていたので、文官の仕事が増えていったのだと思います。

ちなみに、加藤清正は三成とは逆に「武」のイメージが強いですが、じつは奉行として文官的な才能を発揮しています。例えば、小牧・長久手の戦いで清正が率いた兵は150人程度で、後方支援の役回りを担っていました。財務官僚としての手腕と能力を買われて太閤蔵入地《くらいりち》（豊臣政権の直轄領）の代官も任されており、主計頭《かずえのかみ》（律令制で国家財政を司った長官）の官位を授かっていることからもそれは明らかです。

検地、刀狩――三成にとっての戦い

賤ヶ岳の戦いで柴田勝家を滅ぼした後、三成は越後《えちご》の上杉景勝との交渉を任されます。秀吉は必ずしも武力行使をもって諸大名を制するのではなく、強大な武力を背景にした交渉戦で大勢力を従えていきました。上杉氏もその一つで、三成は増田《ました》長盛や木村吉清らと共に交渉役を担いました。このとき、同い年の上杉氏家老・直江兼続《かねつぐ》との交流が生まれたと思われます。

天正14年（1586）、三成は堺奉行に任じられます。当時の堺は畿内《きない》における交易の最先端都市で、交易ルートは前線の動きを支える兵站《へいたん》補給路にもなりました。これ以降、豊臣軍は水軍を活用して大軍を動員するようになりますが、三成はその下支えをしました。

また、翌年の九州攻めでは島津氏との交渉役を担い、博多奉行に任じられて町の復興に取り組んでいます。

さらに、全国の田畑を正確に測量し、収穫量を調べる「太閤検地《たいこうけんち》」に携《たずさ》わり、その奉行を務めました。検地によって、土地の権利関係が整理され、竿《さお》や升《ます》の統一をはじめ、面積の共通単位が決められ、年貢徴収の安定化が図られました。三成はこうした政策の中心にいて、秀吉を支える側近として、その才能をフルに発揮していったのです。

とはいえ、戦国武将の花形は、やはり戦いでの手柄です。秀吉も三成に武将としての手柄を挙げさせたかったのか、天正18年（1590）の北条攻めで上野《こうずけ》国館林《たてばやし》城と武蔵国忍《おし》城の攻略を命じています。武将としての箔《はく》をつける絶好のチャンスだったので、三成も大いに気合いが入っていたと思われます。

三成は館林城を開城させたあと、忍城の攻略に取りかかります。荒川《あらかわ》や利根川の水を城の周囲に引き込む水攻めを行いますが、なかなか決着がつかず、小田原城の落城を受けてからの開城となりました。

この戦いのせいで、三成は戦下手の印象がついてしまったのかもしれません。しかし、実際に水攻めを指示したのは秀吉で、水攻めの注意点を記した書状を三成に送っています。また、水攻めが始まったのは6月半ばで、半月後には小田原城が開城しています。水攻めの効果が出る前に本戦が終了してしまったため、消化不良のまま終わったのが実情です。

忍城攻めでは目立った功績を挙げられなかった三成ですが、常陸《ひたち》の佐竹義宣《よしのぶ》の秀吉への謁見を斡旋《あっせん》するなど、関東平定に貢献しています。

合戦においては、手柄が転がり込んでくる「運がいい人」と、頑張っているけど手柄に恵まれない「運が悪い人」がいます。三成も有名な武将を討ちとっていれば、武人としても評価されていたでしょう。しかし、その機会に恵まれず、官僚的な人物像が強化されました。ちなみに、三成が武名高い島左近《さこん》を召し抱えた時期には諸説ありますが、彼を三顧《さんこ》の礼をもって招いたことは武のイメージを取り戻すためであったのかもしれません。

この後、三成は奥州における「検地」の奉行を務めるなど、秀吉側近の最重要人物として着実にキャリアを積み重ねています。農民に武器の所有を放棄させる「刀狩」の実行役も担いますが、これもある意味では平時の戦いの一つだったといえます。

天正19年（1591）には秀吉の最側近だった弟の秀長が亡くなり、相談役の千利休《せんのりきゅう》も切腹処分を受け、軍師の黒田官兵衛も第一線を退《しりぞ》きます。そんな中で存在感を示したのが三成で、その権勢は日に日に高まっていきました。中国地方の大大名・毛利輝元も三成について「彼《か》の人（三成）が非常に重要な人物であることは、もはやいうまでもないことである」と述べており、諸大名からも一目置かれる存在になっていました。

秀吉のイエスマンだったわけではない

三成が豊臣政権の中枢で活躍し続けることができたのは、父の正継と兄の正澄が領国経営をしっかりと行っていたことも大きかったでしょう。父親が文武に通じていたのは先に述べていますが、兄の正澄も優秀な人物でした。近江国高島郡の代官に任じられ、朝鮮出兵では物資を朝鮮半島に輸送する任務で活躍しています。また、堺の奉行を務め、藤原惺《せい》窩《か》や西笑承兌《せいしょうしょうたい》といった知識人とも交流していました。

小田原攻めの頃、三成の所領は美濃《みの》などにあったと推定されています。天正19年（１５９１）には近江国佐和山《さわやま》に入城しますが、これは太閤蔵入地（豊臣政権の直轄領）の代官として入ったものです。正式に領主となったのは文禄4年（１５９５）、謀反の嫌疑で処分された豊臣秀次の旧領を含む19万４０００石を与えられ、正式に佐和山城主となりました。

三成は豊臣政権の奉行として多忙を極めていたので、佐和山にいた期間は短かったとみられます。実際に城を任されていたのは正継や正澄で、地域に残る民政の古文書にも、正継の名が多く見られます。

後に関ヶ原で対峙する徳川家康（２５０万石）とは石高で大きな差があるので、「三成のような一奉行が家康に戦いを挑むのは無謀」と考える人も少なくありません。しかし、三成は太閤蔵入地の管理も任されており、それらを全部足したら50万石相当になるとされています。通常の大名を超える職分も課されていたので、石高以上の実力を持つ人物だったことは明らかです。

三成は秀吉の側近としてさまざまな職務をこなしましたが、決して秀吉のイエスマンだったわけではありません。

天下を統一した秀吉は朝鮮半島に狙いを定め、文禄元年（1592）に朝鮮出兵（唐入り、文禄の役）を敢行しています。加藤清正のように勇ましく出陣する武将がいる一方で、三成は出兵に反対の意思を示しています。

享保年間（1716〜36）の著述集『博多記』には、三成が博多の島井宗室《そうしつ》とはかり、戦をやめることを進言したという記録が残ります。また、捕虜《ほりょ》として日本に連行された文臣・姜沆《きょうこう》が記した『看羊録《かんようろく》』には、「（日本の領土は）六十六州で充分である。どうして異国で切羽詰《せっぱつ》まった兵を用いなくてはならないのか」と三成が嘆いたという記述もあります。

当時、応仁の乱以来、戦続きの世の中で戦争を望んでいた人は少数派だったと思います。豊臣政権という日本を治める統一的な体制が出来上がった以上、これ以上の戦は無用という空気はあったはずです。

三成も、朝鮮出兵に賛成だったとは考えられません。ただし、戦国時代にはさまざまな「戦争ビジネス」が生まれていたので、武士をはじめ鉄砲や武具の職人など、戦争がなくなることで自身の存在価値や職を失う人が出てくる懸念はありました。その辺りの着地点をどうするかは三成もよく考えていて、さらにいえば、ポルトガルやスペインといった海外勢力の進出（ヨーロッパ世界の拡大）にどう対抗するかも思案していたと思います。

イエズス会の宣教師ルイス・フロイスの『日本史』には、秀吉に朝鮮からの撤退を進言した武将として、小西行長や大谷吉継らと共に三成の名が挙げられています。行長は加藤清正と先陣争いをする一方で、三成と共に講和交渉を行っています。行長は講和締結《ていけつ》を焦《あせ》るあまり、偽の報告をして秀吉から死を命じられましたが、前田利家らの取りなしで一命を取り留めています。この頃、秀吉は「暴走モード」に突入しており、三成ら奉行衆との意思疎通《そつう》も難しくなっていました。

三成も増田長盛や大谷吉継らと渡海し、漢城《かんじょう》（現在のソウル）に滞在して朝鮮出兵の総奉行を務めています。このとき、加藤清正らとの関係が悪化したといわれますが、和平交渉を進めようとした三成に対し、清正は主戦派だったとされます。加えて、朝鮮半島では食糧補給が難しく、将兵はストレスや伝染病に苛《さいな》まれていました。作戦や講和の方針をめぐる対立なども加わり、いわゆる前線で戦った槍働きの「武断派」と兵站など後方支援を担当する「文治派」の対立が生まれていったのです。

ただし、武将たちは自らがいずれ家康支持にまわる「武断派」であるとか、反家康の

「文治派」だという認識は抱いていなかったはずです。例えば、大谷吉継は「文治派」に属するとされていますが、家康とは関ヶ原の前まで良好な関係にありました。結果的に関ヶ原で東西両軍に分かれますが、限りなく家康寄りの人が成り行き上、西軍に属することもあり、逆に三成と盟友の間柄でありながら東軍に属した人もいます。一人ひとりの中に西軍東軍どちらを支持するか、どちらが勝てそうか、家名を保てるかという独自の判断があり、「武断派」「文治派」を超えた決断を迫られたことでしょう。

私たちは関ヶ原にいたる歴史の経緯を知っているので、秀吉配下の武将たちに対して「武断派」と「文治派」という色分けをしがちですが、彼らは派閥ごとに行動したという意識はないと思います。秀吉の死後、豊臣政権は求心力を失い、分裂の様相を呈《てい》していきますが、そもそも三成には「身内で争っている場合ではない」という深い憂《うれ》いがあったはずです。

秀吉家臣団の中で浮いていたのか

慶長2年（1597）に始まった慶長の役では、三成は国内で後方支援を行います。この頃、秀吉は征服後の朝鮮半島に九州の諸大名を転封《てんぽう》させ、中国地方の毛利輝元を九州に移すことを計画していました。輝元が家臣の榎本元吉《もとよし》に書き送った手紙には、それに関する三成の見解も述べられています。

「朝鮮半島が日本と同様に治まらなければ、毛利家の転封はありません。朝鮮半島の状況は安定しないし、2～3年後も落ち着かないでしょう。そのため、国替えの覚悟は必要ありません」（十二月二十五日付毛利輝元書状写・『萩藩閥閲録《ばつえつろく》』巻十八・榎本織衛分）

輝元とのやり取りから、三成が朝鮮半島の戦況を厳しいと見ていたことがうかがえます。しかし、秀吉は相変わらず意気盛んで、戦線で消極的な行動を取ったとして、蜂須賀《はちすか》家政と黒田長政を処分します。軍目付として状況を報告したのが三成の縁戚である福原長《なが》堯《たか》だったことから、二人は三成にも疑念の目を向けるようになります。

また、筑前《ちくぜん》・筑後《ちくご》の太守だった小早川秀秋は朝鮮から帰国後、秀吉から越前国北ノ庄《きたのしょう》15万石への減転封の命を受けます。このとき、代官として派遣されたのが三成の家臣で、秀吉は三成に旧小早川領をあてがうつもりだったと考えられています。

三成は豊臣のため、天下のためにひたすら職務をこなしましたが、その後の対立の萌芽《ほうが》も生み出してしまいました。ある程度は「しゃんしゃん」で予定調和のうちに、なあなあで終わらせるのも政権運営術の一つですが、三成はそういうことをしない生真面目さがあったと思われます。それでいて官僚としての能力が高く、主君の秀吉から気に入られていたので、三成は徐々に嫌われ者になってしまったのかもしれません。

「出る杭《くい》は打たれる」という言葉がありますが、三成は頭脳明晰《めいせき》だが、今一つ融通の利かない出る杭と見られてしまったのでしょう。合戦での武功が少ないことも、「あいつは大した手柄も挙げていないのに、何であんなに気に入られるんだ」という嫉妬《しっと》の材料になったと思われます。

一方で、三成と信頼関係で結ばれた武将もたくさんいました。大谷吉継や直江兼続、佐竹義宣は三成と親しく、真田信繁《のぶしげ》（幸村）の兄・信幸（信之）も三成と親しく交際していました。

何となく人に冷たい、人付き合いが悪い印象がある三成ですが、意外と人に対して優しく、情に厚い男でした。奥州仕置でも各家の事情に寄り添った処置をしており、佐竹氏や津軽氏などとの縁を深めています。むしろ揉めていたのは浅野長政で、不満を持った伊達政宗から絶縁状を叩きつけられるほどでした。融通が利かない印象がありますが、決して堅物《かたぶつ》ではなく、柔軟な面も持ち合わせていました。

慶長2年（1597）、下野《しもつけ》の宇都宮国綱《くにつな》が所領を没収された際、常陸の佐竹氏も連座する危険がありました。これを取りなしたのが三成で、佐竹義宣が父・義重に宛てた手紙にも、三成が佐竹家の存続のために動いていたことが記されています。ちなみに、宇都宮氏の改易は浅野長政の讒言《ざんげん》がきっかけだったともいわれています。

関ヶ原の戦いには結果的に敗戦したものの、家康側を凌《しの》ぐような軍勢と多くの大名を動員することには成功しました。三成が豊臣政権での職務を通じて、諸大名のなかでも求心力があったことがうかがえます。

戦なき世を先取りした男

低い身分からのし上がった秀吉には譜代の家臣がおらず、自分でスカウトして家臣団を構築していきました。同時に、企業のM&Aのように各地の勢力を吸収し、家臣化していきました。尾張《おわり》の国衆《くにしゅう》だった蜂須賀小六《ころく》、播磨の黒田官兵衛も元は地方の小勢力でしたが、秀吉軍団と〝合併〟して家臣団に加わりました。

そのうち徳川や毛利といった大勢力も〝子会社化〟しましたが、彼らを完全な支配下に置いたかといえば、力で制圧したわけではないので、秀吉は彼らを「五大老」として厚遇《こうぐう》し、政権運営に参画させました。しかし、彼らに中央の政治で権力を持たせたことで秀吉の死後、五大老筆頭である家康の台頭を招き、豊臣政権の瓦解《がかい》につながります。

こうした反省を踏まえ、家康は毛利や島津、前田といった大藩の外様《とざま》大名を幕政には参画させない支配体制を築きます。豊臣政権は短命に終わりましたが、江戸幕府の幕藩体制は豊臣時代の失敗を参考にしたり、逆によい面を取り入れたりした部分が少なくありません。豊臣政権下では大名間の私闘を禁じ、争いが起きたときの裁定は政権が握る惣《そう》無事令、一地一作人の原則を示し、正確な石高《こくだか》を算出した太閤検地、刀狩や人掃令《ひとばらいれい》による兵農分離などが推進され、社会の安定化が図られます。家康は泰平の世を築くにあたって、三成らの進めたこうした構造改革を大いに踏襲していったともいえます。三成は戦のない世を先取りしたような存在だったのです。

慶長3年（1598）8月18日、秀吉は伏見城で波乱に満ちた生涯を閉じました。このとき、三成は他の奉行衆と共に伏見城へ詰《つ》めており、家康や前田利家と共に朝鮮半島からの全軍撤退に尽力しています。

この頃までは、三成は家康と協力関係にあったと考えられます。大航海時代による海外勢力の進出（領土獲得や植民地交易）に対抗するための国家体制を築くのが当時の政治課題でしたが、それを人一倍強く感じていたのは三成と家康だったと思います。三成が具体的にどのような対抗策を有していたのかは定かでないですが、徳川幕府は三代がかりで「鎖国《さこく》」の体制を完成させていくことになりました。三成と家康の二人は高いレベルで問題意識が通じ合っていて、家康も三成を高く評価していたのではないでしょうか。

秀吉の死後は五大老（徳川家康・前田利家・毛利輝元・宇喜多秀家・上杉景勝）と五奉行（浅野長政・前田玄以《げんい》・石田三成・増田長盛・長束正家）が中心となって、秀吉の子・秀頼の下で政治を動かすものと、三成は考えていました。それは秀吉の意向でもあったので、当然といえば当然でした。

ところが、豊臣政権のナンバー2で、会社でいえば専務クラスのポジションにいた家康が、思いもよらない行動に出ます。当時は大名同士の勝手な私婚が禁じられていましたが、家康は無断で諸大名と婚姻《こんいん》関係を結んだのです。これは明らかなルール違反で、「禁煙」と書かれた場所で専務がタバコを吸っているようなもの。このままでは諸大名に示しがつかないので、四大老と五奉行による問責使《もんせきし》が家康に送られます。

これで騒動が収まるかと思いきや、家康は国許《くにもと》から兵を呼び寄せ、一触即発の状況となります。結局、家康が起請文《きしょうもん》を提出することで一応の解決となりましたが、三成の家康を見る目は「政権を乗っ取ろうとする不忠者」へと変わりました。

一方で、家康も三成を警戒しますが、それは三成がそれだけの器量の持ち主だと感じていたからだと思います。他の豊臣系諸将はどうにか懐柔《かいじゅう》できても、三成だけは難しいと感じていたのでしょう。慶長4年（1599）閏《うるう》3月に前田利家が死去すると、七将（加藤清正・福島正則・蜂須賀家政・細川忠興・浅野幸長《よしなが》・藤堂高虎・黒田長政）が三成邸を襲撃する事件が起きます。家康は両者の間に入って調停する一方で、三成を奉行職から外して隠居させています。

思わぬ形で三成が失脚したことで、家康はその野心を露《あら》わにしていきます。慶長4年（1599）9月、家康は伏見城から大坂城西の丸に移り住み、秀頼の後見役として政務をとります。さらに、前田利家の子・利長と五奉行の筆頭である浅野長政に家康暗殺計画の疑いをかけ、長政を甲斐《かい》に蟄居《ちっきょ》させます。東国の諸大名に顔が利《き》いていた浅野長政の失脚は、家康にとって大きな意味がありました。前田利長は母・芳春院《ほうしゅんいん》を江戸に人質として差し出し、前田氏は家康の支配下に組み込まれました。

誤算と不運

続いて家康が狙いを定めたのは、五大老の一人で会津120万石を治めていた上杉景勝です。慶長5年（1600）3月、越後の堀秀治《ひではる》が「上杉に叛意《はんい》あり」と家康に訴え、家康は「上洛して申し開きをせよ」と景勝に通告します。しかし、景勝はこれに応じず、家康は会津攻めを決断しました。

6月、家康は諸大名を動員して大坂を出発し、7月2日には江戸に入ります。一方、西では隠居していた三成が挙兵し、19日には毛利輝元が大坂城に入城します。その後も宇喜《うき》多《た》秀家や小早川秀秋らが加わり、西軍が結成されました。総大将は輝元でしたが、西軍を主導していたのは三成でした。

隠居してから挙兵に至るまで、三成は多くの手紙を書き、家康打倒のためにその頭脳をフルに働かせたのでしょう。毛利輝元や宇喜多秀家といった大老クラスを動員し、西国の諸大名を動員できたことから、行き当たりばったりの挙兵ではなく周到な計画であったことは確かです。

三成も当初から家康を排除しようとしたわけではなく、年長の家康や前田利家を立てながら、次の政権の運営を担う国家ビジョンを描いていたと思います。それは家康を優れた政治家として評価し、非常に手強い相手だと認識していたからです。

しかし、利家が亡くなったこと、家康が思いのほか野心家だったことが、三成にとって大きな誤算となりました。さらに、次代のホープで大老格の宇喜多秀家が「宇喜多騒動」と呼ばれる家臣との内紛で勢力を大きく削がれたり、加藤清正や福島正則ら秀吉恩顧《おんこ》の武将が家康になびいたりしたことも、三成にとっては痛い計算ミスとなりました。

ならば家康という大局が見える政治家にいっそ政権を委《ゆだ》ねてしまうのも、国を安定させるという点では筋が立つ話です。しかし、三成には「今の自分があるのは太閤殿下のおかげ」という思いもありました。その恩に報いる、すなわち秀吉亡き後の豊臣家を守るという三成の「義」が、三成を挙兵へと至らしめました。この「忠義に殉《じゅん》じる一途さ」「理の人でありながら、情義を重んじる人間らしさ」が三成の魅力であり、多くの人の共感を得る要因になっているのかもしれません。

三成も武将として有能で、挙兵からわずかの間に万単位の兵を集める求心力を発揮しました。しかし、桶狭間《おけはざま》から数々の修羅場《しゅらば》をくぐり抜け、学ぶことでアップデートしてきた家康の実力は、三成をさらに上回っていたのです。

家康は「まずは目の前の戦いに勝つ」という第一目標に全振りし、タスクを絞って行動しました。これに対し、三成は「国家運営をしながら家康を排除する」という二つのタスクを同時に抱えながら行動します。ところが、五奉行の一人、増田長盛は、西軍に属しているように見せて、裏では家康とつながっていました。彼もカテゴリーでいえば「文治派」に属する人ですが、やはり別の思惑があったのです。

さらに、島津は主力軍を出さず、毛利も一族の吉川と小早川が不穏な動きをしており、真に頼れる者は少ないという状況でした。それでも、三成は大兵力が相まみえる天下分け目の戦いまでこぎつけたのですから、三成がいかに傑物であり、非凡な才能の持ち主であったかはわかると思います。やれるだけのことはやって、何とか90点の状態までは持ち込んだ。しかし、相手が悪すぎた——。三成にとっての最大の不運は、そこに尽きると思います。

関ヶ原で決戦を挑んだのは妥当だったか

関ヶ原の戦いは朝方から始まり、午後2時頃には決着がつきました。わずか半日で終了したわけですが、家康も三成も決着は早くつけたかったのではないかと思います。家康率いる東軍は東山道（中山道）に三男・秀忠が率いる軍勢がいて、彼らが合流すれば戦力に厚みが増します。一方で、東北の伊達政宗や九州の黒田如水《じょすい》（官兵衛）などは味方の東軍ではあるものの、放っておくと何をやるかわからない勢力です。また、大坂城の秀頼が城を出て向かってきた場合、豊臣恩顧の大名が一斉に離反するリスクを家康は抱えていました。

西軍も大津城を攻める立花宗茂《むねしげ》らの軍勢が合流すれば、東軍を上回る軍容となる可能性がありました。しかし、毛利や上杉が「第二の家康」として力を持ちすぎる可能性もゼロではなく、時間をかけるほど戦後の不透明感が増すことは明らかでした。なるべく早めに決着をつけて、自らが政権内で主導権を握れる状況にするということまで考えて、三成は戦っていたのです。

とはいえ、関ヶ原周辺を防衛ラインとして東軍と野戦で雌雄《しゆう》を決するのは、私から見るとあまり得策ではなかったように思えます。仮に私が三成だったら、その後の国家運営はひとまず置いて、まずは家康との戦いに全力を注ぎます。すなわち、三成の居城である佐和山城を放棄して、何なら京都も捨て、東軍を大坂まで引きつけます。毛利輝元や立花宗茂と合流し、大阪城から秀頼を出陣させれば戦局は一挙に西軍有利に傾くので、無い手ではなかったのではないでしょうか。

ただし、後世の人間は結果をもとにあれこれいえますが、当時めまぐるしく変わる状況下で、彼らなりに全力でそのとき最善と思われる決断を下していたのも事実。ifとして「もしあのときこうしていたら」を論じるのも歴史の醍醐《だいご》味《み》の一つですが、先行きが見通せない情勢で全身全霊をかけた決断の連続であったことは忘れないでいただきたいと思います。

結局、小早川秀秋の裏切りもあり、西軍は短時間で敗北を喫します。三成は戦場から離脱し、三成の善政に恩を感じている村人などの助けを得て、かつて幼少期を過ごした法華寺三珠院方面に落ちのびてゆきます。しかし、オトチ（大蛇）の岩窟《がんくつ》に隠れているところを同郷の将、田中吉政に見つかって捕縛《ほばく》され、大津に護送されます。三成の居城である佐和山城は東軍に攻められて落城し、父の正継と兄の正澄は討死《うちじに》しました。

三成はなぜ関ヶ原で自刃《じじん》しなかったか、という疑問には、三成はこれで終わりではなく、再起を図ろう、もう一戦挑もうとしていたからという答えが出せると思います。敗色が濃くなり、関ヶ原の戦場から離脱したのは三成だけではありませんでした。宇喜多秀家、小西行長などもそうです。彼らは再起を期し、もう一戦できると考えていたのではないでしょうか。

慶長5年（1600）10月1日、三成らは六条河原で斬首《ざんしゅ》に処されました。享年41。家康に従軍した医師の板坂卜斎《いたさかぼくさい》は、陥落した佐和山城に金銀が少しもなく、三成が私的な蓄《たくわ》えをほとんど持っていなかったと述べています（『慶長年中卜斎記』）。豊臣への忠義を貫いて死んだ三成は、「奸臣《かんしん》」どころか「忠臣」というべき人物だったのです。三献の茶、そして処刑前に勧められた柿を断った話など、三成にはさまざまな逸話がありますが、三成がそれだけ多くの人の記憶に残る鮮烈な生き方をした証左ともいえます。

辞世の句、「筑摩江《つくまえ》や　芦間《あしま》に灯《とも》す　かがり火と　ともに消えゆく　我が身なりけり」。琵琶湖の入り江、筑摩江、その葦《あし》の間から琵琶湖で漁をするかがり火が見えている。朝がくれば消されてしまうその灯火《ともしび》と同じように、自分の命も終わりを迎えようとしている――。ここからはやはり「生きてこそ」この世を泰平に導く政策を実行できるという生への強い想い、命を大事にする姿勢が感じられます。

三成の子孫は、次男重成と三女辰姫《たつひめ》が津軽家によって匿《かくま》われています。次男重成は、名を杉山源吾と改め、後年、弘前《ひろさき》藩の家老となりました。三女辰姫は、弘前藩二代藩主・津軽信枚《のぶひら》の室となり、三代藩主・信義を生んでいます。いずれも三成が生前、津軽為信に手を差し伸べた恩義があったため、津軽家は危険を顧《かえり》みずに三成の遺児を匿ったとされています。

【石田三成の喜怒哀楽】

喜……秀吉に取り立てられ、その家臣になった瞬間

三成の武将としての道は、秀吉に取り立てられたことで開かれました。三成はそれを終生大事にし、自らの「義」の拠《よ》り所にしました。

怒……秀吉の北条攻めにおける忍城攻め

他の北条方の城が落ちるなか、三成が攻略を任された忍城だけは一向に陥落しませんでした。好転しない状況、己の武将としての不甲斐なさに相当な怒りを感じていたはずです。

哀……秀吉の死後

秀吉や三成が築いた豊臣政権の求心力が急速に低下し、人々の心が豊臣から離れていく流れは、三成にとってこれ以上ない哀しみでした。

楽……秀吉への仕官から播磨攻めの頃

三成は秀吉の下で経験を積み重ね、武将としての成長を遂げていきました。自分が何者かになっていく日々は、おそらく彼にとって最も楽しい時代だったと思います。

【石田三成の乾坤一擲《けんこんいってき》】

七将襲撃後、佐和山城に隠居したとき

三成は佐和山城に隠居した時点で、決起の覚悟を固めていたと思います。「自分が動かなければ、豊臣は徳川に取って代わられる」という危機感があり、ひとまず身を引くことで腹を括《くく》ったのです。そこから挙兵し関ヶ原に至るまでの日々も、その頭脳をフル回転させていたことでしょう。

石田三成　系図

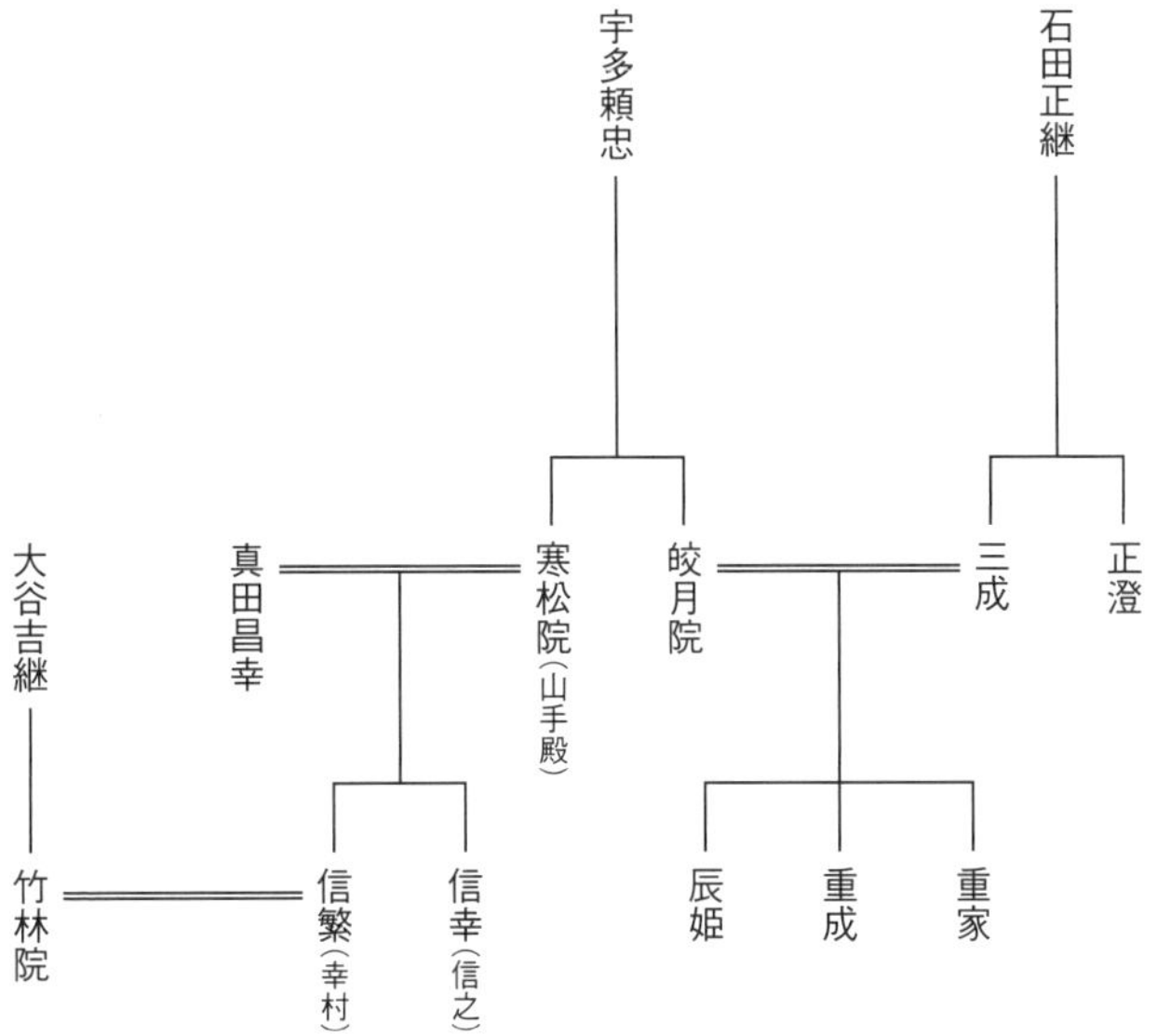

石田三成　略年表

元　号	西暦年	出来事
永禄3年	1560	石田正継の三男(事実上の次男)として近江で誕生。幼名は佐吉
天正5年	1577	この頃までに羽柴(豊臣)秀吉に仕える
天正11年	1583	賤ヶ岳の戦いで偵察役、先駆衆を担当し、一番槍の功名を挙げる
天正12年	1584	小牧・長久手の戦い 近江国蒲生郡の検地奉行を務める
天正13年	1585	秀吉の関白就任に伴い、従五位下治部少輔に叙任される
天正14年	1586	堺奉行に任じられる
天正15年	1587	九州攻めで島津氏との交渉役を担う 博多奉行に任じられる
天正16年	1588	薩摩の島津義久の秀吉への謁見を斡旋
天正18年	1590	小田原攻めで忍城攻めを任される
天正19年	1591	佐和山城に城代として入城する
文禄元年	1592	文禄の役で朝鮮半島に渡海し、奉行を務める
文禄3年	1594	母・瑞岳院が死去
文禄4年	1595	近江国佐和山19万4000石の領主となる
慶長元年	1596	京都奉行に任じられ、キリシタン弾圧を命じられる
慶長3年	1598	豊臣秀吉が死去。朝鮮出兵の撤兵に尽力 加藤清正、福島正則らとの対立が深まる
慶長4年	1599	清正ら七将が三成邸を襲撃。徳川家康の仲裁で和解し、佐和山城に帰城する
慶長5年	1600	大谷吉継、宇喜多秀家らと共に挙兵 徳川家臣・鳥居元忠が城将を務める伏見城を攻める 関ヶ原の戦いで敗れ、捕縛される 京の六条河原で斬首

COLUMN 8

会合衆

会合衆は、室町時代末期、合議制の自治組織をつくり、戦火から町を自衛した豪商《ごうしょう》たちの集まりです。伊勢の宇治山田、大湊などでも組織されていましたが、堺がいちばん有名です。

堺はときの権力者の動向に左右されることが多く、その対抗策として自治組織を発達させました。彼らは、戦乱から町を守るために周囲に濠《ほり》を巡らせ、傭兵《ようへい》を雇い、治安を維持しました。従来は「えごうしゅう」の読みが一般的でしたが、近年は「かいごうしゅう」とも読まれています。その任にあたった有力商人は36人とも、10人ともいわれています。大坂の南、和泉《いずみ》と摂津《せっつ》、河内《かわち》の国境に発達した堺は、摂津側の北荘と和泉側の南荘に分かれ、それぞれに会合衆が集まる会所がありました。

16世紀、来日した宣教師ガスパル・ヴィレラは堺を評して、「この町はヴェニス市の如く執政官により治めらる」と記しています。私の小説『じんかん』では、主人公・松永久秀が三好元長の理想に共感し、堺の自治のために駆《か》け回る姿を描いています。宣教師ルイス・フロイスも、マラッカの司令官宛に「堺は国内の金銀の大部分が集まる場所」と報告しているほどです。

室町時代の堺は日明貿易の拠点として栄え、戦国時代には琉球や東南アジア、ヨーロッパとの貿易も行われ、貿易港として揺るぎない地位を確立しました。政治でも重要な役割を果たし、16世紀前半には十二代将軍足利義晴の兄弟である足利義維《よしつな》が堺にとどまり、「堺公方《くぼう》」と呼ばれました。

黄金の日々を謳歌《おうか》した堺ですが、永禄11年（１５６８）、上洛を果たした信長は2万貫《まんがん》の矢《や》銭《せん》（軍用金）を払うよう命じます。会合衆はいったんこれを拒否しますが、今井宗久《そうきゅう》のように信長へ接近する者も出現。結局、堺は信長に矢銭を差し出して屈服し、織田方の直轄《ちょっかつ》都市になりました。

天正2年（１５７４）4月、織田信長は相国寺で納屋《なや》衆（会合衆）を招いて茶会を催しましたが、その茶会には紅屋宗陽《べにやそうよう》・塩屋宗悦《しおやそうえつ》・今井宗久・茜屋宗左《あかねやそうさ》・山上宗二《やまのうえそうじ》・松江隆仙《りゅうせん》・高《たか》三隆世《さぶりゅうせい》・千宗易《そうえき》（利休《りきゅう》）・油屋常琢《じょうたく》・津田宗及が名を連ねています。

織田政権を継承した豊臣秀吉は大坂城を建設し、堺の商人を強制的に大坂へ移住させました。慶長20年（１６１５）の大坂夏の陣で、大坂方の大野治胤《はるたね》によって堺の町は焼き討ちに遭い、灰燼《かいじん》に帰《き》しますが、江戸時代に再建されます。現在、大阪府下にある政令指定都市としては大阪市と堺市があり、堺の町を歩けば環濠《かんごう》都市としての往時の痕跡《こんせき》を見ることができます。

今村翔吾 いまむら・しょうご
1984年、京都府生まれ。滋賀県在住。ダンスインストラクター、
作曲家、守山市埋蔵文化財調査員を経て作家デビュー。
2016年、第23回九州さが大衆文学賞大賞・笹沢左保賞、
18年、『火喰鳥 羽州ぼろ鳶組』で
第7回歴史時代作家クラブ賞・文庫書き下ろし新人賞、
同年、「童神」で第10回角川春樹小説賞を受賞(刊行時『童の神』と改題)。
20年、『八本目の槍』で第41回吉川英治文学新人賞、
第8回野村胡堂文学賞、『じんかん』で第11回山田風太郎賞、
21年、「羽州ぼろ鳶組」シリーズで第6回吉川英治文庫賞、
22年、『塞王の楯』で第166回直木三十五賞を受賞。
その他の著書に「くらまし屋稼業」「イクサガミ」シリーズ、
『茜唄』『蹴れ、彦五郎』『幸村を討て』
『戦国武将伝 東日本編・西日本編』『教養としての歴史小説』など。

NHK出版新書 717

戦国武将を推理する

2024年3月10日　第1刷発行

著者　今村翔吾
発行者　松本浩司
発行所　NHK出版
〒150-0042 東京都渋谷区宇田川町10-3
電話 (0570) 009-321(問い合わせ) (0570) 000-321(注文)
https://www.nhk-book.co.jp (ホームページ)
ブックデザイン　albireo
印刷　壮光舎印刷・近代美術
製本　二葉製本

Printed in Japan ISBN978-4-14-088717-2 C0221

NHK出版新書好評既刊

日本の動物絵画史
金子信久
国宝「鳥獣戯画」から、若冲の「動植綵絵」に応挙の子犬まで。80点超をフルカラー収載し、名作誕生の秘密を説き起こした、決定版の通史！
713

「人の期待」に縛られないレッスン
はじめての認知行動療法
中島美鈴
頼まれた仕事を断れない、人に会うと気疲れする、頑張っても評価されない――。他人の評価や愛情に左右されないシンプルな思考法とは。
714

アナーキー経営学
街中に潜むビジネス感覚
高橋勅徳
会議室の外で生まれる「野生のビジネス」を経営理論で読み解いてみたら、思わぬ合理的戦略が見えてきた！　経営学の可能性を拓く、異色の入門書。
715

「植物の香り」のサイエンス
なぜ心と体が整うのか
塩田清二
竹ノ谷文子
ストレスや不安の軽減から集中力、記憶力など脳機能の向上、治りづらい疾患の緩和・予防まで。最新研究をもとに、第一人者がわかりやすく解説。
716

戦国武将を推理する
今村翔吾
三英傑（信長、秀吉、家康）から、『じんかん』の松永久秀や『八本目の槍』の石田三成まで、直木賞作家が徹底プロファイリング。彼らは何を賭けたのか。
717